CRÓNICAS DEL Angel Gris

Alejandro Dolina

CRÓNICAS DEL Angel Gris

Edición corregida y aumentada
ilustrada por
Hermenegildo Sábat

EDICIONES COLIHUE

Maqueta del libro y diseño de tapa: Estudio Lima+Roca

Dibujos de tapa e interior: Hermenegildo Sábat

Composición y armado:
Ediciones del Río Marrón

1ª edición / 15ª reimpresión

© Ediciones Colihue S.R.L.
Av. Díaz Vélez 5125
(C1405DCG) Buenos Aires - Argentina

I.S.B.N. 950-581-693-6

Hecho el depósito que marca la ley 11.723
IMPRESO EN ARGENTINA - PRINTED IN ARGENTINA

Alejandro Dolina es un gran creador, un particular alquimista que ha logrado conciliar elementos aparentemente antagónicos: la hondura del filósofo existencial y la calidez, la poesía y hasta la jerga del hombre de la calle.

Entre los rincones que el Ángel Gris nos describe, se advierte que la prosa de Dolina pertenece a la raza de Discépolo, pero a su vez, teñida por una tenue luz crepuscular, como la humilde esperanza del más auténtico pibe de barrio.

Es fundamental rescatar el valor de estas crónicas en estos tiempos en los que tristemente abundan los Refutadores de Leyendas, deseando, en cambio, que los Hombres Sensibles no pierdan jamás su pasión por la vida, noble virtud del querido Alejandro.

Ernesto Sábato
Santos Lugares, marzo, 1996.

Artistas invitados
Ernesto Sábato
Horacio Ferrer
Hermenegildo Sábat
Jorge Dorio

Colaboración en nuevos textos
María Laura Franco

Colaboraciones involuntarias

Víctor Hugo, Jorge Luis Borges, Adolfo Bioy Casares, Leopoldo Marechal, Miguel de Unamuno, Diodoro Século, Diógenes Laercio, Alfredo Le Pera, Roberto Grela, Rubén Darío, Roberto Pueblas, Vladimir Nabokov, Gilbert K. Chesterton, Homero, Pedro Balbi, Dante Alighieri, Antonio Roma, Gerónimo Colombo, William Shakespeare, Suma Paz, Robert Graves, Sor Juana Inés de la Cruz, Carlos Bugarín, Francisco de Quevedo y Villegas, Carlos Lekini, Homero Manzi, Lope de Vega, Dora Dolina, Platón, Leopoldo Lugones, Antonio Carrozzi, Antonio Ávila, Octavio Paz, Arturo Jauretche, Oscar Wilde, Giovanni Papini.

Agradecimientos

Elvira González Fraga, Carlos Nine, Andrés Cascioli, Daniel Narezo.

Interminables exordios

Obras de Manuel Mandeb

- **Faltan bolitas**
  Inédito, 315 páginas.
- **A favor y en contra de las vacaciones**
  Inconcluso, 2 páginas.
- **Ilusiones eran las de antes**
  Ensayos, 90 páginas.
- **No corran, que es peor**
  Novela, 12 páginas.
- **Personajes de la calle Artigas entre el 400 y el 1100**
  700 páginas.
- **Nunca he visto nada**
  Experiencias esotéricas, 290 páginas.
- **Zoología de Flores**
  Inconcluso, 20 páginas.
- **Memorias**
  Inconcluso, 6 páginas.
- **Sobre la nacionalidad de los animales**
  200 páginas.
- **Registros de amores imposibles en la línea del Ferrocarril Sarmiento**
  914 páginas.
- **Tempranos desengaños**
  Libro de lectura para quinto grado. (En colaboración.) 180 páginas.
- **Cartas robadas del buzón de Rivadavia y Artigas**
  Recopilación, 500 páginas.
- **El beso de Judas**
  Teoría de la falsificación, 20 páginas.
- **Ni aunque me lo pidan de rodillas**
  Antología de renuncias famosas, 100 páginas.
- **De las mujeres mejor no hay que hablar**
  Conferencia, 10 o 12 páginas.
- **Los amigos**
  Monografía, 1 página.

- **Mis amores perdidos**
  Inconcluso, 2715 páginas.
- **Cuaderno de viajes**
  70 relatos, 500 páginas.
- **Locos éramos los de antes**
  Refutación del psicoanálisis, 200 páginas.
- **Al cine no voy más**
  Ensayo sobre la palabra y la imagen, 20 líneas.
- **Nunca se vuelve**
  5 ediciones, 100 páginas.
- **La objeción de las colegialas**
  Conferencia, 20 líneas.

Novias de Jorge Allen

Se consignan sólo aquellas que hayan permanecido al menos tres meses junto al poeta.

- **Pamela Gómez (Yeyé)**
  Morocha. Lo dejó.
- **Inés Parolo (Torito)**
  90-58-90. Lo dejó.
- **Elsa Belati (La gorda)**
  95-70-95. Engordó.
- **Luisa Castro (Ánfora etrusca)**
  90-60-100.
- **Amelia Duval**
  Primer noviazgo, 93-61-90. Viajó.
- **María Emilia Longo (La pechugona)**
  100-60-90. Fue abandonada.
- **Silvia Garceron (La loca)**
  92-62-92. Fue abandonada.
- **Amelia Duval**
  Segundo noviazgo. 95-61-90. Fue abandonada.
- **Louise Osborne (La americana)**
  90-60-90. No comprendía el idioma.
- **Luz Vasallo (Luz)**
  93-65-90.
- **Amelia Duval**
  Tercer noviazgo. 97-61-90. Se fue con otro.
- **Celia Duval (La hermana)**
  90-60-86. Intervino el padre.
- **Juana Llanos (La paisanita)**
  85-60-90. Se fue a vivir al campo.
- **Leonor Vazzari (La ingeniera)**
  97-62-90.
- **Amanda C. de Duval (La vieja)**
  104-80-150. Intervino el marido.

- **María José González del Cerro (La tonta)**
  80-60-80. Fue abandonada.
- **Amelia Duval**
  Cuarto noviazgo. 99-61-90. Lo dejó.
- **Jessica Morán (La nena)**
  90-61-84. Intervino la policía.
- **Laura Salomone (Laura)**
  90-60-86. Lo dejó.
- **Irene López (Laura)**
  87-57-86. Lo dejó.
- **Laura Ortiz (Laura)**
  90-61-89. Lo dejó.
- **Laura Pintos (Laura)**
  95-59-87. Lo dejó.
- **María Laura Garrido (Laura)**
  100-62-92. Lo dejó.

Composiciones musicales de Ives Castagnino

- El siete
  Tango.
- El morochito
  Tango canción.
- El que te dije
  Paso doble.
- Tronador
  Candombe.
- Tu piel de seda y jazmín
  Tango humorístico.
- Himno de la Farmacia Tijman
  Himno.
- Cada dos por tres
  Milonga.
- No pasó el basurero
  Canción de protesta.
- Tu sexo y mi deseo
  Ronda infantil.
- Himno de la sucursal tres de correos
  Himno.
- Qué tenés que andar diciendo de mí
  Cumbia.
- Marcha de los sifoneros
  Marcha patriótica.
- Distancia (Perdida)
  Tango canción.
- Con paso firme por una senda digna
  Murga.
- Irene (Amalia) (Liliana) (María Luisa) (Esther) (Lidia)
  Vals.
- Siete canciones afrodisíacas
  Canciones.

Obras didácticas de Ives Castagnino

- **Tratado de música y afines**
  Inédito, 2159 páginas.
- **El charango y la asamblea del año XIII**
  Ensayo, 36 páginas.
- **Nuevos defectos para cantores de tango**
  Manual ilustrado, 215 páginas.

Tres cartas a falta de prólogo
(Pretexto de Horacio Ferrer en 1988)

~*Carta primera*

Sr. Horacio Ferrer
Barrio de la Recoleta

Amigo Horacio:
Lo llamo amigo, sin percepciones engañosas ni desilusiones posteriores, como suelo decir.

Desconfío de la "propiedad transitiva" de la amistad, con alguna salvedad como la que me atarea en escribirle: conozco de las incontables horas compartidas —elegidamente nocturnas— y de las muy delicadas afinidades que unen a Ud. y al Negro Dolina.

Bien sé que unas y otras, lejos de haberle ocultado su talento, le han representado estímulos persistentes en la reflexión sobre la obra y la persona de Alejandro.

Aprecio su antigua insistencia sobre aquello de que "ser veraz es mejor que ser sincero"; es por eso que, ajeno a cualquier forma de la falsa camaradería que suele imperar en nuestra ciudad, no me duele confesarle, respecto de Dolina que, de cuando en vez, he apurado mi copita del Licor del Olvido para no evocar algunas transcripciones apócrifas de mi modesto saber (quién sabe si en el sofocón de alguna entrega periodística), intercaladas por él a esas crónicas que en breve aparecerán como libro.

No necesita ser Ud. muy sagaz para advertir la pésima calidad del Licor que he tomado, cuyo efecto ha sido, más bien, un acicate para la memoria, claro que nunca para el rencor.

Consta en párrafos reproducidos por Dolina mi acendrado re-

chazo por toda colaboración literaria. También estos enigmáticos lunatismos orientales (pero no del "falso Oriente", como Ud., al decir del filósofo y bandoneonista nipón Yoshinori Yoneyama), lunatismos que indefectiblemente me asaltan con el devenir del verano y las vacaciones. En esta altura del año —me cito— "yo mismo no quiero hacer lo que quiero".

Lo uno y lo otro me han hecho desistir de la simpática idea original que me puso a redactar esta carta: hacerle juntos —Ud. y yo— un prólogo al libro de Alejandro. De tal suerte, deberá hacerlo Ud. solo.

No es conjetural que su admiración por Dolina es más que puro eco espumado a la amistad, y que su cariño no ha nacido de la estima por su obra. Los sentimientos grandes son tan difíciles de usurpar como lo son las grandes creaciones, afirmo.

Permítame, ahora, parafrasearme por vez única: "Si quieren saberlo, yo soy mis sentimientos, y quien me los robe habrá de llevarme también consigo". En cuanto de Alejandro se trata, sé que esto le concierne.

Está bien entonces que, noche a noche, la gratitud suya por eso que Dolina es en la vida, reflexionando, haciendo, diciendo y escribiendo, haya hermoseado y perfeccionado en su alma un afecto entrañable.

"Sólo los sueños y los recuerdos son verdaderos", es convicción mía que irrita a mis enemigos, así como los suyos se fastidian cuando cita a su maestro Troilo con aquello de que "un ingrato es peor que un infidente".

Por ambas evidencias no iré más allá de lo prudente al recordar que hace mucho soñé que el "árbol silbador", de la leyenda dolineana, no era tal, sino dos tipos que se turnaban disfrazados de jacarandá: uno, llevaba medio melón en la cabeza; el otro era el maestro Arnaldo Gancé.

¡Buen prólogo!, y no sea haragán: también correspóndame a esta epístola con una larga carta suya.

Lo abraza

Manuel Mandeb

En el Almacén de las Cosas Perdidas era domingo 13 de diciembre de 1987.

✑ Carta segunda

Sr. Manuel Mandeb
Barrio de Flores

Manuel querido:
    Gozando de la hospitalidad de su corazón, se me hace todavía más inquietante aceptar su implícita ponderación de mi persona, proyectando —cuando menos en la idea— el redactar juntos un prólogo para el libro de nuestro común amigo Dolina.
    Él sostiene, con criterio que comparto, que la recomendación primera para una colaboración literaria es "elegir a un par".
    Ha desistido Ud. de su intención de escribir el prólogo entre los dos por principios irrefutables. A mi vez, desisto del prólogo por carecer ante Ud. de esa cualidad sugerida por Alejandro.
    Acierta nuevamente, Manuel, al intuir que la proximidad dimanada del gran afecto ha tornado más hondas algunas ligeras reflexiones mías sobre la personalidad de Alejandro Dolina. De tal modo, y visto que ya no habrá prólogo (ni en colaboración, ni suyo ni mío), aprovecho esta respuesta a su esquela para improvisar al correr de unas líneas, lo que antes he madurado y precisado sobre íntimos y peripatéticos papelitos de pensamiento.
    Hay prosas y poemas de Rafael Alberti sobre los ojos de su amigo Picasso, esclareciéndonos la hechicera faena de esos ojos en su constitutiva percepción de lo real.

> *"El ojo amor.*
> *El ojo en vela,*
> *centinela,*
> *espuela,*
> *candela,*
> *el que se rebela y revela."*

    En frecuentes momentos de concentración suprema —pongo sólo por caso—, los ojos, la percepción de Picasso, veían una cabra presa en la forma artesanal de juguete. Entonces, sus manos de demiurgo, sus manos de mediador entre lo finito y lo infinito, sus manos en complicidad con sus ojos "operaban" la forma "auto de juguete", para dejar emerger en esplendorosa libertad plástica a la artística cabra.
    No me equivoco si digo que es semejante a ésa la facultad primera de Alejandro: puesto él ante la publicidad de una cierta agencia de viajes, su percepción atraviesa el contenido aparente recamado de ofertas de placer. Entre

descripciones de hoteles, manjares, romances, paisajes y modos de pago, logra ver lo que nosotros jamás vemos. En ese punto, Alejandro lo "opera" al aviso, dejando escurrir lo "otro" que tenía encerrado: guías que en vez de orientar al tropel turístico, juegan a "la escondida" con la ninfa de más pródiga remera; caminatas valija en mano bajo un sol fanático, con los pies envueltos en pequeñas banderas de remate; algún agente ya invisible al llegar los viajeros al paraíso terrenal, con la gran ilusión ya abonada antes de partir.

En ocasiones sus ojos penetran hasta el recoleto ámbito de lo que uno sabe muy bien y jamás se confiesa: "Dios guarde a los muchachos tristes de las mujeres hermosas".

En otras más, la percepción de Dolina emancipa oscuras provincias de nuestra conducta social, desempeñando la de hipocresía y exaltando la alta dignidad humana que anida, por ejemplo, en los melancólicos: "Pero no dejemos de ser quienes somos. Si nuestra extraña condición nos ha hecho comprender el sentido adverso del mundo, agrupémonos para ayudarnos amistosamente a soportar la adversidad".

Estos modelos entresacados de sus textos sólo en ánimo de ir perfilando los brujos ojos de Alejandro son, lo sé, tan sumarios como el que atañe a los de Picasso. Pero nos conducen al origen de su poder, fuente secreta que sólo conoceremos bajo esta luz: pertenencia de todos en todo tiempo —esto es: universal— es el teclado de la condición humana. Es lo singular de su enclave planetario lo que inspira la melodía de cada cultura en estilo y destino.

Cada cultura resulta así, amigo Manuel, un creado sonido de la existencia en el tiempo, resuelto en claves de lo particular a lo total, de lo profano a lo sagrado, de lo femenino a lo masculino, de lo cotidiano a lo histórico, de lo carnal a lo espiritual, de lo terráqueo a lo astral.

Se hace vino del fruto de la vid. Mas, hasta idénticas cepas —o razas del viñedo—, mimadas por manos de diferente empeño humano y bajo desiguales besos del sol, irrumpen desde el fondo del terrón para licuarse en vinos incomparables de paladar, espesor, color, fragancia y curda.

Pasa eso con el vino favorito de Dolina: muy variado es el Vino del Recuerdo conforme a las tierras y a los modos de fermentación de los distintos pasados individuales y nacionales.

Por todo esto, resulta claro que desenmascarar recónditas verdades, de arte o pensamiento bajo realidades de esmalte, será siempre diverso en Barcelona, Avignon, París y Guernica, o en la esquina de Rivadavia y Artigas.

Este hecho irremediable que ha concedido a nuestra humanidad el atributo, día a día menos apreciado, de la variedad, da una segunda calidad a la obra de Alejandro: su contemplar el mundo con percepción de argentino, cargados sus sentidos con tradiciones, presencias y ausencias de su país, y de otras que no son de aquí, pero que dan prosperidad a las nuestras, vistas con el gran cristalino del alma sellado por la Cruz del Sur: desde el juego de las bolitas hasta las novelas de Norman Mailer.

Recursos de meditación, de invención y exposición narrativas de tan remota estirpe como la paradoja, la parábola o la ironía, fábulas, leyendas y alegorías son puestas por Alejandro al servicio de éticas y estéticas porteñas:

"*Todas las noches a las dos, en una esquina de la calle Sanabria, lejos de los poderes del Ángel Gris, aparecen las Sirenas de Santa Rita. Se trata de criaturas de perversa belleza, mitad princesas y mitad milongueras.*"

Otra:

"*Hay una calle en Flores en la que viven todas las novias abandonadas.*"

La tercera, querido Mandeb, compromete su sabiduría:

"*...Manuel Mandeb comprendió que efectivamente había un secreto que algunos conocían y otros no. Y comprendió también que la causa de la alegría no era el conocimiento del misterio sino más bien su ignorancia.*"

Dentro de su percepción argentina, Alejandro Dolina divisa el Todo, radicado su ser en una villa de quintas que camino del oeste se suelda a la ciudad ya entrado el siglo XX, para consagrar un cantón clásico de Buenos Aires: el barrio de Flores; el barrio del Ángel Gris, espíritu celeste sólo capaz de humildes milagros.

En la estación del ferrocarril y en la plaza; en casas, ligustros, bares, colectivos, baños, almacenes y baldíos; en peluquerías, alcantarillas, clubes, roperos, verdulerías, hoteles y gallineros; desde la avenida Castañares hasta Juan B. Justo y desde Curapaligüe hasta San Pedrito, a más calles y sitios de barriadas vecinas, Dolina deja algo muy en claro: Flores —en Buenos Aires— es el mundo, porque el mundo entero es, a un mismo tiempo, barrio de otro mundo mayor intuido por sus revelaciones.

En la esquina que cada siete años forman en secreto dos calles paralelas, la de la vida y la de muerte, hay un buzón rojo carmín:

"*En el buzón hay mil cartas; dentro de uno de los sobres hay un papel azul y en el papel una palabra, una sola, escrita con tinta sutil. En esa sola palabra se condensa todo el saber del universo.*"

Y el barrio y la ciudad toda también son el mundo, porque en Buenos Aires los Rulli; Bermúdez y Herrera; Salzman, Cattaldi y Arrúa; Allen, Salinas, Mandeb, Castagnino y Joseph, forman desde hace siglo y pico el cuadro del Resto del Mundo, en consagratoria combinación de estilos nacionales para una selección muy porteña.

No dejará pasar por alto, caro Manuel, que lo hemos puesto de centroforward, y al puesto de wing derecho, para coincidir, los dos, una vez más, con el pensar de Scalabrini Ortiz, evidente en los personajes de Alejandro: "Los hijos de los inmigrantes son genéticamente hijos de sus padres, pero son culturalmente hijos del país."

Revelarnos lo desconocido y revelarlo en porteño (ser de un lugar es don que también se cultiva), son los dos talentos de cabecera en Dolina.

Gracias a ellos nos damos cuenta de que realidades bellas y poderosas en su luminoso barniz, son el revelado dolinesco figurín de lo sombrío, el desconsuelo y la debilidad:

"En la calle Bacacay hay una mujer hermosa. Tan hermosa que no es posible describir su aspecto, pues quien alcanza a verla se muere. La mujer está triste y desesperada".

Así como lo que aparenta ser el casi todo es el casi nada, por los ojos de Alejandro nos enteramos de que el casi nada encierra el casi todo. En un tratado sobre el juego de la escondida, citando, ilustre Manuel, sus opiniones, dice:

"Manuel Mandeb, quien creyó entender que la escondida era un juego sin límites. Para el pensador árabe la escondida perfecta debía ser jugada por toda la estirpe humana, su escenario era el universo y su duración, la eternidad. Así, el propósito final de la Historia puede consistir en el nacimiento de un futuro Elegido, que se encargará de librar para todos los compañeros en un acto que marcaría el fin de los tiempos... (Táctica y estrategia de la escondida)".

"Los colectiveros de Flores dicen que entre los miles de boletos que venden hay uno —sólo uno— cuya cifra expresa el Universo. Quien conozca esa cifra será sabio. (Los Narradores de Historias)".

Merced a las clarividencias de Alejandro Dolina deberemos convenir en que las gentes vivimos y actuamos agrupadas también de otra manera que la consabida y supuesta.

En planos más profundos y decisivos que las agrupaciones deportivas o políticas, discurren influyentes logias, conciliábulos y cofradías que la mirada de Dolina detecta en el alma social de Buenos Aires: los Brujos de Chiclana, los Refutadores de Leyendas, los Muchachones Crueles, los Narradores de Historias, los Amigos del Olvido.

Hay, aún, una hermandad poderosa y sufriente en la que militan infinidad de personas, muchas de ellas incluso sin saber que pertenecen a su padrón: los Hombres Sensibles. Devota del Ángel Gris, dicha cofradía disfruta de tantos militantes —voluntarios o no— como de enemigos. Bien que lo sabe Ud., Mandeb, en sus claridades y resignaciones.

Cuando, transcripto por Alejandro, se pregunta Ud. dónde diablos están los quinientos millones de bolitas que hubo en Buenos Aires hasta 1960, desechando por inaceptable su destrucción por el viento y por la lluvia, Ud. no delira: hay conjura contra el juego de la bolita. ¿Quiénes son los conjurados?

Tampoco delira Dolina al revelarnos la existencia de esos grupos sociales ocultos o semisecretos. Antes bien, nos ofrece inquietantes alertas a propósito de vastas corrientes de almas firmemente unidas en los sótanos de la vida cotidiana.

Cabe a una corporación cualquiera, cambiar de objeto —la desaparición de los tranvías, para los transportistas—; a un movimiento político, cambiar de programa de gobierno y de acción; a un club de fútbol, cambiar de camiseta y de barrio, y perdurar bajo el mismo nombre. A la organización sindical, al partido político, al club les cabe, también, la desaparición lisa y llana. Muy legítimamente estas militancias nacen de místicas abstracciones. Contrariamente, el amar el olvido, el refutar leyendas, el ser sensible o la crueldad de los muchachos son acciones ubicuas, ejercidas por personas que no han menester de divisas o sedes para identificarse entre sí en el ejercicio de su poder, constituyentes de grupos cuya única posible finitud es la finitud de la especie.

A esta clase de unión humana inextinguible pertenece otro tipo de congregaciones, esas patrias del tiempo para gentes de la misma edad que llamamos generaciones. Asociaciones tácitas ante cuyo poderío simultáneo y ante cuya variada autoridad —fundada en el criterio, en el capricho, en la naturaleza o en universales atropellos de unas sobre otras—, Alejandro Dolina ha preferido un sabio papel conciliador a la vez que crítico. Con discreción —de inteligencia y de modo— intenta dar noticia a esos grupos no de sus connaturales diferencias sino de sus valores comunes en los códigos nacionales, éticos y estéticos. Y, por igual, deja entrever Alejandro los desencuentros irremediables: no quiero alborotar vanamente su nostalgia, Mandeb, recayendo en su insuceso amoroso con la niña de la calle Páez.

La realidad develada por Dolina es más imperiosa y duradera que la que discurre ante nuestras miradas de incautos.

Y con cada revelación —empujón hecho de contrastes y claroscuros— la reacción humana pertinente: la sorpresa. Nos toma él desprevenidos, mostrándonos y demostrándonos de modo seductor algo que para él es natural y para nosotros extraordinario.

En el preciso momento de sorprendernos —igual que la adrenalina fluye desatada en nuestro cuerpo por la desazón o el miedo— se derraman en nuestro espíritu los humores inmateriales: melancolía, serenidad, fastidio, nostalgia, embriaguez, alegría. Los malos y los buenos humores.

Los provoca Alejandro en nosotros con su bella y cautelosa manera de desnudar la vida en torno, que nos hace sentir amados y respetados: intuimos que sus sorprendentes noticias del mundo son serias —que involucran verdaderamente a su ser—, y que nos alcanzan húmedas de ternura en su repercusión desencadenante de los humores secretados por lo humano.

Algo aún, buen Mandeb. Jacques Brel en su "Canción de los Viejos Amantes" dice: "En esta habitación sin cuna..." ¡Es tremendo! Si en esa *habitación de los amantes hubiera una cuna, ya no serían dos amantes, sino los tres de la familia humana.*

Es, bien lo conoce Ud., el misterio del lenguaje poético. Cinco palabras de esa lengua especial dan justo para expresar concluyentemente todo un orden de nuestra existencia.

También este lenguaje es don de Alejandro. En el Corredor del Olvido instalado por los Brujos de Chiclana podía borrarse uno cualquier cosa de la memoria:

"Según dicen, recorriéndolo diez veces quedaba uno como un recién nacido, limpio de ayeres".

Con la poesía, el léxico. Recuerda Ud., Manuel, aquella cuarteta de Celedonio Flores: "De Esmeralda al norte, pa'l la'o del Retiro, /Montparnasse se viene al caer la oración: /es la francesita que, con un suspiro, /nos vende el 'engrupe' de su corazón." Subrayo la palabra "engrupe" porque ella sola, única voz canyengue de su estrofa, da a ésta su poderoso acento lunfardo. Tradición poética, y de técnica poética, que nos trabaja como un instinto del buen gusto reo, presente siempre en Dolina:

"Los hombres sabios no se burlaban del ruso pues comprendían que estaba poseído del más sagrado berretín cósmico: el hombre quería vivir todas las vidas y estaba condenado a transitar solamente por una".

En la hermosura de las frases, como flotando y aromándolo todo de porteñismo, hay tres toques: uno de lunfa patente en "berretín"; dos, sutilmente empleados: "Los hombres sabios" (agrupación como dolinesca fundada por Alberto Vaccarezza en el tango "La copa del olvido" en 1921) y tres, "ruso" por judío.

La virtud poética de Dolina, impartida aquí y allá en charla o prosa escrita, aparece en él casi siempre discernida a la poesía que se canta.

Alejandro es músico y es cantor y su poesía porteña —y su hermana mayor, la poesía criolla— no puede más que fluir engarzada en límpidos aires de tangos, valsecitos y milongas. O de un coplerío tablonero y murguístico que va matizando con pianísimos o mezzofortes, del adaggio al allegro, la sinfonía atorrante y libre de su estilo hablado y escrito:

> *"Aquí bailan las sirenas,*
> *Sirenas de Santa Rita,*
> *lo que te dan con el cuerpo*
> *con el alma te lo quitan."*

Atorrante; libre; estilo; hablado; escrito. Acorde de cinco ideas que adquiere relieve en cualquier relato fiel de Alejandro.

Más acá de sus orígenes lexicales y de arbitrarios usos, lo "atorran-

te" y el "atorrantismo" han gozado de florecimientos intelectuales y emocionales que proponen desde modos de andar, de hablar, de cantar y tocar instrumentos, de escribir, hasta toda una manera de la existencia.

El atorrantismo ha prosperado como una suerte de correspondiente rioplatense de la bohemia europea. Nació ésta con los errantes gitanos y se aplicó a la vez, con el mismo sentido, como denominación del destino que corrieron artistas y pensadores cuando reyes y cortes abandonaron sus mecenazgos, y la mishiadura reinó.

El atorrante, intérprete local del bohemio parisiense o vienés, es, pues, por definición existencial, anticortesano. Y es romántico, libre, peregrino, nocturno, pícaro y semiclandestino, aventurero y escaso de economía en su devoción por Dios "que aprieta pero no ahorca". Amigo del arte, de las mujeres, del vino y del tabaco, "se recuerda la nula cualidad de los Hombres Sensibles para los negocios", dice Dolina, ratificando que los mejores hombres de esa calidad son atorrantes.

Como en otras filosofías agrupantes de lo humano, los oficiantes del atorrantismo muestran completos espectros jerárquicos, de lo vasto a lo elaborado, de lo sucio a lo impoluto, de lo cocolichesco a lo elegante, de lo torpe a lo inteligente.

Alejandro Dolina no es sus atorrantes personajes, querido Manuel Mandeb. Pero a nadie escapa que es un atorrante elegante y refinado. Así, su popularidad no es obra de imposición alguna sino del talento seductor y atorrantísimo, que deja en libertad realidades secretas porque antes es libre él mismo, y el hombre en libertad no corre riesgo alguno de ser desenmascarado de ninguna máscara.

Hablado y escrito. Lástima de no haber tenido el privilegio de haber tomado unos mates o bebido un café con Roberto Arlt o con el Viejo Pancho: ahora sabría si sus modos de hablar se correspondieron o no con sus escritos.

No es reparo sino, apenas, síntoma diferenciador: he tratado y admirado a poetas y narradores cuyo modo oral en nada se pareció a sus poemas y cuentos. Por el contrario conozco a Atahualpa Yupanqui que navega la palabra de la charla al canto y del canto al recitado con el mismo estilo con que nos envuelve desde sus páginas impresas.

Igual que Atahualpa, como en Homero Expósito y en Discepolín, oír o leer a Dolina resultan la misma cosa. En el enigma de la expresión, idear y sentir, describir y analizar, evocar y presagiar, lo reflexivo y lo transitivo, ordenan en Alejandro acciones con sujetos, adjetivos, preposiciones y modos adverbiales que se acoplan, se armonizan y frasean idénticamente en lo escrito como en lo dicho.

Al leerlo en su crónica sentiremos más que nuestra voz, la voz de Dolina leyéndolas, o diciéndolas, en emoción exacta a la de escucharlo en su trasnochante audición de radio o en éste y aquel escenario que puede también ser su casa o el bar de la esquina.

*Quizás Cervantes no hablaba como escribía, lo cual no acreditaría, de **saberlo**, nada más que reencontrarnos con la bendita diversidad de los hijos de Dios.*

Pero en el talento que nos es coetáneo y que uno conoce bien, ese don se complace en devenir valor ético, cuya precisión, Mandeb generoso, me atribuye cuando pertenece a Ortega y Gasset, quien, digo de paso, disfrutaba del mismo don que Dolina. Decía el maestro castellano que la "sinceridad" es una instantánea virtud de los nervios, a diferencia de la "veracidad" que es una decantada virtud moral.

Alejandro Dolina es supremamente veraz. Afirmo que es veraz hasta lo angustioso. Porque al convertir dos géneros del arte de la palabra en uno solo, este único arte se rige en él por un estilo que como el pimpollo en su rama, el corcovo en su potro, la luz en su astro, la ola en su mar, viene entrañablemente de la vida entera de Alejandro; de su propia vida trabajada y arduamente sometida a la prueba perenne de las verdades, para que un único latido celeste anime a un tiempo su estilo de ser con su estilo de hacer. Es el arte por excelencia arrancado al arte de vivir: creación estética en la expresión del ser.

En los párrafos últimos de esta carta con involuntarios síntomas de prólogo que nadie escribirá y de conato antehistórico del estudio cabal que inexorablemente alguien hará sobre Dolina y su obra, agrego un par de saludos: el primero, jubiloso, para el advenimiento de un clásico de las letras porteñas: era "una empresa atrayente para un hombre de corazón". Y otro para usted, apreciado Manuel Mandeb, deseándole suerte y buenos pensamientos en ocasión de la Navidad. Y ¡feliz década!, a partir del 1º de enero venidero.

Con el fraterno abrazo de

Horacio Ferrer

En el Vapor de la Carrera, era Nochebuena del 87.

≈ *Carta tercera y última*

Sr. Horacio Ferrer
Barrio de la Recoleta

Amigo querido:
Su módica fama de vagoneta peripatético ha sido ratificada; no se ha prodigado Ud. en demasía al contestar mi anterior misiva.
No se lo reprocho: nuestros insanos hábitos de fines de diciembre lo excusan.
De nuestra común decisión de negarnos a prologar su libro, no por inamistad sino, muy por el contrario, basados en principios que él comparte e imparte públicamente.
Quizá convendría mostrar a Dolina copias de las cartas intercambiadas entre Ud. y yo en días recientes, llevadas y traídas por el Ángel Gris.
Espero que él se persuada del alto acto ético y de la demostración de afecto que representa de nuestra parte, haber dejado a su libro despojado de todo prefacio. "La recompensa del artista es ser amado" y no las "palabras liminares", "canceles", "exordios" y "proemios" en los que el prologuista no hace más que amarse a sí mismo. (Narciso al cuadrado cuando es el propio autor que se prologa.)
Le agradezco y retribuyo los deseos navideños, con protestas de afecto y reembolso de esperanzas.
Un abrazo por lo menos igual al suyo de

Manuel Mandeb

En el sótano del bar "La Perla de Flores" era ¡28 de diciembre de 1987!

≈ *Nota de 1996*

Las copias de las cartas precedentes jamás llegaron a mi poder. Con los años he llegado a sospechar que Horacio Ferrer es el autor de todas ellas. Giros tales como "vagoneta peripatético" o "puro eco espumado a la amistad", son más propios de la prosa elegante de Ferrer que del modo penoso en que Mandeb se arrastraba en sus escritos.

Varias veces le he pedido al Poeta de la Avenida Alvear que me mostrara los manuscritos originales. Hombre diestro en el arte de la excusa barroca, me dijo que los había perdido.

Es evidente que Ferrer falsificó esta correspondencia para evitarse el trabajo de escribir un prólogo. Los hombres nobles eluden un esfuerzo realizando otro mucho mayor. Por no arrancar una rosa, construyen un palacio. Por no escuchar un reproche, ejercen la rectitud toda la vida. Por no bajarse del caballo, conquistan el Asia.

A.D.

Jorge Dorio
y la refutación de leyendas

*E*l atributo más útil de la obviedad es la razón. La estrategia más eficaz del equívoco es la repetición. Tengo la sospecha de que esos son los márgenes entre los que circula la mirada pública sobre el autor de este libro.

La solapada intención de estas líneas es enfrentarse a la comodidad de leer la presente edición con la certeza de tomar por cierto lo que hasta ahora se ha dicho y repetido hasta el cansancio sobre Alejandro Dolina y el primero de sus libros.

Desde el principio iré a mi fin: tanto como se da por sentado aquello de que en la moto la carrocería es uno, se suele afirmar que Alejandro Dolina es un "hombre de radio". Si se descarta al matrimonio Curie, nunca he entendido muy bien los alcances de este rótulo.

Es incuestionable, claro, que los años de trabajo cotidiano en un medio pueden generar una situación de pertenencia. Fuera de eso, la sumisión de Dolina al ámbito radiofónico es ínfima.

Sus programas, esencialmente sostenidos por la deriva imprevisible de su discurso, han estado siempre mucho más cerca del fenómeno teatral, del concierto, de la barricada y —aún a su pesar— del púlpito que de la estricta dinámica radial. La patraña de una "magia particular de lo que no se ve" es desmentida diariamente por el público que asiste a sus programas.

Sobre este infundio de la condición radiofónica se han centrado incluso ciertas críticas sobre la incursiones televisivas de Dolina. Es posible que pronto alguien advierta en la Patria lo difícil que es hacer TV cuando sólo se cuenta con la producción requerida por la radio. Eso es harina de otro costal. No lo es, en cambio, la peregrina idea —compartida por numerosos comentaristas y editores— acerca de que los textos de Dolina son subproductos de su tarea radial.

Me atrevo a afirmar que la verdad está en la inversión de esa fórmula. Para ser claro: mientras Dolina simula hablar por la radio está, en verdad, haciendo literatura. O, al menos, bocetando textos que él mismo rápidamente olvidará. Esa capacidad infrecuente suele ser manejada por Dolina con la displicencia que define buena parte de su carácter. Quiero decir: lo he visto derrochando textos en las mesas del Tortoni, en las playas de Mar del Plata, en un restaurante de Saint Germain y en trasnoches numerosas y diversas como los relatos que aún no ha puesto por escrito.

Otro de los tópicos que circulan sobre Dolina es su perfil de tanguero empedernido. Vuelvo a lo del comienzo: es obvio que hay una estrecha relación entre Dolina y el tango. Del mismo modo es falsa cualquier sospecha de exclusividad o militancia en ese vínculo. Tal vez sería menester aclarar que si uno se encapricha en no pensar a Dolina como un escritor, no tendrá más remedio que definirlo como un músico. Y llegados a este punto tendremos que aceptar, una vez más, la contundencia de otro de sus caracteres fundantes: la pasión por la diversidad. Lo que aquí se trata de afirmar es que el tango marca el principio de la relación de Dolina con la música, se afirma luego en un saber apabullante sobre el género y se agota en un cariño filial mezclado con el hastío creciente del rótulo que marca ese encuentro.

Quizás en el insistente error sobre su condición tanguera se funde otro de los adjetivos con que se lo suele nombrar a Dolina: melancólico. Habiéndolo sufrido a lo largo de tres años (sin recreos) en una práctica profesional y amistosa diaria, estoy en condiciones de ofrecer otros rasgos caracterológicos más apropiados. Digamos que si se trata de definir su temperamento, es más justo apelar a otras virtudes. Por ejemplo: no conozco mucha gente con peor carácter que Dolina cuando lo asalta la certeza de una conspiración de todos los demonios en su contra. Ni persona más festiva cuando alguna alegría lo invade.

Cuando el azar lo lleva al abismo de la melancolía no suele haber testigos. Su ejercicio de la nostalgia es de otro orden. Se sostiene en la costumbre occidental de añorar edades doradas y en el dolor nacional de tener presente un perfil de la Patria cada vez más desdibujado. Lamento decepcionar a muchos de sus exegetas, pero el barrio de la melancolía, a Dolina, le es absolutamente ajeno.

Y si de barrios se trata, quizás ya sea hora de atacar otra mentada presunción; aquella que define al autor, justamente, como un muchacho de barrio. Entiéndaseme: Dolina, como tantos otros paisanos de estos pagos, creció en ese marco entrañable de afectos, costumbres y valores que los argentinos llamamos barrio. Sé de primera fuente la forma en que cultivó esa morosa marcha por sueños, fantasías y perplejidades en la que se modela una argentinidad posible. Por entender —y también en gran medida por compartir— esa marca de identidad, estoy en condiciones de afirmar que la condición "muchacho de barrio" es apenas una de las siluetas que conviven en la personalidad proteica hasta la desmesura del autor de estas crónicas. Por supuesto que puedo ser más claro. El barrial sujeto al que aluden ciertos biógrafos supo también en su momento frecuentar con singular fervor los claustros universitarios y zambullirse apasionadamente en los clásicos de la filosofía y —¡Dios lo perdone!— el derecho. Nadie se atrevería, sin embargo, a calificar a Dolina como un típico muchacho universitario. Ni me imagino a nadie diciendo, al verlo pasar por la calle, "ahí va ese kantiano irredimible".

Del mismo modo que alguna vez el fulano abandonó los claustros sin ejercer jamás nostalgia alguna por títulos o diplomas, supo ocurrirle también la certeza de que el mundo no se agotaba en una esquina precisa y la repetición ritual de cafés, billares y unas cuantas melodías silbadas a contraluz. Entonces: así como no hay posibilidad alguna de que Dolina reniegue de esas cosas del barrio que nombran una parte de sí, tampoco tendrá por qué renunciar a sus paseos recurrentes por los textos de Platón y de Hobbes, a las calles infinitas de ese otro barrio marcado por una multitud de lenguas, creencias e intereses. Y así como de aquí a la eternidad lo hará vibrar la voz de Hugo del Carril o la sutileza de Charlo mientras manifiesta su rigurosa devoción gardeliana, tampoco renunciará a su discreta admiración por Alfredo Kraus, su atenta memoria de los recursos mozartianos o a su debilidad por recuperar, veladamente, los climas del pobre Chopin.

Se me ocurre pensar, a esta altura del texto o de la historia del autor, que es una pena no escuchar a nadie que exija presentarlo a Dolina como lo que verdaderamente fue durante tanto tiempo: un folklorista. No estoy haciendo una broma innecesaria sino sumando cabos sueltos a esa tarea que se me encomendó y con la que no cumpliré. Hablo de intentar una biografía de Dolina y, con ella, una guía turística del texto.

A fuerza de ser sincero, me fatiga la idea de pensar que, todavía hoy, hace falta explicar que Flores es un territorio que supera las fronteras del barrio que se menta. Y que las calles, esquinas y zaguanes que se nombran son sólo en un aspecto las reales. Y que lo mismo le ocurre a las personas, que una vez ingresadas en la ficción podemos empezar a llamar personajes. Fuera de estos datos —y tal como ya se dijo en un prólogo definitivo de las letras nacionales— todo el resto es literatura. Creo que vale la pena recordar esa sentencia antes de abocarse a la lectura de estas páginas.

Permítaseme antes un breve comentario acerca del tono dolinesco; una densidad habitual de su palabra que suele motivar en sus interlocutores el vocativo "maestro". (Perdón: "¡Maestro!")

Por mor de ser sincero debo señalar que la condición docente —pese a poder haberla heredado por vía materna— le es al autor totalmente extraña. Dolina no llega a sus reflexiones ni a sus escritos con los puños llenos de verdades para revelar. Dolina tampoco es paciente con los que se enfrentan a su palabra. Suele dudar honestamente de sus propias certezas si la persona con la cual dialoga tiene mejores argumentos.

Diría, entonces, que su registro se aproxima más al de una voz paternal, al tono de un padre resignado a cotejar con las sucesivas generaciones "cómo cambian las cosas los años" al tiempo que sostiene las inalterables mitologías de la sangre. Cuando no se embarca en esa ruta, su tono es, en cambio, el de un amante entregado a una sacrificial rutina de seducción. En incontables conversaciones privadas pero también al aire —nuestro diálogo no varía tanto de una situación a otra— he compartido con él la común fascinación, la renovada intriga, la sumisión al excluyente culto de la feminidad y la búsqueda insistente de una respuesta reveladora para los peregrinos de la fatalidad amorosa.

No deja de ser paradójico el hecho de que alguien capaz de hablar con tanta claridad como Dolina sea interpretado de maneras tan caprichosas y, muchas veces, tan distantes de sus postulados. Afortunadamente, más allá de las cómodas simplificaciones a las que nos acostumbra la patria massmediática, están los libros.

Respecto del presente volumen tengo una sospecha bien parecida a una esperanza: este es el peor de los libros de Dolina. Sería bueno prepararse para los próximos disfrutando de éste con una noción más cabal respecto del autor.

Creo que, a esta altura, Dolina bien se lo merece.

Jorge Dorio
Washington DC, abril de 1996.

Advertencia

Recopilar, juntar escritos para su publicación, más que una forma de arte es una modalidad de archivo. Sin embargo, cuando se ejerce el privilegio de desechar, cuando la colección es voluntariamente incompleta, entonces ya se ingresa en un distrito artístico. Todo arte es elección. Elegancia, podríamos decir, en el antiguo sentido de la palabra.

A decir verdad, el antólogo puede exhibir una virtud que rara vez se hace patente: la de saber leer.

Ya mismo hay que confesar que la presente selección no comprende obras ajenas. Y algo más alarmante: todos los textos ya han sido publicados anteriormente.

Ante estas dos noticias resulta difícil no sospechar que estamos ante un libro vanidoso y supefluo.

Mi tenue disculpa se escribe así: recopilar textos propios es acaso soberbio, pero también melancólico. Mira uno viejas fotos de su alma y siente muchas veces esa mezcla de ternura e indignación que producen las antiguas piruetas, ya desechadas por la desconfiada madurez.

Insistir con las torpezas descubiertas es un acto de terquedad, corregirlas es un disimulo, ineficaz casi siempre.

Las notas, crónicas y fragmentos que hoy se compilan, eran ya en su origen compilaciones. Como sombra de sombra deben leerse, y no está mal perder de vista los propósitos iniciales de una obra, que tantas veces obligan al autor y al lector a recorrer capítulos y capítulos soportando el peso de unos prejuicios inservibles.

También puede leerse este libro como si ya existiera otro, más consistente, minucioso y profundo: una instancia previa y superior a la cual remitirse ante la duda, la perplejidad o la insatisfacción.

Imagino una colección de escritos que van glosando un libro inexistente. Al cabo de los años y después de innumerables comentarios, descripciones, críticas y citas, el libro puede reconstruirse o —mejor dicho— ya está construido.

La historia de los Hombres Sensibles de Flores me fue revelada en París en 1971. La nostalgia y el ingenio fácil de la mocedad me dictaron algunas narraciones demasiado ambiciosas. Gracias al saqueo de aquellas desmesuras, nacieron los modestos episodios que ahora mismo comienzan.

Chalecito edificado con ladrillos de Nabucodonosor. Sepan ustedes disculpar los relatos escritos por algunos de los insolventes hombres que he sido.

Advertencia de 1996

Platón, en el *Fedro*, aseguró que los libros no podían reemplazar a los maestros porque no respondían preguntas. Protestó también que el libro no podía elegir a sus lectores, señalando el riesgo de que estos resultaran estúpidos o malvados. Clemente de Alejandría tenía la misma prevención y garantizaba que escribir un libro era dejar una espada en manos de un niño.

Muchos lingüistas modernos han prometido la incompetencia de cualquier texto para comunicar ideas y se han esforzado en perfeccionar un estilo que no los desmintiera.

Pero señalar la insuficiencia de un género, desde el ejercicio de ese mismo género, es una conducta que merece nuestra perplejidad cuando no nuestra desconfianza.

Digamos —eso sí— que en la antigüedad clásica, un libro era la abolición parcial de una ausencia o una precaución contra el olvido. El maestro dejaba un texto que, en cierto modo, lo sustituía. Lo mismo ocurría con los poetas y cantores. Refuerza esta idea el carácter oral de las literaturas primitivas. Hasta bien entrada la era cristiana, se leía en voz alta. Los príncipes se encerraban para leer sus cartas, no sólo para que no los vieran, sino también para que no los oyeran. San Agustín en sus *Confesiones*, relata su asombro al encontrar a San Ambrosio leyendo en silencio.

Recién en la Edad Media, el libro se convierte en un objeto venerado, no sólo por ser vehículo del saber, sino además por su altísimo costo. Copiar una Biblia llevaba años de trabajo. El pergamino exigía la piel de un cordero por cada cuatro folios. Una epopeya más o menos extensa podía acabar con los rebaños de toda una región.

La imprenta y la difusión de la lectura ilusionaron a los pensadores progresistas que llegaron a creer que cuando todos supieran leer, terminarían las guerras. Esta confianza está bien lejos de las dudas platónicas.

Quien esto escribe simpatiza con los libros en general, aunque descree de éste en particular. Corregir un texto, hacerle unas añadiduras y darle otro formato es una tarea más cercana al engaño que a la creación.

Por cierto, he tratado de encontrar nuevos datos sobre el destino de los Hombres Sensibles de Flores, con el melancólico resultado de que todo el mundo me recomendara la lectura de este libro.

Mi encuentro con Tamas Dorkas, el caminante, me hizo abrigar la esperanza de una reaparición de Manuel Mandeb en las calles de Flores. Pero el polígrafo no compareció. De cualquier modo creo que no hice mal en agregar esta historia a las ya existentes.

Me propuse asimismo remodelar algunos párrafos que me parecían algo toscos. Pero mi agudeza para advertir errores es mucho mayor que mi habilidad para remendarlos. Soy, indudablemente, mejor lector que escritor.

Con cierta vanidad, puedo anunciar, sin embargo, que la expulsión de ciertos capítulos resultó perfecta.

Las consideraciones anteriores desembocan redondamente en una nueva disculpa destinada ahora a quienes ya conocen estas crónicas: los trabajos realizados sobre ellas no han sido de mucha utilidad. Se encuentran ustedes ante el mismo libro que ya han soportado una vez. Un libro torpe, construido sin embargo con ideas nobles que tuvieron su cuna en otras mentes. Como quien dice, un chalecito edificado con ladrillos del palacio de Nabucodonosor.

1

El caminante (I)

Cualquier dictamen sobre la persona de Tamas Dorkas es necesariamente apresurado. Puedo garantizar, eso sí, su calvicie y su estatura exigua.

La primera vez que lo vi, fue en la calle Bacacay. Por comodidad literaria, podría mentir que andaba yo sin rumbo fijo. La verdad es que —como casi siempre— dudaba entre algunos rumbos posibles.

Dorkas apareció a mis espaldas e hizo oír su voz chillona.

—*Tenga cuidado, amigo. Este barrio está lleno de brujas. No le conviene caminar cerca de las paredes.*

Mientras hablaba, se movía a mi alrededor con paso gimnástico.

—*Yo si fuera usted, buscaría la luz de la avenida. Aquí suceden cosas muy extrañas.*

Después de esta frase, ensayó una carrerita y me sacó como cuarenta metros de ventaja. Yo apuré el paso y, tal vez por cortesía, le grité.

—Espere... Si quiere decirme algo, dígamelo del todo... Deténgase, por favor.

—*Ese es el punto... No puedo detenerme. Y no es una metáfora. Quiero decir que me resulta enteramente imposible dejar de caminar.*

El hombre se creyó en el caso de ilustrar sus palabras con movimientos ostensibles. Empezó a trotar en zig-zag, mientras reclamaba con miradas insistentes un gesto de comprensión.

—Pero, ¿por qué no puede detenerse?

—*Si me hace el favor de acompañarme un rato, se lo explicaré.*

Doblamos por Artigas hacia el norte. Tuve la sensación de que Dorkas usaba su paso como recurso expresivo. Marchaba más lentamente en los silencios. Enfatizaba pisando fuerte. Cuando no encontraba una palabra,

su andar se hacía sinuoso. Y si trataba de recordar algún detalle olvidado, directamente retrocedía.

—*Me llamo Tamas Dorkas y vivo en todas partes. Así como me ve, yo he sido un gran seductor. He tenido muchas mujeres, no es por presumir. Las amaba por un tiempito y después las abandonaba. Trataba de lograr que se enamoraran de mí y cuando estaba seguro de ello, desaparecía.*

Dorkas subrayaba la inconstancia de sus amores subiendo y bajando del cordón de la vereda.

—*Pero un día, tuve la desgracia de encontrarme con La Bruja. Por si usted no lo sabe, se trata de la mujer más hermosa del mundo. En verdad, ella también disfrutaba provocando amores desgraciados. Yo me enamoré vergonzosamente. Era capaz de cumplir las comisiones más indignas, con tal de complacerla. Una noche me comunicó su decisión de abandonarme, en los términos más crudos. Entonces me desesperé. Me arrastré como un gusano. Imploré, supliqué. Y luego me ejercité en el reproche minucioso. La Bruja resolvió castigar mi estupidez: me hechizó. Me hechizó del modo espantoso que usted puede ver. Estoy condenado a caminar perpetuamente.*

No pude evitar algunas indagaciones burguesas.

—*Disculpe, señor Dorkas. Pero... ¿cómo hace usted para vivir al trote? Hay ciertas cosas...*

—*Sí, ya sé. Todos preguntan lo mismo. Uno se acostumbra. No quiero escandalizarlo con detalles: puedo decirle que me las arreglo bastante bien. Por ejemplo, puedo dormir caminando. Lo malo es que a veces me despierto en lugares totalmente desconocidos.*

—*¿Y no hay ninguna forma de romper el hechizo?*

—*Claro que sí. Los Brujos de Chiclana me han dicho que para liberarme, debo encontrar cinco cosas. Desde luego, se trata de hallazgos casi imposibles.*

—*A ver.*

—*Primero: una copa del licor del recuerdo... Segundo: localizar una de las entradas del infierno... Tercero: conseguir la cigarrera de níquel que garantiza el amor de las mujeres... Cuarto: encontrar a alguien que ame a la bruja más que yo... Quinto: estrechar la mano de Manuel Mandeb.*

—*Creo que los Brujos de Chiclana se han burlado de usted. Jamás podrá cumplir. Y ahora, si me permite, su conversación es muy interesante, pero estoy empezando a cansarme.*

—*No se preocupe, estoy acostumbrado. Siempre sucede lo mismo. Ya nos encontraremos: algo me dice que usted va a ayudarme.*

—*¿Qué le hace pensar tal cosa?*

Dorkas empezó a explicármelo. Pero la esperanza le aceleraba el paso y ya no pude seguirlo. Me senté en un umbral y dejé que se fuera hablando solo.

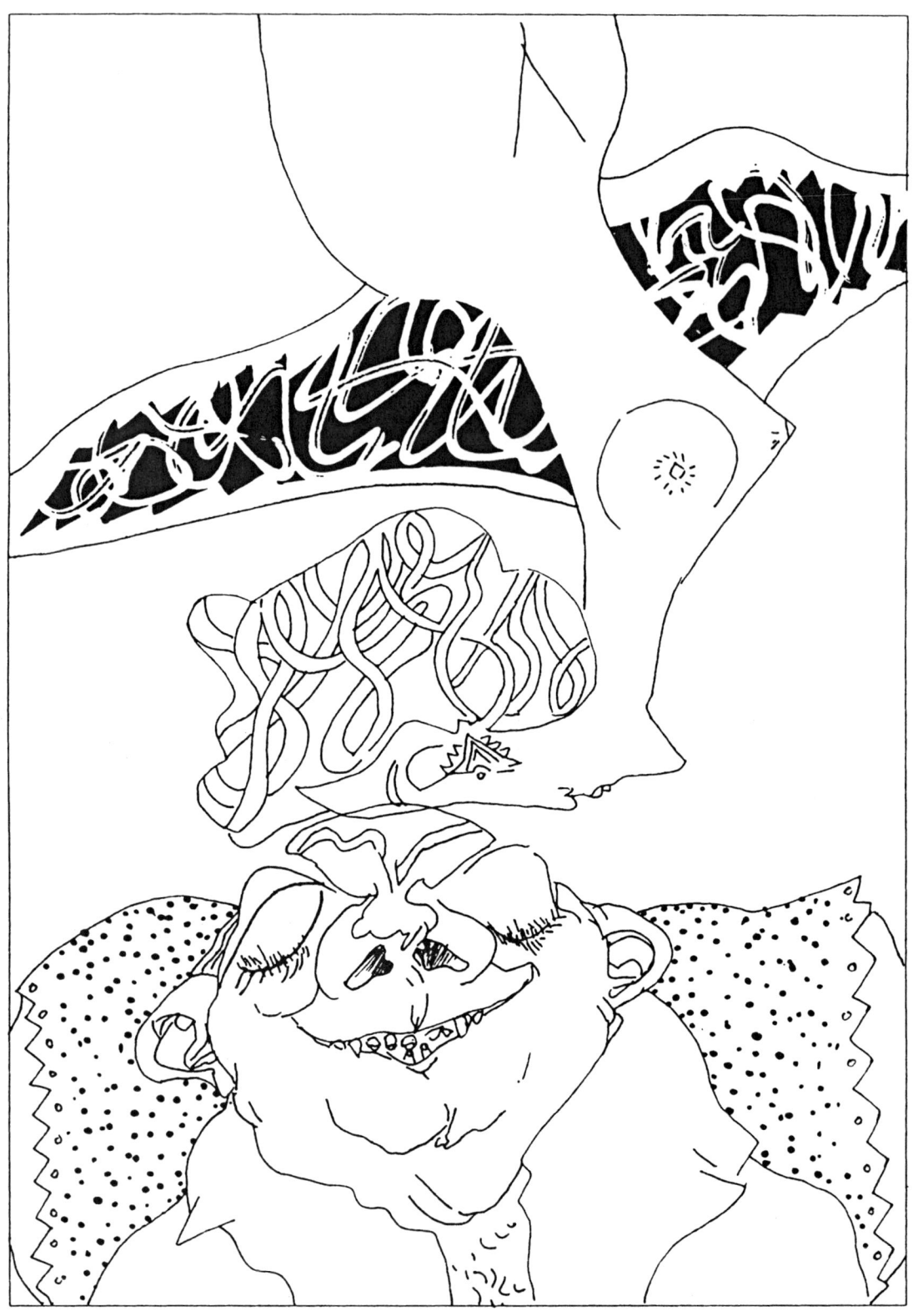

2

El reparto de sueños en el barrio de Flores

*D*ormir en el barrio de Flores es una experiencia notable. Todos sabemos que allí se sueñan cosas muy extrañas. Las causas de este fenómeno han sido examinadas por tratadistas de toda laya.

Los meteorólogos, astrólogos y vendedores de elíxires han creído explicar el asunto sosteniendo que los cuerpos celestes y los vientos cruzados ejercen fuertes influencias sobre las mentes soñadoras.

Los médicos y sacamuelas insisten en que la culpa es del ruido provocado por los automóviles y las bandas de patoteros que noche a noche recorren la barriada tirándole piedras a la luna.

Naturalmente, estas teorías no seducen a los hombres sensibles. Éstos prefieren creer en la responsabilidad del Ángel Gris. Y en realidad, apenas cabe dudar de que el Ángel reparte sueños desde el anochecer hasta el alba.

Tiene una canasta llena. Allí hay sueños para todos.

Sueños rosas para las ingenuas de la calle Artigas. Sueños blancos para los pibes y sueños rojos para los violentos.

Hay sueños agujereados de despertares. Hay sueños sin sueños que son como una larga cinta negra. Y sueños usados para los que siempre sueñan lo mismo.

Sueños frescos, sueños maduros. El Ángel tiene sueños buenos y malos. Tiene uno tan terrible que si uno no despierta a tiempo, se muere. Tiene otro que dura cinco días y cinco noches. Y tiene un sueño tan corto como un suspiro: quien lo sueña, sueña que suspira.

El Ángel Gris elige sueños para cada uno de los que se atreven a dormir en Flores.

Sin embargo, hay quienes se han atrevido a negar este hecho indiscutible. Me estoy refiriendo a los Refutadores de Leyendas, una abominable secta racionalista de Villa del Parque.

Se trata de individuos terribles. Pasan la vida haciéndose contar viejas historias y mitos para luego demostrar su falsedad.

Alguien les dice: *"En Flores hay un joven que vuela. Se llama Luciano"*. Ellos, en lugar de mirar al cielo, se ponen a razonar implacablemente. *"Los hombres no vuelan. Luciano es un hombre. Luego, Luciano no vuela."* Los Refutadores de Leyendas no se limitan a demostrar que el mundo es razonable y científico, sino que también lo desean así. (Éste es seguramente su peor pecado.)

Los miembros de esta sociedad mantienen una constante polémica con los Hombres Sensibles de Flores y los hostilizan con teoremas perfectos y demostraciones olímpicas. Pero los Hombres Sensibles no creen en ninguna razón que no los haga llorar, y entonces hacen pedorreta a los Refutadores de Leyendas.

Pero en tantos años de lucha, la labor refutadora ha alcanzado algunos éxitos. Los pibes de Flores (de modo especial los que viven de Rivadavia al norte) casi no creen en duendes, hadas, brujas, ogros y gnomos. Es el resultado de la incesante prédica de los Refutadores en los recreos y a la salida de los colegios.

Se sabe que algunos chicos son integrantes de la secta, con la oprobiosa anuencia de sus padres. Pero también es cierto que muchos ancianos renuncian a sus cargos: quien conoce a fondo los mecanismos de la razón, acaba por desconfiar de ella.

Desde luego, los Refutadores de Leyendas no creen en el Ángel Gris y —más aún— sostienen que no es cierto que se sueñe en Flores de un modo diferente.

Durante mucho tiempo se ha realizado toda clase de experiencias para indagar la verdadera naturaleza de los sueños de Flores.

Los Refutadores han dormido cientos de veces en el barrio y declaran que han soñado más o menos lo mismo que en Villa del Parque.

Los Hombres Sensibles piensan que es precisamente el Ángel Gris quien ha elegido para ellos sueños anodinos y vulgares, a modo de castigo. Manuel Mandeb, pensador del que conviene desconfiar, es autor de una monografía en la que se registran algunos sueños interesantes. Veamos: *"Durante mucho tiempo, el poeta Julio C. Del Prete estuvo perseguido por el mismo sueño: se veía a sí mismo escribiendo un poema perfecto. Las palabras despertaban en él emociones indescriptibles. Pero Del Prete no recordaba el poema al despertar. Una noche tuvo la ocurrencia de acostarse con un lápiz y un papel. Cuando soñó la poesía hizo un esfuerzo colosal y despertó llorando. Medio dormi-*

do escribió las palabras que había soñado. A la mañana Siguiente las leyó. De cualquier manera, nadie pudo enterarse jamás de la forma del poema perfecto: Del Prete se volvió loco y permaneció mudo hasta su muerte, ocurrida catorce días después...

"Todos los lunes, el profesor Galeano sueña que es martes. Los martes sueña que es miércoles; los miércoles, que es jueves y los jueves, que es viernes. Esto le provoca innumerables trastornos...

"Todas las noches, cuando se acuesta, la señora de Pertot oye que tocan el timbre. Pero jamás alcanza a atender, porque un instante después se duerme. No cabe duda: el que toca es el Ángel Gris...

"Cierta noche de 1970, Ricardo Salzman, el jugador de dados, soñó con el número 18... Un rato más tarde —en otro sueño o en el mismo— se le presentó el número 41. Al día siguiente Salzman resolvió jugar todo cuanto tenía a los dos números. Pero, en último instante, siguiendo una inspiración, jugó únicamente al 18. Salió el 89..."

Manuel Mandeb cita mil ochocientos casos verdaderamente sugestivos. Pero hay que reconocer que después de leer su monografía uno queda más fatigado que convencido.

Los Hombres Sensibles dicen que el Ángel Gris favorece con buenos sueños a sus protegidos y castiga con pesadillas a sus enemigos.

Pero sucede que el Ángel tiene ideas muy especiales acerca de lo que es deseable.

Él piensa —por ejemplo— que la melancolía es una gran cosa y que estar triste es maravilloso. Entonces les obsequia a sus sombríos favoritos nuevas lágrimas y pesadumbres cada noche. Por eso en Flores hay tantos muchachos tristes y tantas novias de tango.

Un asunto que también se discute mucho es el recorrido que sigue el Ángel Gris.

Hay quienes afirman que comienza en Nazca y Gaona y que progresa hacia el Sudeste. Otros aseguran que el primer sueño lo entrega en Boyacá y Avellaneda, y el último —casi a las seis— en San Pedrito y Bilbao.

Los Refutadores de Leyendas arguyen que la gente se duerme en Flores de un modo caótico y que este desorden demuestra la inexistencia del Ángel. Cabe aclarar que la corriente más actualizada de Hombres Sensibles coincide con los Refutadores en que la gente empieza a soñar en cualquier momento, pero atribuye este hecho a los caprichos del Ángel Gris, que —según parece— es un ángel negligente y hasta mugriento.

No faltan en este apasionante caso las opiniones interesadas y envidiosas.

Ciertos habitantes de Belgrano se han atrevido a comparar los sueños de ese barrio con los de Flores.

Esto no resiste el más ligero análisis. Cualquiera que haya dormido en las dos zonas puede certificar que los sueños que reparte el Fantasma de Belgrano no tienen gracia ninguna y algunos son vulgares copias de sueños ya inventados por el Ángel Gris.

La leyenda del Ángel Gris de Flores asegura que, a medida que pase el tiempo, los sueños serán más largos y las vigilias más cortas. Hasta que llegará el día en que el barrio de Flores no hará otra cosa que dormir y soñar.

Y los Hombres Sensibles soñarán que un Ángel los acaricia con sus alas y los Refutadores de Leyendas soñarán que están despiertos y que los ángeles no existen.

3

Los Narradores de Historias

Existen pocos datos acerca de los Narradores de Historias. Nunca se supo de dónde venían aquellos hombres vestidos de negro. Llegaban en bicicleta al anochecer y recorrían la plaza canturreando un pregón suave.

—*Historias, historias... ¿quién quiere oír una buena historia...?* Por una moneda relataban sucesos reales o fantásticos: entreveros amorosos, leyendas diabólicas, fabulitas arrabaleras o simples cuentos zafados.

Sus mejores clientes eran las parejas de enamorados, los linyeras, los Hombres Sensibles de Flores, los Muchachones Crueles y los Refutadores de Leyendas, que se hacían contar historias para no creer en ellas.

Cuando no había candidatos, los Narradores intercambiaban relatos entre ellos mismos.

Y a veces, en las noches lluviosas, los caminantes vislumbraban siluetas solitarias contando historias al viento.

Un rato antes del amanecer, se iban con rumbos diferentes, a veces interrumpiendo una frase, como si obedecieran a alguna señal secreta. Sus nombres eran desconocidos y a decir verdad, la gente apenas si distinguía a algunos de ellos con apodos más bien ocasionales, como El Barbudo, El Morochito o El Petiso.

Los Hombres Sensibles sentían una cierta predilección por las narraciones de El Sucio, también llamado Letrina, un individuo maloliente y codicioso que acostumbraba detenerse en lo mejor del cuento para exigir nuevos aportes. El hombre no concedía créditos y muchas de sus historias quedaban sin final, a causa de la insolvencia de sus oyentes.

Hoy los Narradores ya no andan por la plaza.

Quedan, sin embargo, retazos de algunos de sus relatos.

Nosotros, sin pedir contribución alguna, obsequiaremos a nuestros seguidores con una pequeña colección de relatos que la muchachada del Ángel Gris conoció en los años dorados de Flores.

Historia del hombre que sabía que iba a morir un viernes

Los poderes del Ángel Gris son muy limitados. Apenas si es capaz de humildes milagros de cuarta categoría. Por eso, cuando trata de favorecer a alguien, lo más probable es que lo reseque para todo el viaje. Una tarde, el Ángel comunicó al farmacéutico Luciano B. Herrera que su muerte se produciría un día viernes.

Al principio, el sujeto aprovechó el dato con cierta astucia: arriesgaba la vida sin temores en sus días de inmortalidad, mientras que los viernes se encerraba bajo siete llaves.

Muy pronto el miedo comenzó a trastornarlo. Los domingos y lunes mantenía una relativa calma. Los martes y miércoles lloraba en silencio. Los jueves visitaba a sus amigos y parientes para despedirse de ellos. Los viernes enloquecía y suplicaba clemencia a los gritos. Los sábados se emborrachaba para festejar su buena suerte.

Las cosas fueron empeorando. Herrera tuvo que cerrar la farmacia, cayó en la miseria y adquirió una merecida reputación de chiflado.

Se suicidó un martes, ante el beneplácito de quienes sostienen la doctrina del libre albedrío.

Los Refutadores de Leyendas pretenden demostrar la inexistencia del Ángel Gris con esta historia, que apenas alcanza para demostrar su ineficacia.

Historia de la mujer demasiado hermosa

En la calle Bacacay vive una mujer muy hermosa. Tan hermosa que no es posible describir su aspecto, pues quien alcanza a verla se muere. La mujer está triste y desesperada.

Todas las noches se sienta frente al espejo y pasa largas horas tratando de afearse con estuques y carmines. Pero no hay nada que hacerle: cada día está más linda y más sola.

Su hermana —dicen— no vale gran cosa y sin embargo tiene uno o quizá dos novios.

Los muchachos valientes de Flores juran que son capaces de desafiar a la muerte con tal de ver a la mujer demasiado hermosa.

Pero siempre llaman a puertas equivocadas, donde los reciben señoritas vulgares o japoneses que no comprenden el idioma.

☙ *Historia de los demonios del baño de la estación*

Una noche de invierno, el guitarrista Pizzurno se metió en el baño de la estación Flores.

Mientras trataba de acomodarse en las inhóspitas instalaciones, surgieron de lo profundo unas enormes garras. Pizzurno trató de huir, pero fue aprisionado y hundido, a través del sanitario, en un infierno fétido. Allí está todavía, prisionero de los demonios, que lo obligan a realizar humillantes comisiones. Sus lamentos se oyen en las noches serenas. Algunos crotos dicen haberlo visto remolcando barcas infernales bajo la avenida Juan B. Justo, tumba del Maldonado.

Por eso nadie entra jamás en el baño de la estación Flores.

Los peregrinos apurados prefieren pedir permiso en las casas cercanas o —en último caso— arriesgarse en los bares de la calle Artigas.

En la boletería del ferrocarril aún guardan la guitarra de Pizzurno.

☙ *Historia de la manzana misteriosa de Parque Chas*

Existe en el barrio de Parque Chas una manzana acotada por las calles Berna, Marsella, La Haya y Ginebra.

No es posible dar la vuelta a esa manzana.

Si alguien lo intenta, aparece en cualquier otro lugar del barrio, por más que haya observado el método riguroso de girar siempre a la izquierda o siempre a la derecha.

Muchos investigadores han intentado la experiencia formando grupos numerosos. Los resultados han sido desalentadores. A veces sucede que el paseante sigue en la misma calle aun después de doblar una esquina.

En 1957, un grupo de exploradores franceses desembocó inexplicablemente en la estación de Villa Urquiza.

Urbanistas catalanes probaron suerte formando dos equipos y partiendo cada uno en dirección opuesta. En cualquier manzana de la ciudad es fatal que los grupos se encuentren en la mitad del recorrido. Pero en este lugar no sucede tal cosa y hasta se han dado casos en que un equipo alcanza al otro por detrás.

Los más pertinaces han realizado excursiones a través de los fondos de las casas, con el resultado de aparecer siempre dejando a sus espaldas calles que no habían cruzado jamás.

En estas experiencias se descubrió que muchos vecinos son incapaces de indicar en qué calle viven. Asimismo existen casas que no dan a ninguna calle. Sus habitantes se alimentan de sus propios cultivos o de lo que generosamente les pasan por sobre las medianeras.

Los taxistas afirman que ningún camino conduce a la esquina de Ávalos y Cádiz y que por lo tanto es imposible llegar a ese lugar.

En realidad, conviene no acercarse nunca a Parque Chas.

᯽Historia de las sirenas de Santa Rita

Todas las noches a las dos, en una esquina de la calle Sanabria, lejos de los poderes del Ángel Gris, aparecen las Sirenas de Santa Rita. Se trata de criaturas de perversa belleza, mitad princesas y mitad milongueras.

Atraen a los caminantes desprevenidos con indecentes pasos de danza y con un canto provocativo que dice así:

Aquí bailan las Sirenas,
Sirenas de Santa Rita.
Lo que te dan con el cuerpo
con el alma te lo quitan.

Nuestros amores eternos
son como estrellas fugaces.
Somos fieles y constantes
con el primero que pase.

Sirenas, Sirenas...
que se miran y se tocan.
Le regalamos la muerte
al que nos bese en la boca.

Tal como anuncia la copla, el beso de las Sirenas es fatal. Pero es imposible resistir la tentación.

Algunos camioneros audaces se atan con cadenas al volante de sus vehículos y pasan por la calle Sanabria para poder ver y escuchar este prodigio.

Por eso es que hay en esta zona muchísimos accidentes de tránsito.

᯽Historia de los boletos embrujados

Los colectiveros de Flores dicen que entre los miles de boletos que venden hay uno —sólo uno— cuya cifra expresa el misterio del Universo. Quien conociera esta cifra sería sabio.

No se sabe si el boleto ha sido vendido ya o si todavía permanece oculto en las herméticas máquinas que se usan para despacharlos.

Es posible que en este momento algún pasajero ya conozca el secreto del Cosmos. También puede haber ocurrido que la persona favorecida haya tirado el boleto sin consultar la cifra, o que la haya visto sin saber interpretarla.

En la Avenida Rivadavia hablan de un boleto rojo, que es el boleto del amor. Quien lo obtenga conseguirá la adoración de todo el mundo, o al menos la de sus compañeros de viaje. Se menciona también un boleto verde que condena a su poseedor a viajar eternamente, sin bajarse jamás del colectivo.

En la línea 86 venden el boleto de la muerte, pero se niegan a indicar cuál es su color y su número, para evitar discusiones con los usuarios. En general, puede afirmarse que todos los boletos influyen de algún modo en nuestra vida. Los inspectores son —ante todo— funcionarios del destino que impiden gambetear a la suerte.

Historia de los ligustros vecinos

Al sur de Flores existen dos ligustros.

Uno es propiedad del Ángel Gris. Si una pareja de enamorados se recuesta en él para afilar, las hojas ejercen una acción benefactora y excitante. Todas las luces del barrio se apagan y un vals sentimental llega desde las ramas de los árboles.

El otro ligustro es contiguo y pertenece a los Brujos de Chiclana. Si alguien realiza maniobras de amor en su follaje, padece las peores calamidades. Las damas son raptadas por los brujos y los caballeros molidos a palos.

No se sabe cuál es la exacta ubicación de estos ligustros y es por eso que las parejas de Flores prefieren los umbrales, los paredones y los yuyales.

Los Narradores de Historias fueron desplazados por las diversiones modernas. Tal vez es más emocionante jugar al billar japonés que oír cuentos sobre el tesoro de la calle Neuquén o la mujer que nunca mentía.

En el barrio del Ángel Gris y en otros rincones de la ciudad cunden narradores aficionados que relatan, con la mayor torpeza, sus cotidianas peripecias de oficina.

No hay que perder las esperanzas. Recorramos la plaza noche a noche. Tal vez en el momento menos pensado oigamos el antiguo pregón olvidado.

—Historias, historias... ¿Quién quiere oír una buena historia...?

4

Balada de la primera novia

*E*l poeta Jorge Allen tuvo su primera novia a la edad de doce años. Guarden las personas mayores sus sonrisas condescendientes. Porque en la vida de un hombre hay pocas cosas más serias que su amor inaugural.

Por cierto, los mercaderes, los Refutadores de Leyendas y los aplicadores de inyecciones parecen opinar en forma diferente y resaltan en sus discursos la importancia del automóvil, la higiene, las tarjetas de crédito y las comunicaciones instantáneas. El pensamiento de estas gentes no debe preocuparnos. Después de todo han venido al mundo con propósitos tan diferentes de los nuestros, que casi es imposible que nos molesten.

Ocupémonos de la novia de Allen. Su nombre se ha perdido para nosotros, no lejos de Patricia o Pamela. Fue tal vez morocha y linda.

El poeta niño la quiso con gravedad y temor. No tenía entonces el cínico aplomo que da el demasiado trato con las mujeres. Tampoco tenía —ni tuvo nunca— la audacia guaranga de los papanatas.

Las manifestaciones visibles de aquel romance fueron modestas. Allen creía recordar una mano tierna sobre su mentón, una blanca vecindad frente a un libro de lectura y una frase, tan sólo una: *"Me gustás vos"*. En algún recreo perdió su amor y más tarde su rastro.

Después de una triste fiestita de fin de curso, ya no volvió a verla ni a tener noticias de ella.

Sin embargo siguió queriéndola a lo largo de sus años. Jorge Allen se hizo hombre y vivió formidables gestas amorosas. Pero jamás dejó de llorar por la morocha ausente.

La noche en que cumplía treinta y tres años, el poeta supo que había llegado el momento de ir a buscarla.

Aquí conviene decir que la Aventura de la Primera Novia es un mito que aparece en muchísimos relatos del barrio de Flores. Los racionalistas y los psicólogos tejen previsibles metáforas y alegorías resobadas. De ellas surge un estado de incredulidad que no es el más recomendable para emocionarse por un amor perdido.

A falta de mejor ocurrencia, Allen merodeó la antigua casa de la muchacha, en un barrio donde nadie la recordaba. Después consultó la guía telefónica y los padrones electorales. Miró fijamente a las mujeres de su edad y también a las niñas de doce años. Pero no sucedió nada.

Entonces pidió socorro a sus amigos, los Hombres Sensibles de Flores. Por suerte, estos espíritus tan proclives al macaneo metafísico tenían una noción sonante y contante de la ayuda.

Jamás alcanzaron a comprender a quienes sostienen que escuchar las ajenas lamentaciones es ya un servicio abnegado.

Nada de apoyos morales ni palabras de aliento. Llegado el caso, los muchachos del Ángel Gris actuaban directamente sobre la circunstancia adversa: convencían a mujeres tercas, amenazaban a los tramposos, revocaban injusticias, luchaban contra el mal, detenían el tiempo, abolían la muerte.

Así, ahorrándose inútiles consejos, con el mayor entusiasmo buscaron junto al poeta a la Primera Novia.

El caso no era fácil. Allen no poseía ningún dato prometedor. Y para colmo anunció un hecho inquietante:

—*Ella fue mi primera novia, pero no estoy seguro de haber sido su primer novio.*

—Esto complica las cosas —dijo Manuel Mandeb, el polígrafo—. *Las mujeres recuerdan al primer novio pero difícilmente al tercero o al quinto.*

El músico Ives Castagnino declaró que para una mujer de verdad, todos los novios son el primero, especialmente cuando tienen carácter fuerte. Resueltas las objeciones leguleyas, los amigos resolvieron visitar a Celia, la vieja bruja de la calle Gavilán. En realidad, Allen debió ser llevado a la rastra, pues era hombre temeroso de los hechizos.

—Usted tiene una gran pena —gritó la adivina apenas lo vio.

—*Ya lo sé, señora.. Dígame algo que yo no sepa...*

—Tendrá grandes dificultades en el futuro...

—*También lo sé...*

—Le espera una gran desgracia...

—*Como a todos, señora...*

—Tal vez viaje...

—*O tal vez no...*

—Una mujer lo espera...
—Ahí me va gustando... ¿Dónde está esa mujer?
—Lejos, muy lejos... En el patio de un colegio. Un patio de baldosas grises.
—Siga... con eso no me alcanza.
—Veo un hombre que canta lo que otros le mandan cantar. Ese hombre sabe algo... Veo también una casa humilde con pilares rosados.
—¿Qué más?
—Nada más... Cuanto más yo le diga, menos podrá usted encontrarla. Váyase. Pero antes, pague.

Los meses que siguieron fueron infructuosos. Algunas mujeres de la barriada se enteraron de la búsqueda y fingieron ser la Primera Novia para seducir al poeta. En ocasiones, Mandeb, Castagnino y el ruso Salzman simularon ser Allen para abusar de las novias falsas.

Los viejos compañeros del colegio no tardaron en presentarse a reclamar evocaciones. Uno de ellos hizo una revelación brutal.

—La chica se llamaba Gómez. Fue mi Primera Novia.
—¡Mentira! —gritó Allen.
—¿Por qué no? Pudo haber sido la Primera Novia de muchos.

Entre todos lo echaron a patadas.

Una tarde se presentó una rubia estupenda de ojos enormes y esforzados breteles. Resultó ser el segundo amor del poeta. Algunas semanas después apareció la sexta novia y luego la cuarta. Se supo entonces que Jorge Allen solía ocultar su pasado amoroso a todas las mujeres, de modo que cada una de ellas creía iniciar la serie.

A fines de ese año, Manuel Mandeb concibió con astucia la idea de organizar una fiesta de ex alumnos en la escuela del poeta.

Hablaron con las autoridades, cursaron invitaciones, publicaron gacetillas en las revistas y en los diarios, pegaron carteles y compraron masas y canapés.

La reunión no estuvo mal. Hubo discursos, lágrimas, brindis y algún reencuentro emocionante. Pero la chica de apellido Gómez no concurrió.

Sin embargo, los Hombres Sensibles —que estaban allí en calidad de colados— no perdieron el tiempo y trataron de obtener datos entre los presentes.

El poeta conversó con Inés, compañera de banco de la morocha ausente.

—Gómez, claro —dijo la chica—. *Estaba loca por Ferrari.*

Allen no pudo soportarlo.

—Estaba loca por mí.
—No, no... Bueno, eran cosas de chicos.

Cosas de chicos. Nada menos. Amores sin cálculo, rencores sin piedad, traiciones sin remordimiento.

El petiso Cáceres declaró haberla visto una vez en Paso del Rey. Y alguien se la había cruzado en el tren que iba a Moreno.

Nada más.

Los muchachos del Ángel Gris fueron olvidando el asunto. Pero Allen no se resignaba. Inútilmente buscó en sus cajones algún papel subrepticio, alguna anotación reveladora. Encontró la foto oficial de sexto grado. Se descubrió a sí mismo con una sonrisa de zonzo. La morochita estaba lejos, en los arrabales de la imagen, ajena a cualquier drama.

—*¡Ay, si supieras que te he llorado...! Si supieras que me gustaría mostrarte mi hombría... Si supieras todo lo que aprendí desde aquel tiempo...*

Una noche de verano, el poeta se aburría con Manuel Mandeb en una churrasquería de Caseros. Un payador mediocre complacía los pedidos de la gente.

—*Al de la mesa del fondo le canto sinceramente...*

De pronto Allen tuvo una inspiración.

—*Ese hombre canta lo que otros le mandan cantar.*

—*Es el destino de los payadores de churrasquería.*

—*Celia, la adivina, dijo que un hombre así conocía a mi novia.*

Mandeb copó la banca.

—*Acérquese, amigo.*

El payador se sentó a la mesa y aceptó una cerveza. Después de algunos vagos comentarios artísticos, el polígrafo fue al asunto.

—*Se me hace que usted conoce a una amiga nuestra. Se apellida Gómez y creo que vivía por Paso del Rey.*

—Yo soy Gómez —dijo el cantor—. Y por aquellos barrios tengo una prima.

Después pulsó la guitarra, se levantó y abandonando la mesa se largó con una décima.

—*Acá este amable señor*
conoce a una prima mía
que según creo vivía
en la calle Tronador.
Vaya mi canto mejor
con toda mi alma de artista
tal vez mi verso resista
pa'saludar a esta gente
y a mi prima, la del puente
sobre el río Reconquista.

Durante los siguientes días los Hombres Sensibles de Flores recorrieron Paso del Rey en las vecindades del río Reconquista, buscando la calle Tronador y una casa humilde con pilares rosados. Una tarde fueron atacados por unos lugareños levantiscos y dos noches después cayeron presos por sospechosos. Para facilitarse la investigación decían vender sábanas. Salzman y Mandeb levantaron docenas de pedidos.

Finalmente, la tarde en que Jorge Allen cumplía treinta y cuatro años, el poeta y Mandeb descubrieron la casa.

—*Es aquí. Aquí están los pilares rosados.*

Mandeb era un hombre demasiado agudo como para tener esperanzas.

—*No me parece. Vámonos.*

Pero Allen tocó el timbre. Su amigo permaneció cerca del cordón de la vereda.

—*Aquí no es, rajemos.*

Nuevo timbrazo. Al rato salió una mujer gorda, morochita, vencida, avejentada. Un gesto forastero le habitaba el entrecejo. La boca se le estaba haciendo cruel. Los años son pesados con algunas personas.

—*Buenas tardes* —dijo la voz que alguna vez había alegrado un patio de baldosas grises.

Ya la mujer estaba más cerca del desengaño que de la promesa.

Y allí, a su frente, Jorge Allen, más niño que nunca, mirando por encima del hombro de la Primera Novia, esperaba un milagro que no se producía.

—*Busco a una compañera de colegio* —dijo—. *Soy Allen, sexto grado B, turno mañana. La chica se llamaba Gómez.*

La mujer abrió los ojos y una niña de doce años sonrió dentro de ella. Se adelantó un paso y comenzó una risa amistosa con interjecciones evocativas. Rápido como el refucilo, en uno de los procedimientos más felices de su vida, Mandeb se adelantó.

—*Nos han dicho que vive por aquí... Yo soy Manuel Mandeb, mucho gusto.*

Y apretó la mano de la mujer con toda la fuerza de su alma, mientras le clavaba una mirada de súplica, de inteligencia o quizá de amenaza.

Tal vez inspirada por los ángeles que siempre cuidan a los chicos, ella comprendió.

—*Encantada* —murmuró—. *Pero lamento no conocer a esa persona. Le habrán informado mal.*

—*Por un momento pensé que era usted* —respiró Allen—. *Le ruego que nos disculpe.*

—*Vamos* —sonrió Mandeb—. *La señora bien pudo haber sido tu alumna, viejo sinvergüenza...*

Los dos amigos se fueron en silencio.

Esa noche Mandeb volvió solo a la casa de los pilares rosados. Ya frente a la mujer morocha le dijo:

—*Quiero agradecerle lo que ha hecho...*

—*Lo siento mucho... No he tenido suerte. Estoy avergonzada, mírame...*

—*No se aflija. Él la seguirá buscando eternamente.*

Y ella contestó, tal vez llorando:

—*Yo también.*

—*Algún día todos nos encontraremos. Buenas noches, señora.*

Las aventuras verdaderamente grandes son aquellas que mejoran el alma de quien las vive. En ese único sentido es indispensable buscar a la Primera Novia. El hombre sabio deberá cuidar —eso sí— el detenerse a tiempo, antes de encontrarla.

El camino está lleno de hondas y entrañables tristezas. Jorge Allen siguió recorriéndolo hasta que él mismo se perdió en los barrios hostiles junto con todos los Hombres Sensibles.

5

Literaturas del Ángel Gris

La creencia en lo sobrenatural termina siempre siendo abolida por las gestas racionalistas.

Sin embargo, como observa Rafael Llopis, los mitos regresan del brazo del arte romántico. Pero ya no como las puras creencias que eran antes, sino como estética.

Aun negados por la razón, los fantasmas se resisten a morir. Pero deben abandonar sus pretensiones de verdad y se ven obligados a expresarse en un plano artístico, donde reconocen de antemano su condición fantástica. Así, el sentimiento, negado como creencia por la razón, niega a su vez la razón. Pero ya siendo arte, convertido en el eco de algo que ya no es, el mito pierde fuerza y se va agotando.

Hasta aquí Llopis. Tal vez falta apenas un modesto condimento: el arte romántico establece un vínculo inexorable entre el creador y su obra.

De este modo el artista cree redondamente en sus engendros o al menos —como pedía Coleridge— suspende su incredulidad.

Los analistas de los mitos de Flores aplican estos criterios para explicar la leyenda del Ángel Gris.

Es posible que los vecinos hayan creído alguna vez en la existencia cierta de este mistongo agente celestial. Los Refutadores de Leyendas se encargaron de desalojar la superstición. Y nosotros recibimos —sombra de un suspiro— los restos incompletos de una literatura de barrio que insistió en el Ángel a pesar de todo.

¿Dónde ubicar a los Hombres Sensibles en estos vaivenes del pensamiento y la pasión?

No es fácil decidirlo. Manuel Mandeb y sus amigos no eran ingenuos en absoluto. Sus ilusiones no terminaban en el desengaño, sino más bien empezaban allí.

Por lo que sabemos casi nunca hablaban del Ángel Gris. Tampoco ha llegado hasta nosotros la constancia de ninguna polémica acerca del asunto. En cierto modo, esto hace sospechar una certeza. Quién no hace cuestiones sobre la existencia de algo es porque está seguro al respecto. Por supuesto ignoramos si tal certidumbre afirmaba o negaba al Ángel de Flores.

Curiosamente, muy cerca del silencio de los Hombres Sensibles, cundieron infinidad de textos, obra de artistas del vecindario, en los que se contaban toda clase de historias en las que aparecía el Ángel.

De ellas se ha extraído toda la información que poseemos ahora sobre esta figura desteñida, la más importante, pero también la más lejana en los relatos de Flores.

Repasemos algunos rasgos del Ángel Gris en los que coinciden la mayoría de los autores consultados.

- El Ángel era invisible. Se sabe sin embargo que llevaba una túnica gris y que sus alas estaban un poco sucias.
- Sus poderes eran escasos, como lo expresa una antigua copla:
*"Qué puede ofrecer un ángel que no sea fantasía
o algún humilde milagro de cuarta categoría."*
- Se creía que había sido castigado por alguna transgresión. Su pecado debió de haber sido también humilde, pues no había nada de satánico en sus procedimientos.
- Era servicial, pero todos procuraban evitar su ayuda. Por alguna razón, el Ángel creía que la melancolía y el desencuentro eran cosas deseables y entonces recompensaba a sus entenados con tristezas permanentes.
- Se ha dicho que odiaba a los automovilistas y por eso interfería el funcionamiento de los semáforos.
- Siempre le gustaron las canciones tristes. A veces dictaba composiciones al músico Ives Castagnino. Las rubias de la calle Caracas han oído serenatas angelicales que parecían surgir de la sombra o de la nada.
- Participaba en todos los juegos del barrio. El ruso Salzman afirmaba que la probabilidad de hacer un siete en el pase inglés era dos veces mayor en Flores que en cualquier otro lugar. Carlos Menéndez, un renombrado ventajero de la calle Bolivia, juró que en diez años de actividad en todas las timbas de la barriada jamás le había tocado el siete de oros, carta que recibía con razonable frecuencia en Caseros o en Palermo.
- Repartía sueños desde el anochecer hasta el alba, llevando una canasta de panadero.

• No le estaba permitido salir de Flores. Los duendes, los fantasmas y los demonios de otros rumbos se burlaban de él.

Sin pretensión de antología, damos a conocer seguidamente algunos textos y datos biográficos de los escritores oscuros que se ocuparon del Ángel Gris.

~Ricardo Pérez Brunetto

Manuel Mandeb solía jactarse de haber olvidado la teoría de la relatividad, cuando en verdad jamás la había conocido. En el mismo sentido, Pérez Brunetto, con fingida amargura, decía que era un escritor olvidado: jamás alcanzó semejante rango. Pese a todo, algunos de sus cuentos impresionaban a sus primas hasta límites que el propio artista trató de ocultar:

Carlos y Amelia

El primer corazón lo encontró pintado en la pared del frente de su casa.

En su interior, entre firuletes, se leía "Carlos y Amelia". Aunque se llamaba Carlos no se dio por aludido, pues no conocía a ninguna Amelia.

El segundo lo impresionó un poco más. Estaba dibujado a dedo limpio en la vidriera empañada del bar "Tío Fritz".

Al tercer corazón comprendió que el asunto le concernía. Se le apareció de repente al despegar del ropero una foto de Laura Hidalgo.

Después empezó a encontrar corazones por todas partes: en el baño de la cancha de Vélez, detrás del almanaque de una tintorería, en un cuaderno viejo y en un árbol de la plaza a una altura impracticable para cualquier enamorado.

No le costó nada sospechar algo prodigioso. Ninguno de sus amigos tenía ingenio ni tesón para una broma semejante.

El último corazón se presentó escrito en un barrilete que acababa de arriar y que carecía de toda inscripción al ser remontado. Lo habían dibujado en el cielo.

Días más tarde, Carlos conoció a Amelia. Era hermosa pero triste y fina. Ahorraremos trámites literarios si decimos que se enamoró de ella. Averiguó dónde vivía, fingió encuentros casuales, trató de interesarla de cien diferentes maneras. Finalmente le confesó su amor, suplicó y se humilló, pero la mujer no le prestó atención.

No debe haber existido jamás un rechazo tan inapelable como aquél.

Después ya no aparecieron nuevos corazones. Carlos no vio a Amelia nunca más, pero por su culpa envejeció sin amores.

Un día supo por una bruja que el Ángel Gris prepara estos sucesos para que algunos privilegiados vivan la rara experiencia del amor imposible.

Y una tarde, paseando frente a la casa abandonada de la mujer terca, descu-

brió la borrosa sombra de un corazón pintado bajo la ventana.
Entre firuletes, se leía "Amelia y Ernesto".

~Rubén Di Leo

Centro delantero del club Empalme San Vicente. No era literato, pero escribió un extenso volumen titulado *Mis mejores jugadas,* en el que relata con estilo insufrible más de mil quinientas acciones futbolísticas en las que aparece como protagonista. Una de ellas tiene cierto interés para nosotros:

Jugada 304

Perrone pateó el córner desde la izquierda. Perdíamos uno a cero y faltaban dos minutos. El tiro le salió demasiado alto. Yo estaba en el área, pero ni pensé en saltar. De pronto sentí que unas manos ardientes me tomaban de la cintura y me elevaban por el aire. Así alcancé una altura fenomenal, casi un metro por encima de los defensores. Misteriosamente mi cabeza chocó con la pelota. Las manos me soltaron y caí despatarrado. Me pareció escuchar el rumor de unas alas, pero fue mucho más fuerte el grito de gol de la tribuna. Desde ese día, cuando hay un córner, trato de patearlo yo.

~Ives Castagnino

El más famoso de los músicos de Flores y de Palermo. El vals que transcribiremos le fue dictado, según dicen, por el propio Ángel que además solía cantarlo al hacer cada noche la entrega domiciliaria de sueños:

El reparto de sueños (Fragmento)

Sueños rojos, azules y verdes,
Tengo sueños de todos colores.
Sueños blancos y sueños rosados
Para todas las pibas de Flores.

Hay un sueño tan largo, tan largo
Que al soñarlo se escapa la vida
Y uno corto que es como un suspiro
Quien lo sueña, sueña que suspira.

En esta canasta
yo traigo, señores,
los sueños famosos
del barrio de Flores.

Tengo un sueño, dorado, imposible,
Tan hermoso que todos lo quieren
Y otro negro, perverso y terrible:
El que no se despierta, se muere.

Tengo aquí, para dar a los pobres
Lujosísimos sueños reales.
Son los mismos que sueñan los reyes,
al soñar somos todos iguales.

En esta canasta
yo traigo, señores,
los sueños famosos
del barrio de Flores.

❧ *Luncheon Ticket*

Seudónimo anglófilo que utilizaba el Dr. Pelagio Faggioli para escribir novelas policiales. En sus relatos es lamentablemente sencillo descubrir al asesino en virtud de los tempranos adjetivos que se le propinan. (Por ejemplo: el infame señor Galveston.)

Los seis que se siguen

Harry, el ladrón simpático, estaba cercado. Los seis detectives más ilustres del mundo estaban en la ciudad, convocados para darle caza. Philo Vance, J. G. Reeder, Ellery Queen, Philip Marlowe, Sherlock Holmes y el padre Brown pronto empezarían el trabajo.

Sin embargo, el Ángel Gris de Brooklyn acudió en su ayuda.
Vance recibió una orden misteriosa e inapelable para que siguiera a Reeder.
A Reeder se le ordenó seguir a Queen.
Queen recibió órdenes de seguir a Marlowe.
A Marlowe le ordenaron seguir a Holmes.
A Holmes le dijeron que siguiera al padre Brown.
Finalmente, el padre Brown fue comisionado para seguir a Vance.
A las pocas horas los seis estaban inmóviles en una plaza, acechándose mutuamente y esperando un primer paso que nadie iba a dar.
Harry, el ladrón simpático, cometió algunos delitos y después comenzó una nueva vida en un país lejano.
Los seis detectives siguen en Brooklyn, atascados como un universo inmóvil que espera una Voluntad.

~Nito D'Alesio

Literato aficionado de Monte Castro. Fue empleado municipal, como lo permiten colegir sus manuscritos, siempre estampados en el revés de formularios de la intendencia:

La calle del bien y del mal

Como bien sabemos, la cuadra del Ángel Gris está en la calle Artigas entre Bogotá y Bacacay. Sucede allí algo muy particular: en una de las veredas no es posible ser bueno. En la otra es imposible ser malo.

Una noche pasé con una muchacha rubia por la vereda oeste. La arrinconé en un umbral oscuro, la besé con pasión y logré poseerla allí mismo.

Después cruzamos la calle. Y mientras caminábamos por la vereda oriental, le pedí que me olvidara y la abandoné para siempre.

En la cuadra del Ángel Gris hay dos veredas. En una no es posible ser bueno, en la otra no se puede ser malo. Aún no tengo decidido cuál es cuál.

Hay en nuestro poder muchísimos otros escritos, todos con el mismo escaso interés.

En estos días nadie se ocupa del tema. Los Hombres Sensibles se han desparramado y las gentes razonables prevalecen en Flores y en el mundo entero.

Tal vez el propio Ángel Gris, allá en los desolados campanarios, cantará esta vieja copla que convida a dudar:

Los que no saben soñar
dicen que nunca me han visto
y hasta yo mismo sospecho
que en una de ésas, no existo.

6

Arte en colaboración

La literatura romántica postula la proximidad y aun la identidad entre el artista y su obra. De este modo, los poemas, las novelas y los cuentos son también el escritor, o al menos un mapa secreto de su alma.

Es inevitable simpatizar con esta idea, que parece establecer el requisito de sinceridad en cuestiones estéticas. Y es verdad que muchos artistas dejan, como un pelo en el peine, como una silla caliente, señales de su presencia viva.

Sin embargo estos rastros no son siempre voluntarios. Más aún: es preferible que no lo sean. Las confidencias desmesuradas son chocantes tanto en el arte como en las confiterías.

En este mismo punto hacemos flamear la primera cuestión de esta monografía: si el hecho artístico es personal e intransferible, ¿cómo explicar la existencia de obras en colaboración?

Borges afirma que se trata de un prodigio inverso al de Jeckyll y Mr. Hyde: dos se convierten en uno. El resultado artístico expresa una tercera entidad.

No sin pudor, me atreveré a agregar un dato demasiado modesto: el arte no es solamente expresión sino también creación. A veces —por fortuna— el escritor inventa. Y aunque sus invenciones también sean mapas secretos, puede ocurrir que el artista no se revele o incluso que se oculte. Quevedo, Lope o Cervantes no se manifestaban en sus criaturas. Y si Flaubert decía ser Madame Bovary, es casi seguro que Carroll no era Alicia y Salgari no era Sandokán.

El lector saciado de teorías vulgares ya irá sospechando ésta: la literatura en colaboración sólo es posible en distritos tales como la novela de aventuras o el relato humorístico. La novela psicológica o la poesía amorosa no podrían tolerarla.

Lejos de todas estas consideraciones, un grupo de literatos perezosos llegó a constituir en el barrio de Flores el célebre Comité de Colaboración Artística.

Al principio sus funciones se limitaban a socorrer a narradores empantanados que acudían en busca de rimas, adjetivos o desenlaces. Más tarde, entusiasmados por ciertas ocurrencias afortunadas, llegaron a dictaminar que la creación solitaria es imposible.

—*Aun el más personal de los escritores se vale de aportes ajenos* —sostenían.

Los conocimientos previos, el lenguaje, los recuerdos y las influencias literarias son —si bien se mira— formas concretas de colaboración.

El último colaborador, tal vez el decisivo, es el lector.

Tan ingeniosos criterios encontraron la respuesta de los defensores de la creación individual. En ese sentido, vale la pena consultar el libro *Imposibilidad del arte compartido* o *El buey solo bien se lame*, escrito por los profesores Luis J. Schwarz y Amadeo Juliani. Más allá de las discusiones de cenáculo, lo cierto es que el Comité impulsó el nacimiento de numerosas obras. Y uno de sus componentes alcanzó formidable notoriedad. Hablamos de Rodolfo Arrúa.

El orden alfabético lo hacía aparecer a la cabeza de todos los grupos que integraba. No le hizo asco a ningún género: participó en la redacción de novelas, ensayos, poesías, obras teatrales y de divulgación científica. Intervino en la traducción de *Tierras vírgenes* de Turguéniev, superando su absoluto desconocimiento del idioma ruso. Arrúa fue el colaborador perfecto. Su ductilidad le permitió siempre someterse al estilo de sus compañeros: si trabajaba junto a Jorge Allen, los versos parecían escritos de punta a punta por dicho poeta. Si se dejaba ayudar por Silvina Ocampo, la prosa presentaba el aspecto de haber sido construida solamente por ella.

Este mimetismo colosal impide saber cómo escribía realmente Arrúa.

Consecuente con sus principios, jamás intentó una obra en soledad. Tal vez para mitigar los efectos de su demasiada humildad, el hombre ejercía una virtud provechosa: con el mayor desparpajo daba por suyas las ideas ajenas. Esta hospitalidad de su firma le ocasionaba frecuentes disgustos. Después de sus cuarenta años apenas leía, para evitar el encuentro con frutos de su talento, mordisqueados por hábiles usurpadores, que a veces —por puro disimulo— le habían precedido en centurias.

Manuel Mandeb decía haber presenciado algunas reuniones creativas de Arrúa y sus ayudantes. El polígrafo de Flores destacaba la puntualidad de sus mates, la calurosa aprobación que brindaba a toda sugerencia y una cierta propensión a quedarse dormido ante la mínima demora de las musas.

Rodolfo Arrúa no se contentó con la literatura. Se entreveró con músicos, pintores y escultores. Llegó a formar una orquesta de tangos —que llevaba su nombre— cuyo desempeño fiscalizaba desde una mesa cercana.

Gracias a toda esta enorme actividad, conquistó premios y honores que nunca rechazó. Sus enemigos le enrostraban un desmedido afán de figuración y la costumbre de postergar a sus compañeros de tareas. La acusación no es del todo justa. Cuando en tiempos difíciles se publicó el libro *Un gobierno desagradable*, Arrúa tuvo la decencia de admitir su nula participación en la obra, delante mismo del comisario de policía.

Su colaborador más asiduo fue el polemista César Rulli. Desde el éxito impresionante de *Aramos, dijo el mosquito*, más de treinta obras llevaron la firma de estos dos creadores.

La posteridad adivina celos en Rulli. Un episodio histórico los confirma: después de muchos años de labores conjuntas, César Rulli publicó en forma solitaria un volumen de cuentos. Un crítico le señaló que en esa obra se notaba la ausencia de Arrúa.

—*En las otras también* —fue la resentida respuesta.

El Comité de Colaboración Artística mantuvo una actividad perpetua. Para evitar elecciones enojosas, se estableció un sistema de colaboraciones por sorteo. Los resultados fueron demenciales. Poner en yunta a espíritus contrapuestos conduce casi siempre al disparate.

El poeta lunfardo Alonso de la Cueva y el severo clasicista Fatiga Sustaita completaron el extenso poema *Ninfas y Malandras*.

—Transcribimos algunos versos para ilustrar la yuxtaposición de estilos:

"Némesis, vengadora, acude presto
con un nombre secreto entre los labios.
Olvido no ha borrado los agravios.
La diosa encuentra a un taita bien dispuesto,
que un poco rechiflao por el escabio,
va a buscar a la mina y le da el pesto."

Algunos relatos construidos con estos mismos criterios padecían defectos perturbadores. El uso alternado de la primera y segunda personas solía denunciar penosamente el cambio de pluma. Los personajes cambiaban bruscamente de carácter, según eran atendidos por uno u otro artista.

En ocasiones, un mismo pasaje era relatado dos veces. Y no faltaban expresiones superfluas, como *"Tiene razón"* o *"Como dice acá el amigo"*. Algunas obras llegaron a contar con quince o veinte autores, cuyos caprichos sumados oscurecían los textos hasta volverlos incomprensibles. Varias novelas presentaban capítulos firmados en disidencia o finales diferentes en despacho por minoría.

Los intelectuales freudianos suelen proceder al allanamiento de las obras artísticas para buscar huellas de las neurosis del creador, cuando no de sus costumbres íntimas.

¿Cómo reaccionarán estos personajes detectivescos ante una novela escrita en colaboración?

¿Qué clase de manías serán capaces de descubrir? ¿A cuál de los autores habrían de atribuírselas? ¿Procederán a un reparto equitativo? ¿Vislumbrarán enfermizos maridajes? ¿Dictaminarán esquizofrenia? No es fácil saberlo. Los métodos y razonamientos de estas gentes son más arbitrarios que las locuras de nuestro obtuso Comité.

Respecto de este asunto, Manuel Mandeb se mostraba desafiante:

"...Conozco los procedimientos de la indagación psicológica. Adivino todas sus metáforas, puedo prever su módicas interpretaciones. Me río de sus listas de símbolos.

"Escribo ahora este capítulo. Adivinen quién soy. Puedo escribir ahora mismo otro diferente. Soy capaz de sembrar falsas señales. Soy capaz de ocultar las verdaderas. Puedo crear un arte distinto de éste y hasta puedo ser un hombre distinto del que soy. Mi alma es un secreto inviolable, incluso para mí. Muy brujo tendrá que ser el que me la saque al sol. Vamos... atrévanse, interpreten mis textos y descubran mis fantasías eróticas. Aire, aire... No hay nada tan absurdo como la superstición de un racionalista."

Respecto de la colaboración artística, el pensador de Flores reconoció algunas formas poco frecuentes de ejercerla:

"...Los ángeles y los demonios suelen participar en la creación de poesías, novelas y valsecitos. Yo mismo he compuesto un estilo con la ayuda de un cierto duende nocturno, de rima sonora, pero un poco sentencioso, eso sí.

"El resto de las personas también intervienen en nuestro arte. Nos inspiran personajes, aventuras y conductas interesantes.

"También hacen su aporte los fenómenos climáticos que suelen dejar en nuestro ánimo fatigas, euforias, melancolías, temblores y espantos que ciertamente influyen en las obras, aunque nadie sepa de qué modo. Una concreta colaboradora: la censura. La eliminación de ciertas partes de un trabajo lo convierte en algo diferente. A decir verdad, toda colaboración convencional entre dos artistas amigos no es sino un continuo juego de mutuas censuras.

"El último ejemplo y el mejor: la payada a media letra. Al final de sus actuaciones, los payadores no improvisan décimas personales, sino que van construyendo una entre los dos. Los versos de uno preparan los del otro y éstos son preparación de los siguientes. Ayudar al compañero es ayudarse a uno mismo; la piedra que le pongamos en su camino nos caerá encima en forma de montaña."

Curiosamente, Manuel Mandeb nunca se acercó al Comité de Colaboración Artística. Tal vez tenía miedo de las sanguijuelas que a veces se ocultaban allí. O comprendía que jamás iba a encontrar a nadie capaz de suscribir, siquiera por mitades, sus tenebrosos pensamientos.

El Comité desapareció, como casi todas las entidades de los tiempos dorados. Rodolfo Arrúa abandonó el arte y puso una pizzería, junto a un socio ingenuo.

Los artistas siguieron ayudándose a pesar de los profesores adversos. Y este procedimiento, rarísimo en la antigüedad, es hoy la forma más corriente de producir arte. Pero aquí, en la última esquina de esta nota, pienso con horror en esos numerosos equipos de investigadores, periodistas, redactores, fotógrafos, correctores, confidentes y batilanas que participan de la producción de los novelones de Harold Robbins o Arthur Hailey, y me pregunto si eso será el arte.

Yo que he tenido la ocasión de ser admitido como asistente por algunos artistas, me permitiré unas modestas recomendaciones.

La primera es elegir a un par. No es honesto aprovechar el talento o el prestigio de alguien mejor que uno. Y también es penoso detenerse cada tres pasos para esperar a un insolvente.

La segunda es también la última: es conveniente, antes de escribir con alguien, practicar la amistad, compartir aventuras y desventuras durante algunos años, cultivar el afecto y la compasión, generar el respeto y la comprensión tolerante. Después, recién entonces, uno podrá decir que está listo para empezar la obra.

Pero la obra ya estará terminada.

7

Cinco leyendas

Leyenda de las dos calles

Hay en el barrio del Ángel Gris dos calles —nadie sabe cuáles— que son las calles de la vida y la muerte.

Son aparentemente paralelas y no deberían cruzarse jamás.

Pero un día cada siete años, un día que nadie conoce, las dos calles se entrevistan en secreto y forman una esquina mágica.

En esa esquina hay un buzón rojo carmín.

En el buzón hay mil cartas. Dentro de uno de los sobres hay un papel azul y en el papel hay una palabra, una sola, escrita con tinta sutil.

En esa sola palabra se condensa todo el saber del universo.

Dentro de los otros sobres hay otras palabras, pero son palabras falsas, que sólo sirven para engañar y confundir a los hombres.

Hay que acertar la calle y reconocer el día exacto y la hora precisa para llegar a la esquina secreta.

Hay que abrir el buzón y adivinar cuál de las mil cartas es la verdadera.

Es difícil.

Los hombres sensibles de nuestro barrio lo saben.

Saben también que aun teniendo la inmensa suerte de encontrar la esquina y la carta, no podrían leer la palabra, pues la tinta se borra con la luz.

Saben también que es probable que la palabra no signifique nada para ellos.

Pero día tras día, noche tras noche, la muchachada camina y recamina las calles del barrio buscando la esquina secreta.

~Leyenda de los caballos de carrera

Los domingos nueve de los meses impares que terminan en "o", el demonio se apodera del cuerpo de los caballos que llevan el número siete y que están anotados en la quinta carrera.

A veces, estos caballos pierden y los apostadores reniegan de Dios y se condenan.

Otras veces, los caballos ganan y los apostadores se enriquecen, dejan sus trabajos, se olvidan de Dios y se condenan.

~Leyenda de la mujer que es, sin saberlo, el diablo

Hay en las lomas de El Palomar una hermosa mujer que se aparece a los muchachos en las noches de verano.

La mujer les cuenta una historia de amor y les regala una flor azul.

Los muchachos guardan la flor azul en un libro y piensan en la mujer y lloran de melancolía.

La mujer es en realidad el demonio, pero los muchachos no lo saben y ella tampoco, tan oscuros son los métodos de Satán.

Dios guarde a los muchachos tristes de las mujeres hermosas.

~Leyenda de la moneda de cinco guitas y la moneda de diez

En algún sitio de Buenos Aires hay dos monedas.

Una, de cinco guitas, es la moneda del saber y la felicidad.

Quien la encuentre poseerá el secreto de las Ciencias y el Amor.

La otra moneda, de diez centavos, es la moneda de la muerte y la mishiadura. Quien la encuentre no tendrá paz y un día morirá para siempre.

Algunos sostienen que hay también una tercera moneda mágica, pero nadie conoce las consecuencias de su hallazgo.

~Leyenda del volador de Flores

Casi todos los hombres sensibles de Flores conocían a Luciano, el volador. Sabía atender un puesto de diarios en la esquina de Boyacá y la avenida. Sus apologistas pretenden que levantaba quiniela, hecho que no le consta para nada al compilador de estas historias. Por lo demás, a través de todos los mitos de Flores, parece constante el afán de enaltecer el recuerdo de los héroes, atribuyéndoles actividades relacionadas con el juego. Si es verdad lo que se cuenta, Luciano volaba. Sus escasas fotografías nos lo muestran liviano y magro, aunque carente de alas. Una de ellas, que suele utilizarse como prueba de su don, lo registra en el costado derecho de un grupo numeroso y sus pies aparecen en el aire, a una cuarta escasa del suelo. Los escépticos atribuyen este efecto a un truco fotográfico o bien a un pequeño salto oportuno.

Sin embargo, la tradición oral de Flores insiste en recordar los vuelos de Luciano. Los más viejos aseguran que, cuando niño, descolgaba los barriletes que se enredaban en los árboles y recobraba las pelotas que caían en los techos del vecindario. Ya mayor, prefirió siempre los vuelos nocturnos. Parece que el cielo sostiene mejor de noche y no se corre el riesgo de llamar la atención de los papanatas.

Excepción hecha de los días de lluvia o granizo, Luciano prescindía de los colectivos y taxímetros. Un viajecito al centro le insumía apenas diez minutos. Solía aterrizar en las terrazas solitarias y bajar por los ascensores para evitar el escándalo. Siendo volador, Luciano era discreto. Conoció —eso cuentan— el secreto de todos los campanarios de Flores, se cruzó mil veces con las brujas desnudas que sobrevuelan Belgrano y se saludó con los ángeles ociosos que se dejan llevar por los vientos.

Sus enemigos lo acusaban de robar higos y triciclos, para no hablar de las lamparitas del alumbrado público. Los aviones le producían terror, desde un día en que paseando por El Palomar, un pardo Avro Lincoln casi le arranca la cabeza.

Manuel Mandeb ha sido el principal proveedor de anécdotas de Luciano. El pensador árabe cuenta —por ejemplo— las desagradables consecuencias que padeció a causa de su ignorancia del uso de la brújula y la posición de los astros.

Así nos refiere que una noche que volaba hacia el estadio de Vélez Sarsfield con la ladina intención de colarse, equivocó el camino y descubrió las fuentes mismas del río Matanza. Encontró allí —sostiene Mandeb— grandes poblaciones lacustres, semejantes a las que cundieron en Suiza hace milenios. Tomándolo por un dios, los inocentes pobladores lo agasajaron, le dieron a beber hidromiel, le cedieron a una joven más o menos doncella y le obsequiaron una yunta de gallinas y un florero, único de estos objetos que aún se conserva.

Estos cuentos son muy sospechosos. Sospechosa también es la historia que ubica a Luciano siguiendo una bandada de golondrinas hasta los trópicos o aquélla que hace referencia a la lucha del volador con un cóndor bataraz. Cuando comenzaron las calamidades en el barrio de Flores, Luciano decidió partir. Las palomas azules con sus plumas de acero coparon el cielo de la barriada y el volador sintió miedo. Manuel Mandeb insiste en que antes de irse para siempre, Luciano le contó el secreto de su increíble destreza. Dice Mandeb que un mago extranjero le concedió el don del vuelo, pero le hizo la siguiente prevención: "Volarás, Luciano, pero cuida que quienes lo sepan no escriban nunca tu historia. Cuando alguien la lea, tu poder cesará definitivamente". Esto explica que las hazañas de Luciano sólo se hayan transmitido en forma oral. Ninguno de los literatos de Flores lo menciona jamás. Gracias a ello Luciano habrá seguido volando hasta el día de hoy, lector impío, en que tus ojos curiosos acaban de desbarrancarlo para siempre.

8

El recuerdo y el olvido en el barrio de Flores

*E*n nuestros tiempos, no son muchas las personas de buena memoria. Salvo, desde luego, en el barrio de Flores.

Todos sabemos las cosas que se cuentan sobre el barrio del Ángel Gris.

Y, aunque conviene desconfiar de cualquier testimonio al respecto, es casi un hecho que los Hombres Sensibles hacen alarde de recordarlo todo y suelen ejercitarse en lances tan complicados como la tabla del 113.

Esto puede sorprender a quienes han oído que los Hombres Sensibles de Flores huyen de las precisiones científicas como de la peste y son más bien proclives a la improvisación.

Pero también ocurre que estos espíritus atorrantes odian la muerte y sospechan que lo que se olvida, se muere.

Por eso no es raro encontrar en los atardeceres de la calle Artigas a los muchachos sombríos memorizando versos murgueros, recordando la formación de Boca en 1955 o repitiendo en voz baja la lista de asistencia del colegio secundario.

Están rescatando cosas de la muerte. A su manera, son salvadores.

Entre tantos enemigos como tienen los Hombres Sensibles, se hallan los Amigos del Olvido, organización con sede en Caballito, que propugna la abolición del recuerdo, según dicen porque duele.

"Todo recuerdo es triste" declaran estos caballeros.

Lo peor de estos impíos es su aire de inocencia, hijo del olvido de sus culpas. Sus semblantes sonrientes despiertan la simpatía de todos y cada día, docenas de socios nuevos se inscriben en la sede de la calle Rojas.

El grupo se organiza en subcomisiones que se encargan a su turno de

olvidar determinadas porciones del universo.

Así, existe la Comisión de Olvido Permanente de Marcos Ciani, destinada a borrar las huellas del veterano piloto de Venado Tuerto. En sus reuniones la subcomisión delibera sobre toda clase de asuntos, con la excepción de aquellos que se vinculen de algún modo con Marcos Ciani.

Una rama radicalizada de los Amigos del Olvido declara que los recuerdos no sólo son tristes sino también falsos.

"Jamás recuerda uno las cosas tal cual fueron", declaman. De modo que para esta gente, los recuerdos son especies de sueños y los sueños no merecen sino el desprecio.

Mientras tanto, los Hombres Sensibles tienen decidido que sólo los sueños y los recuerdos son auténticos, ante la falsedad engañosa de lo que llamamos el presente y la realidad.

¿Qué es más verdadero?, se preguntan. ¿El amable recuerdo de nuestra primera novia, dulce, ansiosa, inexplicable o esta señora contundente que compra fruta en la verdulería de la calle Condarco?

No hace falta decir que los Amigos del Olvido son más numerosos que los Hombres Sensibles o —al menos— presumen de ello. Más justo sería aclarar que muchas personas son Hombres Sensibles sin siquiera sospecharlo.

Vale la pena admitir en este punto que hay quienes se acercan a los Amigos del Olvido, no por simpatía filosófica, sino animados por propósitos tan mezquinos como el deseo de olvidarse de una señorita inconstante. Tales infiltrados son descubiertos casi siempre por los miembros de alguna comisión, quienes poseen un olfato especial para distinguirlos. Las sanciones son, en general, muy severas. Pero rara vez se cumplen, precisamente porque los encargados de ejecutarlas se olvidan de hacerlo.

Los Amigos del Olvido aman el futuro.

Pasan largas veladas contando hazañas que aún no han cumplido y jactándose de los amores que tendrán alguna vez.

Sostienen —además— que siempre es mejor lo que ha ocurrido después. Constituye una experiencia interesante proponer a la elección de un Amigo del Olvido dos objetos cualesquiera. Siempre elegirán lo que uno menciona en último término.

—*¿Quiere usted un helado de crema o de chocolate?*
—*De chocolate.*
—*¿Lo prefiere usted de chocolate o de crema?*
—*De crema.*

De este criterio surge un insoportable optimismo y un espíritu progresista. Cualquier novedad es acogida en la sede de la calle Rojas con aplausos y vítores.

Los Hombres Sensibles —como todo el mundo sabe— odian el futuro, porque han descubierto que en el futuro está la muerte.

El enfrentamiento entre ambos grupos ha llegado muchas veces a una módica violencia.

Pero las ofensas no dejan rastros.

En unos, porque olvidan. En los otros, porque perdonan.

Según los Amigos del Olvido, la existencia de medios idóneos para almacenar el conocimiento torna inútil todo esfuerzo mental al respecto.

Poco sentido tiene —arguyen— memorizar la historia de los fenicios, cuando hay libros que la atesoran cabalmente.

Al oír esto, los Hombres Sensibles se enfurecen:

—*Eh... los libros sólo son recipientes que contienen lo que luego han de beber los hombres.*

Pero a estas alturas, los Amigos del Olvido ya están en otra cosa.

Muchos Hombres Sensibles temen a las computadoras, a las calculadoras electrónicas y al Cerebro Mágico.

Sostienen que el uso de estos aparatos embota el ingenio y atrofia el intelecto.

Por eso es que, con toda frecuencia, una melancólica patota recorre el barrio del Ángel Gris, destruyendo las máquinas de pensar que suelen cundir en las oficinas, para no mencionar las cajas registradoras de los bares, los fixtures de Glostora, las balanzas y los relojes automáticos. (A la hora de destruir, los Hombres Sensibles se enardecen y no se andan con sutilezas.)

En su larga lucha contra el recuerdo y la memoria, los Amigos del Olvido han desarrollado interesantes estrategias. Pero, sin ninguna duda, su más importante hallazgo fue el Licor del Olvido, un cordial de existencia incierta que —según parece— tiene la virtud de abolir el pasado en quien lo toma.

En épocas lejanas, los hombres de la calle Rojas se limitaban a beber ellos mismos su licor, emborrachándose locamente de esperanzas sin presagios.

Pero luego empezaron a mezclar el licor en la ginebra de los Hombres Sensibles, para inducirlos a olvidar.

Pero lo peor ocurrió cuando los Hombres Sensibles alcanzaron a destilar el Vino del Recuerdo, cuyos efectos son —como ya se sospechará— opuestos a los del licor.

También los muchachos del Ángel Gris recorrieron el mismo camino: bebieron solos primero y trataron después de usurpar las copas de los que nada recuerdan.

Y esto fue terrible. Porque si el Licor del Olvido y el Vino del Recuerdo son de por sí peligrosos, la mezcla es verdaderamente mortal.

El autor de esta crónica cree haber probado —sin sospecharlo— ese espantoso cóctel.

Sus efectos se traducen en oscuras añoranzas de lo que vendrá, en olvidos de lo que nunca fue y en un sabor amargo y dulce que hace llorar.

Las señoritas amigas del olvido suelen pasearse por el barrio de Flores para enamorar a los Hombres Sensibles.

Los muchachos del Ángel Gris —bien lo sabemos— son de corazón blando y se enamoran para siempre.

Entonces las señoritas de Caballito se olvidan de ellos y los abandonan sin remordimiento.

Estos tristes episodios propenden —sin embargo— al florecimiento de las artes en Flores, pues los Hombres Sensibles suelen componer sus mejores versos, elaborar sus canciones más sentidas y tallar sus más hermosos anillos cuando sufren.

Poco cuesta imaginar cuál será el fin de esta lucha entre olvido y memoria.

Los Hombres Sensibles de Flores están derrotados. De nada les valdrá oponerse a la muerte, porque la muerte llegará de todos modos.

De nada servirá su pasión por la memoria, pues toda memoria es perecedera. Y —en definitiva— el tiempo es el mejor aliado de los Amigos del Olvido.

Pero es obligación de todos nosotros hacer un poco de fuerza por los muchachos de Flores, para que su derrota sea más honrosa.

Recordemos, recordemos todo el tiempo. No olvidemos nada. Ni el color de nuestras corbatas perdidas, ni el olor a tiza y sudor del colegio, ni el calor del asfalto sobre los pies descalzos, ni el gusto a jazmín de los besos en la noche, ni el aroma de la untura blanca.

Si nos espera el olvido, tratemos de no merecerlo.

Y pensemos que después de todo, aunque la victoria final sea de los Amigos del Olvido, será un triunfo sin festejo. Nadie lo recordará jamás.

9

El caminante (II)

La segunda vez que me encontré con Dorkas, ya era invierno. Me pareció que caminaba más ligero que antes. Llevaba en la mano una botellita verde.

—Salud, amigo... ¿Quiere un traguito?
—¿Ginebra?
—Licor del recuerdo, caballero. Mójese los labios y el pasado estará con usted.
—Gracias. Pero creo que no lo necesito. El pasado siempre está conmigo.

Empezó a correr hacia atrás como un loco, mientras me gritaba:

—*El universo tiende al olvido. La memoria es apenas una resistencia efímera. La vida es una resistencia efímera. Beba conmigo.*

Volvió a los saltos y me ofreció la botella. No tuve más remedio que apurar un sorbo.

—*¿Y? ¿Recuerda algo?*
—Yo siempre recuerdo lo mismo, Dorkas.
—*Usted me ayudó a hacer el primer milagro, que es el más difícil. En verdad es el único milagro. Una vez que uno camina sobre las aguas, ya nada resulta imposible.*
—*¿Por qué dice que yo lo ayudé?*
—*No me haga explicar dos veces la misma cosa.*

Galopó hacia el norte y se perdió en la noche.

10

Táctica y estrategia de la escondida

No se sabe muy bien cuáles eran los verdaderos fines de la Sociedad Amigos de la Escondida. En cambio está bien claro que tales fines no se cumplieron.

Sin embargo, hace ya algunos años, la entidad solventó la edición de un pequeño folleto titulado *Reglamentos, táctica y estrategia del juego de la escondida.* En su momento, el trabajo despertó agudas controversias.

Hoy que los ánimos están amansados hemos querido exponer el asunto ante nuestros lectores, quienes seguramente ignoran la mayor parte de los detalles de este juego en vías de extinción.

~Capítulo I: *del número de los jugadores*

Puede jugar a la escondida un número cualquiera de jugadores. El mínimo es uno. Cabe señalar que en este caso el juego es especialmente aburrido: el único jugador se busca a sí mismo o —lo que es aún más tedioso— busca a otros inexistentes jugadores hasta que se desalienta y abandona.

Con dos participantes se gana un poco en acción y puede decirse que el clima ideal se logra cuando intervienen más de seis y menos de veinte personas.

Asimismo cabe advertir que resulta sumamente engorroso desarrollar el juego con más de ochenta jugadores. Los buscadores equivocan los nombres de quienes se ocultan y con toda frecuencia se ven obligados a llevar un registro escrito en el que constan las personas que ya han sido descubiertas y las que aún permanecen en lugares desconocidos. Por otra parte, es fácil razonar que cuanto mayor es el número de jugadores, más trabajoso será hallar escondites vacantes, con el consiguiente deslucimiento del juego.

~Capítulo II: *el lugar donde se juega*

La escondida puede practicarse tanto en lugares abiertos como en recintos cerrados. Siempre es preferible elegir horarios nocturnos, pues las tinieblas suelen mejorar la calidad de los escondrijos.

Así, cuando se jugare en casas o departamentos, convendrá atenuar las luces. Aquí se hace indispensable una aclaración fundamental: es necesario que antes de comenzar el juego se fijen expresamente los límites geográficos de su extensión. Fuera de ellos estará prohibido esconderse.

Algunos heresiarcas pasan por alto esta acotación y nos hallamos entonces ante un juego cuyo marco es el mundo entero. Es así como muchos jugadores se esconden en barrios alejados y aun en otras provincias, retrasando el desenlace de la competencia hasta el punto de arruinarla por completo.

Nota: el folleto no menciona la interesante opinión de Manuel Mandeb, quien creyó entender que la escondida era un juego sin límites. Para el pensador árabe la escondida perfecta debía ser jugada por toda la estirpe humana, su escenario era el universo y su duración, la eternidad. Así, el propósito final de la Historia puede consistir en el nacimiento de un futuro Elegido, que se encargará de librar para todos los compañeros en un acto que marcará el fin de los tiempos.

~Capítulo III: *finalización del juego*

La escondida no tiene ganadores ni perdedores. Por eso la finalización del juego debe fijarse en forma arbitraria, pero manifiesta. Muchas veces los jugadores abandonan la competencia sin avisar a nadie y muchos participantes tenaces permanecen ocultos durante horas, sin que nadie se moleste en buscarlos.

Los miembros de esta Sociedad conocen perfectamente algunos casos célebres de obstinación. Vale la pena mencionar la gesta del joven Luis C. Cattaldi, que permaneció catorce meses en el quicio de una puerta de la calle Morón, cogoteando sigilosamente en dirección a la Piedra. Los habitantes de la casa solían llevárselo por delante cuando salían y —a veces— le acercaban algún alimento. Finalmente Cattaldi regresó a su domicilio, gracias a los consejos de una comisión de esta misma Sociedad.

Capítulo IV: desarrollo del juego

La idea fundamental de la escondida es que todos los jugadores se oculten, con la excepción de uno, que será el encargado de buscar al resto.

Para dar tiempo a la elección de escondite y a la correcta instalación de cada uno en el suyo, el buscador esconderá el rostro contra la pared, como si llorara, y permanecerá en esta posición durante algunos segundos. La medición de este lapso, la efectuará el propio buscador recitando la serie de números naturales en voz alta, hasta llegar a una cifra convenida con antelación (por ejemplo, 50). Acto seguido, a modo de advertencia, deberá declamar algún pareado revelador. El más usual es *"Punto y coma, el que no se escondió se embroma"*. El lugar donde el buscador realiza este ritual se conoce con el nombre de "Piedra". Inmediatamente comienza la parte más divertida. El buscador recorre el campo de juego y revisa los lugares en donde sospecha que hay alguien. Cuando descubre a algún jugador oculto sale corriendo en dirección a la Piedra, la toca y grita *"Piedra libre para Fulano"*. Siempre deberá referirse a la persona descubierta de un modo tal que su identidad quede fuera de toda duda. Este punto es muy importante, como ya veremos en otro capítulo.

A su turno, el jugador descubierto puede abandonar su refugio y correr hacia la Piedra tratando de tocarla antes que el buscador. Si lo consigue, será él quien grite *"Piedra libre"* y a los efectos del juego se reputará que no ha sido hallado.

Por otra parte, todos los jugadores pueden abandonar repentinamente su escondite y llegarse hasta la Piedra, aun cuando no hayan sido descubiertos. Pero si el buscador los sorprende en su excursión y se les adelanta en la carrera hacia la Piedra, se les considerará encontrados.

El primero de los jugadores que pierda la carrera hacia la Piedra recibirá —como castigo— la obligación de contar en el lance siguiente. Sin embargo, hay un recurso extremo: el último de los jugadores que permanezca escondido puede aventajar al buscador y gritar *"Piedra libre para todos mis compañeros"*. Cuando esto ocurre, el buscador deberá contar nuevamente.

Desde luego, ya puede colegirse que el participante capaz de culminar exitosamente esta jugada recibirá la admiración y el respeto de todos.

Capítulo V: distintas tácticas

Existen buscadores conservadores y buscadores audaces.

Los primeros no se alejan jamás de la Piedra. Tratan, por lo general, de esperar que alguien cometa un error o trate de cambiar de escondite. Esta raza conspira contra la calidad del juego.

En cambio el buscador audaz abandona las inmediaciones de la Piedra y marcha hacia los confines del campo. Se trepa a los árboles, ingresa a los armarios y rastrea minuciosamente los yuyales. Claro, siempre corre el riesgo de ser sorprendido por los jugadores que se han ocultado en la zona opuesta. Pero el juego se torna vivaz y lleno de matices. Abundan las carreras, los rodeos y las sorpresas.

Existen también los buscadores zorros, que amagan dirigirse a la derecha para tentar a quienes se esconden por la izquierda. En cierto momento, salen disparados hacia el otro sector y así es como sorprenden a muchos jugadores novatos que abandonan prematuramente su refugio.

Entre los que se esconden, también hay distintas escuelas. Algunos prefieren los escondites sencillos pero de fácil salida, como los umbrales de las puertas. Otros los eligen complicados y de salida engorrosa: la copa de los árboles, el fondo del canasto de la ropa, etc. Hay también quienes van rotando su escondite y cambian de posición mientras observan los movimientos del buscador.

Los mejores son los exquisitos, que inventan guaridas que sólo ellos conocen y no las revelan jamás. Esta clase de jugadores es la más temida por los que cuentan, pues muy a menudo libran para todos los compañeros.

Sin embargo, el escondite no debe ser nunca impenetrable. A decir verdad, el escondite perfecto termina con el juego.

En 1959, en una escondida que se realizó en Villa del Parque, el abogado Gerardo Joseph se escondió de un modo tan eficaz, que nunca más fue visto en ninguna parte. Todavía hoy muchos de sus amigos recorren la barriada gritándole que salga.

Un exitoso cuento de Edgar Allan Poe insinúa que el mejor escondite es aquél que está a la vista de todos. En esa narración, todo el mundo busca infructuosamente una carta que en realidad había permanecido siempre a la vista.

Esta teoría podrá ser buena para los cuentos policiales, pero no sirve en la escondida. Infinidad de jugadores han pretendido pasarse de vivos parándose a un metro de la Piedra con cara de disimulo. El resultado siempre es el mismo: el buscador mira extrañado y luego, casi con estupor, murmura: *"Piedra libre para el Pololo, que está ahí parado"*.

~Capítulo VI: *infracciones, errores y malentendidos*

Puede ocurrir que el buscador descubra a un jugador oculto, pero equivoque su identidad. Esto es muy frecuente en los juegos nocturnos. ¡Cuántas veces se grita *"Piedra libre para la Amanda"*, después de haber visto a Julián!

El reglamento le permite a Julián denunciar el error al grito de *¡Sangre!* Esta expresión debe traducirse como *¡Reclamo!* o, mejor aún, *¡Objeción!*

Si la gestión prospera y se comprueba la equivocación, el buscador deberá contar nuevamente.

El mismo recurso podrá interponerse cuando se sospeche que el buscador espía o cuando se produce algún hecho exterior que dificulta la normal prosecución del juego. (Por ejemplo, una grave lesión de uno de los jugadores o la súbita llegada de un tío al que hay que saludar.)

CAPÍTULO VII: *escondites individuales y colectivos*

Muchos deportistas prefieren esconderse solos. Otros, en cambio, se complacen en compartir su refugio, particularmente con personas del sexo opuesto.

Esta última variante es muy bien vista en los círculos elegantes y constituye una excelente oportunidad para acrisolar amistades y hasta para sellar romances.

Lo más apropiado es elegir un escondite alejado de la Piedra. El lugar debe ser pequeño para lograr una proximidad alentadora, oscuro para invitar a la confidencia y hermético para evitar ser sorprendidos.

Manuel Mandeb refiere una experiencia personal en su libro *Mis amores frustrados*. Veamos:

"En tres años de jugar juntos a la escondida, jamás había tenido la ocasión de compartir un lugar con Beatriz Velarde. Siempre había alguien que se me adelantaba. Al parecer, Beatriz tenía comprometidos sus escondites por varios años.

Una noche de primavera, en el callejón de la Estación Flores, mientras contaba el ruso Salzman, vi que Beatriz entraba solita a la casa amarilla y abandonada que hay en una esquina. Piqué tras ella y alcanzamos a acomodarnos debajo de un fogón en ruinas.

Estaba muy oscuro y alcancé a notar su aliento de chiclets Adams. Los arrabales de su pelo saludaban mi boca.

—Te quiero —le dije suavemente.

—Decímelo mejor —contestó Beatriz Velarde.

Empecé a pensar algo ingenioso, cuando entró el ruso Salzman y brutalmente señaló el final de mi romance.

—Piedra libre para el Turco y Beatriz.

—Sangre, sangre —grité yo y era cierto, aunque no me lo creyeron.

Nunca más volví a estar a solas con Beatriz y aquella fue la última vez que jugué a la escondida."

El folleto de la Sociedad Amigos de la Escondida tiene algunos otros capítulos de menor interés: las ropas más convenientes, uso y abuso de los ligustros, aprovechamiento de carros en marcha, ocultamiento en medio de un familión en tránsito, etc.

En estos días en que la Sociedad ya se ha disuelto y los chicos prefieren otros entretenimientos más científicos, no está de más recomendar calurosamente la práctica de la escondida. Este humilde cronista hace mucho tiempo que no encuentra ocasión de mostrar su destreza en tan apasionante disciplina.

Si algún lector piadoso desea invitarme a jugar, acepto complacido. Aunque me parece que ya es demasiado tarde.

11

La decadencia de la bolita

Resulta difícil hablar sobre la desaparición del juego de la bolita sin entrar en espinosas controversias.

Desde luego, se trata de un asunto complejo y puede ser examinado según criterios muy diferentes.

Las personas sencillas afirman simplemente que se trata de una decisión de los chicos, arbitraria, inexplicable y —por lo tanto— indigna de ser discutida.

Los psicólogos, antropólogos, electrotécnicos y aun los contadores suelen llamar la atención sobre la influencia de otros entretenimientos de emoción más sostenida, como la televisión, el billar japonés, el cerebro mágico o las palabras cruzadas.

Los Refutadores de Leyendas niegan que haya existido jamás un juego semejante y se oponen con argumentos inexpugnables al mito de la vieja niñez romántica.

Por el contrario, los Hombres Sensibles aseguran que la desaparición del juego de las bolitas es el resultado de una conjura universal.

Este punto de vista es muy interesante y vale la pena elucidarlo.

En su monografía *Faltan bolitas,* el pensador de Flores, Manuel Mandeb, plantea un interrogante que nos deja perplejos. Veamos.

"*...Este juego parece haber empezado a languidecer en 1960. Pero puede afirmarse que en ese momento ya hacía por lo menos cincuenta años que se jugaba. Entonces había veinte millones de habitantes en el país. Y no era demasiado audaz afirmar que, en el medio siglo de su auge, el juego de la bolita había sido practicado por diez millones de individuos en uno u otro momento de sus vidas.*

Ahora bien: ¿cuántas bolitas poseía cada niño aficionado, como promedio? Digamos cincuenta. Multipliquemos: cincuenta por diez millones. Son quinientos millones de bolitas. Bien, volvamos al presente: ¿alguno de ustedes ha visto una bolita en el último año? Seguramente no. Yo pregunto: ¿dónde están los quinientos millones de bolitas? ¿Quién las tiene?

"Y no me digan que el tiempo las destruyó porque el viento y la lluvia no son suficientes para destrozar una bolita...

"...Las canchas han sido arrasadas y hasta pavimentadas, los hoyos fueron rellenados, los jugadores se han visto tentados por otras disciplinas. Alguien está borrando todo vestigio del paso de las bolitas por esta tierra..."

Inspirado quizá en el trabajo de Mandeb, este texto pretende asentar las reglas, la técnica y la estrategia de las bolitas. La tarea no es tan fácil como parece. A favor de la campaña desarrollada por los Refutadores de Leyendas y los Amigos del Olvido, casi nadie recuerda los reglamentos. Por lo demás, todos sabemos que en cada cuadra había matices en la interpretación de cada norma lúdica.

No obstante, luego de la publicación de esta nota, es probable que algún pequeño número de Pibes Sensibles se ponga a jugar, aunque más no sea a modo de desplante ante el Universo.

⌇I - *Las bolitas*

Se trata de pequeñas esferas, casi siempre de vidrio. Su diámetro es variable: las más chicas se llaman "piojos" o "pininas", las medianas son las más frecuentes y están también las grandes o "bolones", que suelen utilizarse en el juego del Triángulo.

Años atrás podían reconocerse diferentes pelajes de bolitas.

Las más hermosas eran las "lecheras". En ellas predominaba el blanco, siempre mezclado con algún otro color. Eran opacas, no se podía ver a través de ellas y la variedad de diseños y combinaciones era enorme.

Estaban también las semitransparentes, de colores fríos, casi siempre verdes o azules. Eran como cachos de sifón. En el interior a veces se adivinaba un filamento gelatinoso y más bien repugnante. Salvo excepciones, eran unas bolitas de porquería.

Sin embargo, la última generación de niños jugadores sólo conoció esas bolitas.

Las lecheras desaparecieron misteriosamente. Miles de personas jamás han visto una. Las más recientes son las llamadas "bolitas japonesas", más livianas que las convencionales y totalmente inútiles para jugar. Su aspecto es el de una esfera transparente con un papelito de color en el interior.

Todo niño poseía una bolita preferida, que era la que utilizaba para jugar. Se la llamaba "puntera". El resto de las bolitas servía para pagar las deudas provenientes del juego. Si acaso una racha adversa obligaba al niño a entregar la puntera, se le otorgaba a esta noble bolita el valor de cuatro o cinco.

También pueden citarse —como curiosidad— las bolitas de barro, los aceritos y hasta las de plástico (indefectiblemente ovaladas).

La identidad de los fabricantes de bolitas es un enigma. Nunca hubo marcas, ni envases, ni publicidad. Algo muy raro debe haber en todo esto.

II - El juego del hoyo y la quema

Pueden participar dos o más jugadores. El juego tiene lugar en una cancha de unos 5 metros de largo por 2 de ancho. La superficie de este terreno debe ser de tierra, pareja y árida, tal como la de las canchas de bochas, aunque no tan blanda.

Es de buen gusto que un pequeño árbol se sitúe en uno de los costados. En realidad, los mejores lugares para instalar canchas de bolita son los rectángulos de tierra que existen en las veredas del Gran Buenos Aires. En la Capital, como se sabe, las veredas llegan hasta el cordón y los espacios sin baldosas que rodean a los árboles son insuficientes. Por eso los chicos de la Provincia han sido siempre más diestros en este juego.

Hay cuatro líneas que limitan la cancha y una que la divide en dos, llamada "mita". En el centro exacto de una de estas dos mitades, se encuentra el hoyo.

Y aquí nos topamos con otro punto de discusión. Algunos prefieren excavar el hoyo con una chapita de naranjín. Otros entierran una bolita y después de extraerla, ensanchan el cráter resultante. Los más desaprensivos clavan el taco en la tierra y lo hacen girar, obteniendo de este modo enormes cacerolas que desvirtúan el carácter del juego.

Los jugadores se sitúan detrás de la línea de salida, que es la línea corta más lejana del hoyo. Uno a uno van lanzando sus bolitas, tratando de colocarlas en el lugar más cercano posible al citado agujero. Esto es de capital importancia, pues después del tiro de salida, el primero en jugar será quien se encuentre más próximo al hoyo. De este modo, si uno observa que el jugador anterior ha conseguido arrimar demasiado bien, mejor será que no trate de superar esa marca y busque los lugares más seguros de la cancha.

El objeto del juego, aclaremos, es embocar en el hoyo y hacer impacto en las bolitas de los contrarios ("quema"). Los jugadores "quemados" van egresando del juego y pagando a quien los quemó. Cuando queda solamente uno, termina la ronda y comienza otra.

Cada participante va evolucionando con su bolita conforme a una cierta estrategia. Algunos persiguen a su presa y se van acercando cada vez más, aun a riesgo de quedar ofreciendo un blanco fácil. Otros buscan siempre los lugares lejanos y hacen tiros largos (es decir, "rugen"). Si una bolita sale fuera de la cancha, debe permanecer en el lugar donde ha quedado, para que los otros jugadores le tiren, si así lo desean. Al corresponderle nuevamente el turno, el jugador podrá efectuar su tiro desde cualquier punto de la línea atravesada por su bolita al salir.

III - La bolita y el canto

Para obtener prioridades y anunciar decisiones o reclamar la vigencia de ciertas reglas es necesario —en la bolita— pronunciar a voz en cuello algunos conjuros predeterminados. Veamos una pequeña colección de ellos.

"Bolita cola": es en realidad la invitación o desafío a jugar y también la reserva del privilegio de tirar último. También puede decirse *"Bolita cola, no punteo"*, esclarecedora frase que indica que uno no tiene intenciones de someterse a ningún "punteo" o arrimada previa, para establecer el orden de salida.

"Mita al medio, buena al tiro": canto que sólo puede realizar el que tira último en la salida. Si el tipo considera que alguno de sus rivales está demasiado cerca del hoyo, le suelta este canto y le da el hoyo por embocado. Pero —eso sí— lo obliga a poner su bolita en la mita, expuesta a su disparo inicial.

"Buen repe": ante la proximidad de la pared, se grita este conjuro para indicar que si el impacto se produce de rebote, también será válido. El canto contrario es *"mal repe"*.

"Pica paso": declaración de voluntad que asegura la posibilidad de colocar nuestra bolita a un paso de distancia, si un pique traicionero la pone a merced del rival. Algunos niños tahúres suelen retrucar *"de hormiguita"*, para reclamar que el paso sea pequeño. *"Voladora"*, agrega, entonces el primer niño. Y se manda un paso de cuatro metros. También puede aullarse *"pica no paso"*.

"Cuantas quiera": como el jugador que emboca en el hoyo o realiza una quema vuelve a tirar, muchos niños proceden a sacudirle tres o cuatro quemas seguidas a la misma bolita, con el fin de irse acercando a otros objetivos. Para poder hacerlo debe pronunciar las palabras que encabezan este fragmento.

"Corta, retira no garpa": salvedad con que el pequeño que va ganando anuncia su derecho a abandonar el juego en cualquier momento, sin que este raje le resulte oneroso.

"Bien sonanti": exigencia más bien ranfañosa, según la cual se pretende que los impactos hechos en nuestra bolita hagan ruido o no se paguen.

"Mueve pajita, garpa bolita": pareado pentasílabo que es de lo último y se profiere cuando la bolita contraria está en medio del pastito.

Existen infinidad de fórmulas: *"buena línea recorrida"*, *"hoyo antes de quema"*, *"buena mengua"*, etc. Cuando se quieren evitar los roces que provocan estos cantos se juega a *"a todas buenas"*, es decir sin cantar.

IV - Cómo empuñar la bolita

Para efectuar un disparo, debe colocarse la mano izquierda alzándose sobre sus dedos en el punto exacto donde estaba la bolita. La mano derecha descansará sobre la izquierda y empuñará la bolita. Los zurdos harán exactamente lo contrario.

Hay dos formas clásicas de tomar la bolita: la antigua, despreciada muchas veces, y la moderna. En la primera la bolita se aloja detrás del índice. En la segunda, detrás del mayor, sirviendo el índice como guía o mira.

Hay algo más. Algunos pibes muleros suelen extender la mano hacia adelante acercándose a la bolita del adversario. Esta demasía se conoce con el nombre de "ganfia o gañote" y es el origen de innumerables reyertas.

En este punto conviene aclarar la existencia de otros juegos de bolita: "el triángulo, el gallito, la troya, la cuarta". Pasaremos por alto la complicada explicación de sus reglas.

El pasto ya ha crecido sobre las canchas. Los chicos ya no tienen las rodillas sucias. Los pantalones de medidas infantiles no tienen bolsillos.

El pavimento y las baldosas lo cubren casi todo. Mandeb quizá tenía razón.

Existe una conjura universal para impedir el juego de la bolita.

Alguien tiene que ocuparse de indagar las razones de este complot y —si es posible— desbaratarlo.

Y hay que encontrar los quinientos millones de bolitas perdidas. Hace pocos días, el autor de esta nota trató de dar con el frasco donde guardaba unas pocas docenas. No estaba. Tampoco estaba la caja de las chapitas, el álbum de figuritas ni el trompo ni los autitos con masilla.

Algo malo debe de estar ocurriendo.

12

El Corso Triste de la calle Caracas

Según una difundida leyenda, el Carnaval fue alguna vez una fiesta popular, con personas disfrazadas, música, baile, bromas y murgas. En verdad cuesta creer semejante cosa. Como quiera que sea, la legendaria gesta ha muerto ya. Sin embargo, como silenciosas habitaciones vacías, han quedado ciertas fechas del almanaque a las que la terquedad general insiste en adjudicar la condición carnavalesca. Esos días son utilizados no ya para festejar, sino más bien para reflexionar y añorar la ausencia de la fiesta. Se trata, según se ve, de un curioso destino: pasar del entusiasmo a la nostalgia, de la pasión a la meditación, de la alegría a la tristeza. Muchos espíritus taciturnos se solazan con este estado de cosas y afirman que la farra y el desenfreno de otras épocas fueron apenas un paso previo e inevitable cuyo noble fin se cumple recién ahora, en el ejercicio del recuerdo.

Los Hombres Sensibles de Flores simpatizaban en cierto modo con este criterio. Para ellos el Carnaval no solamente servía para seducir señoritas en las milongas, sino también para pensar en el paso del tiempo.

Puede afirmarse sin caer en el infundio que esta ilustre manga de atorrantes jamás consiguió entender el sentido de los Carnavales.

Manuel Mandeb pensaba que las gentes se ponían contentas en virtud de algún suceso que todos conocían menos él. Sus amigos padecían un desconcierto de la misma clase.

Esto puede explicar la extraña conducta de los Hombres Sensibles en los corsos y en los bailes.

Durante un rato hacían fuerza para sentirse alegres: bailaban, comían chorizos, se ponían caretas, hablaban con voz finita y mojaban a las

damas con pomos de colores. Después comprendían que todo aquello era inútil y entonces se iban a otros bailes, discutían con los mozos, miraban las orquestas, evocaban antiguos Carnavales y cantaban el tango *Siga el corso*. Ya en la madrugada maldecían el Carnaval, se estacionaban en la esquinas desoladas y se burlaban de los caminantes que volvían a sus casas.

Pero una tarde de verano, Manuel Mandeb tuvo una inspiración genial. Se le ocurrió organizar todos los años el Corso Triste de la calle Caracas.

Se trataba de una idea interesante: Mandeb pensaba que en los Carnavales vulgares todos disimulaban la tristeza disfrazándose de personas alegres. Su proyecto consistía en adoptar disfraces y actitudes melancólicas para ver si detrás de ellos se instalaba la alegría.

"Si bajo la sonora risa del payaso se adivina siempre una lágrima, es posible que encontremos una sonrisa al sacarnos nuestras caretas de víctimas."

Si el propósito de Mandeb fue lograr un clima de pesadumbre, hay que decir que lo consiguió. El Corso de la calle Caracas era francamente tenebroso. Todas las luces estaban apagadas. Los asistentes deambulaban como sombras fingiendo toda clase de sufrimientos.

Las murgas entonaban canciones trágicas y tangos de Agustín Magaldi.

Los disfraces eran lastimosos: de condenado a muerte, de novia abandonada, de jugador expulsado, de deudor hipotecario, de vendedor de libros y de intoxicado.

Con el tiempo, el Corso Triste se fue haciendo más ambicioso y complejo.

Jorge Allen, el poeta, empezó a escribir versos murgueros con pretensión literaria.

"Si parlamo' del destino
bororom bobom bobom...
¿Quién conoce su camino?
Bororón borom borom...
Nadie puede contra la suerte
la última carta es la de la muerte
borobobom bombom
borobobom bombom."

Los muchachos tristes de otros barrios se acercaron poco a poco y pronto circularon carrozas de hojas secas y automóviles con las ventanillas cerradas.

En el tercer año se constituyó un jurado y se realizaron concursos y torneos.

Las comparsas se sacaban chispas para ver cuál era más deprimente.

Los Lonyipietros del Desengaño, Los Decrépitos del Mañana y Chispazos de Soledad fueron las agrupaciones más renombradas.

Las reinas del corso eran bellísimas, pero inaccesibles y perversas. El premio anual de máscara suelta lo ganó siempre el mismo individuo. Hablamos —desde luego— del célebre actor Eladio del Prado, quien no tenía rival en la técnica de la caracterización.

Sus primeros disfraces fueron sencillos. Una noche apareció disfrazado de esclavo persa y todos se condolían al ver su espalda surcada de latigazos y su cuerpo encorvado bajo el peso de enormes cadenas.

Después, sus creaciones fueron más complejas. Un domingo fue cíclope y a la mañana siguiente revolucionó todo el barrio buscando el ojo que se había sacado. Fue también mendigo escocés y la gente lloraba al verlo soportar la nieve de Glasgow en la calle Caracas.

Cuentan que Del Prado, entusiasmado por sus éxitos, resolvió seguir con sus disfraces durante todo el año. Dicen que su destreza crecía junto con su crueldad.

Una noche de invierno, los Hombres Sensibles saltaron de alegría al ver aparecer a Toño Berardi, el pibe que murió en París. Organizaron una gran fiesta y en el momento en que alzaban las copas para celebrar la resurrección, Del Prado se sacó el guardapolvo, se lavó las rodillas, volvió a poner cara de persona mayor y apareció tal cual era. El ruso Salzman estuvo dos semanas en cama y Jorge Allen casi queda tartamudo.

En el último Carnaval del Corso Triste, Eladio Del Prado se disfrazó para siempre de recuerdo y nadie volvió a verlo por el barrio del Ángel Gris.

La comisión organizadora del Corso pronto advirtió que la creación de Mandeb tenía interesantes posibilidades económicas. Esto resulta un poco sorprendente si se recuerda la nula capacidad de los Hombres Sensibles para los negocios. De cualquier manera es un hecho que durante largos años los muchachos del Ángel Gris vendieron papel picado. Emplearon la conocida técnica que ha enriquecido a tantos mercaderes: en la primera jornada las bolsitas estaban llenas de papelitos brillantes e inmaculados. Cuando terminaba la fiesta, barrían el piso y volvían a embolsar el papel. Noche tras noche el producto se ensuciaba y envilecía, hasta que en la muerte del Carnaval las bolsitas estaban llenas de tierra, tapitas de cerveza, caramelos empezados y otras porquerías. Algunos memoriosos creen reconocer todavía hoy, en los bailes de Villa del Parque, restos del papel picado primigenio que se vendía en el Corso Triste.

Para contribuir a la pesadumbre de la concurrencia, Mandeb vendía pomos llenos de lágrimas que —si ha de creerse a sus detractores— falsificaba con agua y sal.

Los Refutadores de Leyendas, en su carácter de comparsa racionalista, solían acercarse a la fiesta de la calle Caracas para buscar camorra. Todos recuerdan sus afinados pregones:

*"Los Refutadores
señoras, señores,
llegan con sus ritmos y sus silogismos.
Los desafiamos
a exponer sus ilusiones
y a confrontarlas
con nuestras refutaciones..."*

Las olímpicas razones de la murga encontraban muchas veces contundente respuesta y dentro de un clima polémico y agudo, solían armarse formidables peleas que —por cierto— daban lustre y renombre al Corso Triste.

Año tras año, los Carnavales de la calle Caracas fueron poniéndose más divertidos. Naturalmente, esto provocó su decadencia.

Los Hombres Sensibles de Flores, al observar el jolgorio, comprendían que el proyecto inicial iba camino del fracaso.

La sobria melancolía de los primeros tiempos iba dando paso a sonrisas complacientes, cuando no a risotadas sin freno.

¡Ah! —se lamentaban—. *¡Carnavales eran los de antes!*

Y entonces contaban anécdotas de los corsos de antaño, austeros y silenciosos, comparándolos con la insoportable algarabía que tenían ante sus ojos.

Pero en realidad la verdadera esencia del fracaso hay que buscarla por otros rumbos.

Como ya se ha dicho, lo que buscaban Mandeb y sus amigos era un dejo de alegría que debía aparecer al quitarse la máscara trágica.

Y lo cierto es que nunca encontraron tal cosa.

Cada vez que —con toda ilusión— abandonaban sus disfraces de atormentados, encontraban debajo nuevos tormentos que, para peor, eran reales.

Por eso, comprendiendo que la dicha no estaba en el Carnaval y quizá en ninguna parte, los Hombres Sensibles disolvieron para siempre el Corso Triste de la calle Caracas.

Hoy, cuando la fama de los muchachos del Ángel Gris ya encontró su tumba en los vientos de la estación Flores, hay —aunque pocos lo adivinen— centenares de corsos tristes. Y son mucho más tristes que el de la calle Caracas, pues su tristeza es involuntaria y su propósito es la alegría.

Tal vez ha llegado el momento de comprender que los criollos no hemos nacido para ciertas fantochadas. Que se rían los brasileños. Tengamos, eso sí, fiestas y reuniones populares. Pero no dejemos de ser quienes somos. Si nuestra extraña condición nos ha hecho comprender el sentido adverso del mundo, agrupémonos para ayudarnos amistosamente a soportar la adversidad.

A lo mejor, los Carnavales de antaño, tan añorados por los animadores de la radio, no eran más que eso: una reunión de gente triste que buscaba consuelo.

13

Historias de Amor

*E*l universo es una perversa inmensidad hecha de ausencia.

Uno no está en casi ninguna parte.

Sin embargo, en medio de las infinitas desolaciones hay una buena noticia: el amor.

Los Hombres Sensibles de Flores tomaban ese rumbo cuando querían explicar el cosmos. Y hasta los Refutadores de Leyendas tuvieron que admitir, casi sin reservas, que el amor existe.

Eso sí, nadie debe confundir el amor con la dicha. Al contrario: a veces se piensa que amor y pena son una misma cosa. Especialmente en el barrio del Ángel Gris, que es también el barrio del desencuentro.

Las historias amorosas de los tiempos dorados son casi siempre tristes.

Esto no basta para afirmar que todos los romances fueron desdichados: sucede —tal vez— que el arte necesita nostalgia. No se puede ser artista si no se ha perdido algo. Los poemas de amor satisfecho aparecen como una compadrada de mercaderes afortunados. Por eso los poetas de Flores buscaban el desengaño, porque pensaban que cerca de él andaba el verso perfecto. Casi todos quedaban en la mitad del camino.

Manuel Mandeb veía las cosas de un modo más complicado. Admitía que la pena de amor conducía al arte. Pero también sostenía que el propósito final del arte es el amor. La recompensa del artista es ser amado.

Así parecía opinar Ives Castagnino, el músico de Palermo, quien componía valses melancólicos al solo efecto de seducir señoritas. Cuando no lo lograba, su tristeza le dictaba otras canciones que más tarde le servían para deslumbrar señoritas nuevas, y así recomenzaba el círculo.

Algunos muchachos sin vocación artística trataban de merecer a las damas cultivando las ciencias, la bondad, el coraje, la riqueza o la extorsión. Los autores de aforismos extrajeron de estas realidades una conclusión modesta: si no fuera por el amor, nadie haría gran cosa.

Las muchachas beligerantes podrán objetar que estos pensamientos parecen reservados a la conducta masculina. Al respecto, Mandeb creía que las mujeres hacían de ellas mismas un hecho artístico.

El polígrafo de Flores, en un rapto de arbitrariedad, llegó a establecer un orden de cualidades, según su eficacia para enamorar.

Colocó en primer lugar la belleza y luego la juventud, aclarando que estas dos virtudes son tal vez una sola.

Después ubicó las condiciones espirituales: inteligencia y bondad. En último término, el poder y el dinero.

Muchedumbres de feos de cierta edad polemizaron con Mandeb reclamando el derecho a ser amados por su limpieza, trayectoria comercial o apellido ilustre.

De todos modos, para este oscuro pensador, el amor era una flor exótica cuyo hallazgo ocurría muy pocas veces.

—*De cada mil personas que pasen por esa puerta* —decía— *acaso nos conmueva solamente una. Del mismo modo, quizá sólo una allá entre las mil tenga a bien impresionarse con nosotros. La cuenta es sencilla: sin contar percepciones engañosas y desilusiones posteriores, la posibilidad de un amor correspondido es de una en un millón. No está tan mal, después de todo.*

Pero dejemos la pura especulación de los espíritus obtusos de Flores. Mucho más interesante es saber cómo amaron realmente. Para ello habremos de transcribir algunas historias que presumen de veraces y que han llegado hasta nosotros por avenidas literarias o por oscuros atajos confidenciales.

~ *Historia del que esperó siete años*

Jorge Allen, el poeta, amaba a una joven pechugona de los barrios hostiles.

Según supo después, alcanzó a ser feliz. Una noche de junio, la chica resolvió abandonarlo.

—*No te quiero más* —le dijo.

Allen cometió entonces los peores pecados de su vida; suplicó, se humilló, escribió versos horrorosos y lloró en los rincones.

La pechugona se mantuvo firme y rubricó la maniobra entreverándose con un deportista reluciente.

El poeta recobró la dignidad y empleó su tiempo en amar sin esperanzas y en recordar el pasado. Su alma se retempló en el sufrimiento y se hizo cada vez más sabio y bondadoso. Muchas veces soñó con el regreso de la muchacha, aunque tuvo el buen tino de no esperar que tal sueño se cumpliera.

Más tarde supo que jamás habría en su vida algo mejor que aquel amor imposible.

Sin embargo, una noche de verano, siete años y siete meses después de su pronunciamiento, la pechugona apareció de nuevo.

Las lágrimas le corrían por el escote cuando confesó al poeta:

—Otra vez te quiero.

Allen nunca pudo contar con claridad lo que sintió en aquellas horas. El caso es que regresó a su casa vacío y desengañado. Quiso llorar y no pudo. Nunca más volvió a ver a la pechugona. Y lo que es peor, nunca más, nunca más volvió a pensar en ella ni a soñar su regreso.

~*Historia del que se enamoró de una niña demasiado joven*

Manuel Mandeb supo tener amores con una niña muy joven de la calle Páez. La muchacha no hizo cuestión por la diferencia de edades y además es cierto que Mandeb era un hombre de aspecto soberbio, dentro de su sombrío estilo.

Pero pronto empezaron las dificultades.

Un día, Manuel insistió en caminar bajo un aguacero mientras recitaba a los gritos un soneto flamante.

Una noche le hizo el amor en la casa embrujada de la calle Campana para espantar a los demonios.

A veces, en la madrugada, se trepaba hasta la ventana de la niña, en el tercer piso, y dejaba prendida una flor roja.

Una tarde de invierno le hizo probar el licor del olvido y el vino del recuerdo.

En verano, le sacaba la blusa en las calles oscuras y le ponía alguna de sus gastadas camisas azules.

Para su cumpleaños le regaló una sombra robada en Villa del Parque que había encerrado en una caja de cristal.

Después enseñó a todos los pájaros de Flores a cantar el nombre de la muchacha en su ventana.

Entonces la niña abandonó a Mandeb y comentó luego a sus amistades en una pizzería:

—*No éramos de la misma generación.*

Historia del que se desgració en el tren

Jaime Gorriti tomaba todos los días el tren de las 14:35.

Y todos los días se fijaba en una estudiante morocha. Con prudente astucia trataba de ubicarse cerca de ella y —a veces— ligaba una mirada prometedora.

Una tarde empezó a saludarla. Y algunos días después tuvo ocasión de hacerse ver, ayudándola a recoger unos libros desbarrancados.

Por fin, un asiento desocupado les permitió sentarse juntos y conversar. Gorriti aceleró y le hizo conocer sus destrezas de picaflor aficionado. No andaba mal. La morocha conocía el juego y colaboraba con retruques adecuados.

Sin embargo, los demonios resolvieron intervenir.

Saliendo de Haedo, la chica trató de abrir la ventanilla y no pudo. Con gesto mundano, Gorriti copó la banca.

—*Por favor...*

Se prendió de las manijas, tiró hacia arriba con toda su fuerza y se desgració con un estruendo irreparable.

Sin decir palabra, se fue pasillo adelante y se largó del tren en Morón. Desde ese día empezó a tomar el tren de las 14:10.

Historia del que padecía los dos males

En la calle Caracas vivía un hombre que amaba a una rubia.

Pero ella lo despreciaba enteramente.

Unas cuadras más abajo dos morochas se morían por el hombre y se le ofrecían ante su puerta. Él las rechazaba con honestidad.

El amor depara dos máximas adversidades de opuesto signo: amar a quien no nos ama y ser amados por quien no podemos amar.

El hombre de la calle Caracas padeció ambas desgracias al mismo tiempo y murió una mañana ante el llanto de las morochas y la indiferencia de la rubia.

Historia del que no podía olvidar

El ruso Salzman tuvo muchas novias. Y a decir verdad solía dejarlas al poco tiempo. Sin embargo, jamás se olvidaba de ellas.

Todas las noches sus antiguos amores se le presentaban por turno en forma de pesadilla. Y Salzman lloraba por la ausencia de ellas.

La primera novia, la verdulera de Burzaco, la pelirroja de Villa Luro, la inglesa de La Lucila; la arquitecta de Palermo, la modista de Ciudadela. Y también las novias que nunca tuvo: la que no lo quiso, la que vio una sola vez en el puerto, la que le vendió un par de zapatos, la que desapareció en un zaguán antes de cruzarse con él.

Después Salzman lloraba por las novias futuras que aún no habían llegado. Los hombres sabios no se burlaban del ruso pues comprendían que estaba poseído del más sagrado berretín cósmico: el hombre quería vivir todas las vidas y estaba condenado a transitar solamente por una. Aprendan a soñar los que se contentan con sacar la lotería...

La calle de las novias perdidas

Hay una calle en Flores en la que viven todas las novias abandonadas. Al atardecer salen a la vereda y miran ansiosas hacia las esquinas para ver si vuelven los novios que se fueron. A veces conversan entre ellas y rememoran viejos paseos al Rosedal.

Por las noches se encierran a releer cartas viejas que guardan en cajitas primorosas o a mirar fotografías grises.

Los domingos se ponen vestidos floreados y se pintan los labios. Algunas escriben diarios íntimos con letra prolija.

Dicen que no es posible encontrar esa calle. Pero se sabe que algún día desembocará en la esquina el batallón de novios vencedores de la muerte para rescatar a las novias perdidas y llevarlas de paseo al Rosedal. Esto será dentro de mucho tiempo, cuando endulce sus cuerdas el pájaro cantor.

Existen por ahí infinidad de personas confiables que juran que el amor es posible en todos los barrios. No habrá de discutirse semejante tesis. Pero el que quiera vivir pasiones locas, es mejor que no pierda el tiempo en rumbos equivocados. Una historia terrible está esperando en Flores.

14

El descanso de los Hombres Sensibles

Cada año ciertas personas interrumpen sus trabajos cotidianos para tomar algunos días de descanso. Esta circunstancia no parece muy sabrosa en su primera descripción. Sin embargo, la complejidad de nuestro tiempo ha decorado el asunto con asombrosos firuletes de causas y efectos. Y entonces el modesto fenómeno produce toda clase de inesperadas consecuencias: las valijas, los hoteles, las empresas de turismo, las ciudades balnearias, el alquiler de bicicletas, los productos bronceadores, las tarjetas postales, los baldecitos, los suplementos de las revistas, los caracoles pintados, las carpas, el cierre temporario de las panaderías, las audiciones desde la costa, las casas rodantes y la imperdonable canción *Vamos a la playa*.

Los Hombres Sensibles de Flores siempre miraron con desconfianza las súbitas inspiraciones nómades de los mercaderes prósperos. Pero a pesar de todo alcanzaron a vislumbrar que más allá de la vanidad de los chitrulos, las vacaciones ofrecían la remota posibilidad de que algo ocurriera. Y así, fingiendo descansar, buscaron en remotos balnearios y pensiones baratas las mismas viejas señales de siempre. Y descubrieron —demasiado tarde— que las puertas cerradas eran iguales en todas partes.

Manuel Mandeb reflexionó sobre estas cuestiones en un trabajo titulado *A favor y en contra de las vacaciones*.

En la primera parte, el autor lanza denuestos sobre las costumbres veraniegas. En la segunda se refuta a sí mismo, y en el confuso epílogo sostiene que ambas posturas son verdaderas o tal vez falsas.

Resignémonos a examinar algunos tramos de esta obra que muchos

reputaron hegeliana, quizá queriendo decir que era insoportable.

"*...Los escribanos y profesoras de geografía dicen encontrar en sus licencias anuales la ocasión para hacer lo que en verdad desean. Lo que equivale a confesar que durante el resto del año, estas personas viven contrariando su verdadera voluntad.*

"*Pero mayor todavía es nuestro estupor cuando observamos la conducta que mantienen en sus breves períodos de plena libertad. Al parecer, todo lo que necesitan para rebelarse contra el destino es trasladarse a un balneario.*

"*Si el verano presupone un cambio de hábitos, nada cuesta suponer el disgusto que sentirán las gentes satisfechas de sus procederes ante la necesidad de modificarlos.*

"*Lo ideal sería —aparentemente— actuar siempre conforme a la propia voluntad. Es decir, hacer siempre lo que uno desea.*

"*Pero ahora, en este último instante, se cuela una objeción imprevista: las personas más nobles no desean obrar a su capricho. Yo mismo no quiero hacer lo que quiero.*"

No es novedosa la opinión de Mandeb. Ortega afirmó que la nobleza se define por la exigencia, por las obligaciones y no por los derechos. "Noblesse oblige." Vivir a gusto es de plebeyos, decía Goethe.

Ya vemos cuán lejos de la playa nos ha arrastrado Mandeb. Busquemos la orilla y veamos al polígrafo de Flores ya reconciliado con las vacaciones, en la segunda parte del libro que nos ocupa.

"*...Bien está en el crepúsculo de esta monografía reconocer que los dignos afanes por ganar nuestro sustento suelen alejarnos de los goces del espíritu y aun del cuerpo. Pueden ser entonces las vacaciones unos rincones floridos del tiempo, que el criollo despierto sabrá aprovechar para asomarse a los misterios del universo o para atropellar a alguna morocha. El amor y el conocimiento. No hay mucho más en la vida.*"

En los años dorados de Flores, el barrio tuvo su propia agencia de turismo. Su nombre, La Huella, tal vez fue una criollada. Pero de allí salieron algunas ideas muy originales y un criterio comercial cercano a la demencia.

Sin transitar los dudosos pasillos de la leyenda, podemos imaginar el funcionamiento de esta empresa, gracias a uno de sus folletos de publicidad que se ha conservado casi entero.

Allí se proponen planes de veraneo cuyos pormenores conoceremos ahora, no sin padecer las estridencias del lenguaje utilizado.

☙ *Siéntase extranjero*

Maravilloso viaje a un país lejano cuyo idioma y costumbres usted desconoce. Experimente la hostilidad de los nativos y la prepotencia de las autoridades. Centenares de bárbaros se burlarán de usted. Pase las horas de sus comidas entre la inquietud y la repugnancia. Precios muy ventajosos.

ᛞ*Gratis: polizón en el "conte biancamano"*

Usted sólo pagará los gastos de traslado hasta el puerto. Después —si tiene suerte— atravesará los mares del mundo a bordo de este lujoso paquebote. Disfrute un crucero diferente junto a toda su familia.

ᛞ*A suerte y verdad*

Plan sorpresa. Nosotros elegiremos por usted, para evitarle fatigosas cavilaciones. Lo llevaremos a un magnífico lugar, cuyo nombre y características no le comunicaremos. Muchos de nuestros clientes han vivido días inolvidables, aunque no sabrían decir dónde.

ᛞ*Haga el interesante en Baigorrita*

Para viajeros solitarios. Nuestros agentes harán correr el chisme de que es usted un personaje importante. Sienta las miradas curiosas de toda la población. Permítase extravagancias y hágase pagar bebidas contando falsas hazañas a los paisanos.

ᛞ*Fin de semana en Colegiales*

Al alcance de cualquier presupuesto. Hospedaje en casa de una familia de la calle Crámer. Contemple el atardecer en la estación y vibre en delicioso sobresalto al paso del tren eléctrico.

El mayor suceso de la agencia fue la promoción del balneario Playa Desierta. Se eligió un punto cualquiera de la costa atlántica y se instó a las personas a viajar allí.

El argumento decisivo consistía en declarar que nadie iba jamás a ese lugar. Ya se sabe que los espíritus delicados aman la soledad. Así fue que muchos se trasladaron a Playa Desierta. La fama del paraje creció a lo largo de las temporadas y al cabo puede decirse que verdaderas muchedumbres llegaban al balneario con el propósito de hallar un rincón solitario.

La paradoja no tardó en declararse: el éxito fue causa de la decadencia. Al perder su desolada virtud la playa fue abandonada por multitudes desengañadas hasta que al final quedó otra vez, y para siempre, desierta.

Manuel Mandeb relacionó este episodio con el impresionante número de visitantes que recibe anualmente Mar del Plata.

"*... Es difícil encontrar una explicación convincente. Todo el mundo detesta las aglomeraciones. En Mar del Plata hay aglomeraciones. Luego, nadie debería acercarse por allí.*

"*Me atrevo a postular una teoría audaz. No hay en Mar del Plata turistas lisos y llanos sino individuos que viven del turismo y trabajan en esa ciudad durante el verano: vendedores de chorizos, croupiers, empleados de los hoteles, camioneros, colectiveros, cocineros, mozos, guardavidas, recepcionistas, aviadores, actores, músicos, futbolistas, árbitros, bailarines, magos, periodistas, editores, locutores, humoristas, telefonistas, cantantes, reposteros, adivinos y publicitarios.*

"*Si agregamos a los familiares y acompañantes de estos trabajadores, hallaremos que suman millones. Todos se abastecen mutuamente: el croupier va al teatro, el actor va a ver fútbol, el futbolista come pizza y el pizzero escucha la radio. De este modo, la ciudad se mueve y los fenómenos económicos se cumplen como si hubiera turistas verdaderos.*"

Aunque no eran clientes de la agencia, los Hombres Sensibles de Flores supieron veranear mezclando sabiamente la aventura y la escasez.

Manuel Mandeb solía ir a un recreo abandonado del Reconquista, a recordar los tiempos en que el río estaba vivo y tenía otro nombre.

Cortejaba a las mozas de la zona, que le prestaban yerba, oían sus historias y a veces cedían a sus insinuaciones sentimentales.

—*Sólo el amor pasajero es eterno* —murmuraba a sus amadas entre los yuyos—. *Es amor que se va, pero no muere. La ausencia hace que los romances duren siempre.*

Y dicho esto, se iba.

El ruso Salzman tenía en el fondo de su casa un fuentón de buen tamaño. Los muchachos del Ángel Gris acudían con sus desteñidos pantaloncitos de fútbol para refrescarse los pies y tomar un poco de sol. A veces invitaban a algunas niñas distinguidas del barrio, pero las muy presumidas siempre hallaban pretexto para no presentarse.

A veces, todos juntos recorrían los balnearios porteños: Costanera Sur, Quilmes, Núñez, Los Escalones, Entrada Güemes, Playa Dorada, El Ancla, Las Barrancas... Un verano fueron al misterioso Balneario Reta, allá en el sur. Se hospedaron en el viejo Hotel Océano y se pusieron de novios con unas alemanas hechiceras que proyectaban sombras ajenas y escondían palomas en el escote. Tocaron el piano en el comedor y cantaron canciones zafadas. Se perdieron en los médanos infinitos, encontraron huellas inexplicables en la arena húmeda y bebieron agua mágica en un manantial del Paso del Médano. Escucharon a Rosita Quiroga en un fonógrafo y trataron de subir al piso alto del hotel, lo que no les fue permitido pues allí se guardan restos valiosos de naufragios o tal vez viven recluidos marineros y capitanes en desgracia.

A pesar de su entusiasmo, pocas veces fueron totalmente dichosos.

En todos los veraneos sintieron la sensación de asistir a una fiesta a la que no estaban invitados. Al comparar la evidente alegría general con sus melancólicos talantes, los Hombres Sensibles sospecharon que había en todo aquello algo que no se les decía. Un dato, un secreto, una clave cuyo conocimiento permitía disfrutar, reír y divertirse.

Mucho tiempo más tarde, Manuel Mandeb comprobó que efectivamente había un secreto que algunos conocían y otros no. Y comprendió también que la causa de la alegría no era el conocimiento del misterio sino más bien su ignorancia.

Y no volvió a salir nunca de vacaciones.

Éste que escribe siente que el veraneo es un privilegio de la juventud.

Un señor maduro, con su esposa, podrá pegarse un baño, pasear, ir al teatro o al casino. Pero verá pasar a su lado la belleza del diablo, no podrá enamorarse, no podrá pisar el terreno incierto de la aventura.

Cruel como el Carnaval es el verano. Se necesita guapeza para enfrentarlo, para dominarlo y gozarlo en su brutalidad pagana.

Nosotros, de este lado, hombres fuertes y jóvenes, pero tocados ya por el mal del otoño y de las sombras, nos atrevemos todavía a compadrear ante el sol.

No tenemos miedo a meternos bien adentro, allí donde no se hace pie.

Pero sabemos que ya tras el horizonte ha nacido una ola que se va acercando a la playa. Pronto nos alcanzará y de un solo saque nos apagará las últimas brasas del alma.

Después ya no habrá olas para nosotros.

15

La Academia de Humor en Flores

Los Hombres Sensibles de Flores gustaban del humor, pero hasta por ahí nomás.

En el fondo sospechaban que la risa suele esconder la cobardía. Y sentían que los momentos verdaderamente grandes de la vida no soportan bien las payasadas.

Algo de razón tenían: muchas veces una gracia oportuna sirve para evitar una confesión o un beso. Los chuscos timoratos provocan la sonrisa de sus enemigos para ahorrarse las trompadas.

Ser chistoso no es sencillo, pero es mucho más seguro que ser valiente. De todos modos, los muchachos del Ángel Gris saludaban con sus mejores risotadas las ocurrencias felices, desde la ambiciosa paradoja hasta el modesto coscorrón subrepticio.

Poco a poco, la destreza humorística acabó por generar —ya que no el respeto— al menos un cierto prestigio mundano que permitía el ingreso gratuito a los asados, cumpleaños, tertulias y bautismos del barrio.

Naturalmente, cuando las muchedumbres alcanzaron a vislumbrar las ventajas de poseer una técnica festiva, surgieron por todas partes jóvenes aspirantes que se postulaban para referir la historia del paisano que estaba apurado por ir al fondo.

La Academia de Humor en Flores ofreció conocimientos ordenados y oportunidades profesionales a muchísimos simpaticones. La entidad alcanzó a acuñar un estilo austero y cachador, aun hoy reconocible en renombrados locutores, periodistas, dibujantes, escritores, actores o simples vivillos particulares.

Macedonio Fernández decía que el humor es sorpresa intelectual.

La frase no define el género, pero lo ejerce. Y es también una amable recomendación de lo imprevisto. En este sentido, los profesores de la Academia insistían en que la chanza debe ser esporádica. El humorista que tiende trampas cómicas cada dos frases termina dejando en el público una saciedad mental de la que no se sale sino merced al aburrimiento.

En las clases se enseñaba a mantener largos períodos de calma y seriedad, que no eran sino el fondo oscuro destinado a resaltar el brillo de una brevísima donosura.

Cuanto más avanzaba el alumno en los cursos, más paciente se volvía y más extensos eran los espacios sin morisquetas.

Por cierto, algunos discípulos llevaron este criterio al extremo. A veces escribían largas novelas de aventuras que no eran más que el pretexto para un solo chiste. Y en ciertos casos, ya por olvido, ya por decisión artística, se omitía redondamente toda broma.

Acaso muchas de las obras que hoy leemos con inocencia no sean otra cosa que la desmesurada preparación de un chiste genial abolido a último momento.

El ambiente de la Academia era severo y protocolar. El trato de los maestros evitaba cualquier gesto familiar o amistoso. Me permito notar en esta conducta un rasgo de inteligencia fenomenal: el efecto de una gracia es tanto mayor, cuanto más adusta es la circunstancia en que se la formula.

Una simple pedorreta puede ser gloriosa durante el discurso de un escribano. El mismo recurso en una cena de egresados o en un estadio de fútbol resulta apenas una grosería.

Durante los primeros cursos, se procuraba alejar a los alumnos de la tentación de la ocurrencia fácil. Quienes se dejaban arrastrar padecían severos castigos, cuando no la expulsión lisa y llana.

Los apuntes y textos de la Academia que han llegado hasta nosotros presentan largas listas de recursos humorísticos desaconsejados. Un extenso capítulo rechaza el doble sentido, que consiste en exponer sobre un objeto cualquiera, como si en verdad se hiciera referencia a una parte comprometida del cuerpo humano: *"Sabroso es el pan dulce de su hermana."*

También se prohibía el anacronismo, los juegos de palabras, los guiños entre paréntesis, las rimas con los apellidos, las bromas sobre políticos indoctos, los nombres zafados en japonés y el desafío de adivinar cómo le dicen a este o a aquel funcionario.

Al final de las recomendaciones nos espera una frase edificante: *"Conviene no utilizar estos mecanismos vulgares, salvo que uno sea un genio, lo que en verdad no ocurre casi nunca."*

Circulaba entre los aprendices un cuaderno de ejercicios muy curioso. Contenía numerosos comienzos de relatos humorísticos que los alumnos debían completar según su imaginación. Veamos algunos:

~*Completar los siguientes cuentos verdes*

1) Conversan en el infierno un alemán, un japonés y un argentino. El alemán declara:
—Yo estoy aquí porque asesiné a un vecino.

2) Una pareja de novios se encuentra en un zaguán. En el mejor momento aparece el padre de la muchacha y dice:
—¿Pero qué es esto?

3) Un inspector llega a un colegio y comienza a interrogar a los niños.
—A ver, tú... ¿qué piensas ser cuando seas grande?

Las invenciones de los alumnos jamás eran aprobadas. Al final del cuaderno y después de infinitas frustraciones, el joven postulante comprendía o recibía por escrito una noción fundamental: el mundo no soporta ya los cuentos verdes.

Tal vez la asignatura más importante de los cursos de la Academia haya sido "Vida Humorística". La idea era producir situaciones graciosas reales, más allá de las creaciones artificiosas. Se cuenta que el ruso Salzman llegó a ocupar esta cátedra. Para cumplir con sus trabajos prácticos, los discípulos recorrían la barriada auspiciando el estallido festivo: soltaban chanchos en las ceremonias nupciales, se burlaban de los comerciantes extranjeros para provocar insultos en cocoliche, se fingían manfloros en los trenes, gritaban pidiendo socorro en los probadores de las sastrerías, hacían pelear a los chicos y simulaban perpetuas indecisiones en los mostradores de las heladerías.

Parece que el propio Salzman fiscalizaba estas tareas situándose en lugares estratégicos y haciendo —cada tanto— alguna corrección o sugerencia.

El Humor Político es —dicen algunos— un pasatiempo intelectual que consiste en burlarse de los peronistas.

Sin embargo, en la Academia, la materia era dictada por el profesor Ricardo Bermúdez, hombre que pertenecía a esa corriente.

Desde el principio, Bermúdez trató de establecer que para hacer una chanza inteligente cualquier partido era bueno. Así llegó a contar un día que los demócratas progresistas levantan el piso de parquet de sus casas para hacer asados. El efecto de esta creación fue prácticamente nulo.

Pese a todo, hay que declarar que hubo en sus enseñanzas algunos modestos aciertos.

Refutó —por ejemplo— el viejo postulado según el cual es imposible hacer humor oficialista.

El humor —sostenían los ortodoxos— implica siempre la degradación de un valor. Por lo tanto, toda acción humorística será siempre en contra de algo. De aquí se infiere la imposibilidad del chiste a favor del gobierno o del orden vigente.

Los argumentos contrarios de Bermúdez son tan sencillos que su exposición no produce el menor orgullo artístico:

"...Es cierto que el humor se hace siempre en contra de algo, como ya lo sospechó Platón. Para hacer humor oficialista bastará entonces con burlarse de la oposición."

En efecto, la presentación del inconformismo y el descontento como estados espirituales ridículos y aun fraudulentos, propugnaba indirectamente la admiración del pensamiento establecido.

La Academia de Humor de Flores poseía también un registro de patentes que permitía a los ingeniosos del barrio preservar la propiedad de sus creaciones.

La oficina atendía día y noche, pues ya se conoce la quisquillosidad de los inventores de bagatelas.

De todos modos, y a pesar de los minuciosos trámites, nunca faltaban chistosos que se sentían despojados por alguien. Esto ocurre todavía en nuestro tiempo: cada vez que surge un programa exitoso o una nueva publicación de humor, muchos de nuestros conocidos declaran haber tenido la misma idea mucho antes.

El polígrafo Manuel Mandeb —que jamás registró nada— despreciaba a los supuestos damnificados. Oigamos sus gritos:

"...Solamente pueden robarse las ideas pequeñas, las minucias que caben en un bolsillo. Las grandes creaciones son incómodas de llevar y no están al alcance de los descuidistas. Cualquiera puede hacerse con el eslogan de un nuevo calzoncillo; la teoría de la relatividad —en cambio— es de usurpación casi imposible.

"Convendrá entonces tener ideas grandes, o en todo caso, procurar que nuestras ocurrencias estén pegadas a nosotros de un modo tan íntimo y estrecho que nadie pueda arrancárnoslas del alma. Si quieren saberlo, yo soy mis ideas y quien me las robe, habrá de llevarme también consigo."

Pero la idea de que las ideas no se roban le fue robada a Mandeb. El abogado Gerardo Joseph la expuso como propia en una conferencia titulada *La sustracción de ideas.* Se dice que Mandeb se presentó ante el charlista y le dijo:

—*Vea, mi amigo, al oírle exponer mis reflexiones pensé que yo mismo disertaba. Usted era yo y es tal vez por eso que no le rompo los dientes de una trompada.*

Pocos alumnos alcanzaban los cursos superiores de la Academia. Allí se enseñaban el arte del ejemplo absurdo y sin embargo riguroso, la exquisita discordancia entre la forma y el contenido, la nobleza del renunciamiento artístico y los divertidos desperfectos de la razón.

También se enseñaba música, poesía, pintura y teatro, porque sin un género que lo contenga el humor no es nada.

"*Lo nuestro es sal —decían los maestros— y aunque la comida sin ella es desagradable, mucho peor es comer sal sola.*"

En los últimos tramos de la carrera los aspirantes se tornaban melancólicos y casi nada los hacía reír. Tal vez la persecución de la gracia es un camino demasiado duro.

Nadie alcanzó jamás el título de Humorista Diplomado. Pero la no obtención de esa jerarquía era precisamente el propósito final de la entidad. Se trataba quizá de aprender a no reírse o mejor todavía a reír sin olvidarse.

Así, despojado de toda pretensión, purificado de su hambre de risa, el aspirante podrá apuntar algún garbanzo.

La gracia nunca se presenta ante quien la busca demasiado.

La Academia de Flores se fue con los tiempos dorados. Algunos siguen hoy sus rigurosos preceptos. Otros no.

16

El Atlas Secreto de Flores

Los mapas convencionales de Flores no son más que un previsible tejido de líneas que representan calles, avenidas o vías de ferrocarril.

Su consulta no depara sobresaltos.

Es que la cartografía, con su falsa exactitud, suele ofrecer ideas muy desteñidas acerca de los parajes que pretende describir. Pero algunos conocedores de la prodigiosa geografía del barrio tuvieron la preocupación de dar noticias más profundas de ella. La idea era evitar que los incautos llegaran a pensar que Flores era un sector de la ciudad como cualquier otro. Para ello recurrieron a la destreza de cronistas, dibujantes, viajeros, agrimensores y fotógrafos. Entre todos empezaron a preparar el *Atlas Secreto de Flores*.

El desmesurado proyecto se proponía consignarlo todo: el curso y dirección del agua podrida junto a los cordones, la calidad y disposición de los pavimentos, el color de las baldosas, la modesta orografía de los terrenos baldíos, la altura de los timbres, las paradas habituales de las barras esquineras, el itinerario de los vendedores ambulantes, las verjas con perros repentinos y un completo relevamiento de la flora y la fauna.

Pero además existía la intención de indicar la existencia de túneles misteriosos, zanjones mágicos, casas embrujadas, recodos infernales y otros arcanos.

De esta obra sólo alcanzaron a completarse algunos capítulos, hijos del entusiasmo inicial. Después sobrevino el desaliento y luego la negligencia, de suerte que los trabajos realizados se perdieron casi por completo. Testimonios de segunda mano —sombras de una sombra— nos permiten hoy vislumbrar algunos retazos del *Atlas* y asomarnos a la geografía fantástica del barrio del Ángel Gris.

Los Refutadores de Leyendas y los profesores serios niegan todo valor a la obra original y, por supuesto, a sus ruinas. Afirman que aquello que el *Atlas* presenta como rincones hechizados no es sino una vulgar colección de calles aburridas y andurriales de mala muerte.

Sin pronunciarnos al respecto, nos limitaremos a reproducir datos sobrevivientes de aquel sueño geográfico.

~ *El árbol silbador*

Uno de los árboles de la plaza —todo un jacarandá— tenía la propiedad de producir un silbido. Los farmacéuticos explicaban el fenómeno invocando vaya a saber qué silogismos de vientos y oquedades. El caso es que todas las tardes las muchachas se sentaban a su sombra para escuchar *Loca de amor*, *Francia*, *Barra querida* o *El monito*. Los cartógrafos insistieron en que el árbol accedía a los pedidos del público y llegaron a asegurar que una comisión especial procedió a solicitar infinidad de temas, los que fueron silbados puntualmente, con la única excepción del arduo tango *Ahí va el dulce*.

Los Refutadores de Leyendas creyeron adivinar entre las lejanas ramas a algunos de los músicos de la orquesta de Ives Castagnino. Varias veces trataron de subir al jacarandá para descubrir el engaño, pero las caídas desbarrancaron sus pretensiones empíricas.

En este punto hay que admitir que muchísimas personas encontraban una gran dificultad en reconocer las piezas silbadas y aun en advertir silbido alguno. El *Atlas* cierra este capítulo con una frase dedicada a tales gentes: *"El árbol no silba para todos. El que no oye silbidos tal vez no merece oírlos."*

~ *El salón de baile sin baños o el rapto de los orinantes*

Un pintoresco croquis del *Atlas* señala en la calle Yatay un enorme salón de baile. A pesar de su lujosa apariencia, el local no tenía baños. Sucedía entonces que los bailarines se veían obligados a abandonar la milonga para pedir permiso en casas vecinas o costearse hasta algún café más hospitalario.

Sin embargo los más audaces solían aventurarse en un yuyal cercano que ofrecía una sombría privacidad. Los Cronistas Soñadores sostienen que nadie regresaba jamás de aquel sitio. Citan el testimonio de más de cuarenta damas abandonadas que en vano esperaron a sus compañeros, a veces en el interior del salón, a veces en la misma vereda del potrero.

Los espíritus fantásticos pretenden que los Brujos raptaban a los bailarines y los llevaban a sus gabinetes como esclavos o como carnada para atraer a los demonios.

Por esa razón, o quizá por la escasa belleza de las damas asistentes, los jóvenes dejaron de concurrir al salón. Los propietarios hicieron construir baños, pero ya era demasiado tarde.

El corredor del olvido

Tal vez en un conventillo cercano a la vía, los Brujos de Chiclana instalaron el Corredor del Olvido. Al caminar por él, bastaba pensar en algo para desalojarlo de la memoria. Si uno no pensaba nada especial, el mismo corredor decidía qué recuerdo abolir. Según dicen, recorriéndolo diez veces quedaba uno como un recién nacido, limpio de ayeres.

Ya en los años dorados, el corredor había perdido eficacia. Su magia evidenciaba desperfectos serios. A veces no provocaba olvidos, sino apenas confusiones. Los pensamientos de los paseantes no se borraban sino que se estropeaban o rayaban. Así, las evocaciones dolorosas se tornaban, además, incómodas e inexactas.

Manuel Mandeb pasó por allí una tarde para librarse de una pena de amor: sólo consiguió olvidar la identidad de la mujer amada. Cuentan que el hombre anduvo largos meses desesperado, sufriendo por alguien y no acertando a saber de quién se trataba.

Los vecinos del inquilinato intentaron varias veces clausurar el corredor. Pero a poco de entrar salían perplejos con sus herramientas y ladrillos, preguntándose qué hacían allí.

Los cartógrafos del *Atlas* corrieron parecida suerte al tratar de establecer la ubicación exacta del pasillo.

El almacén de las cosas perdidas

En la calle Pedernera había un almacén en el que se vendían objetos perdidos. Con el mayor apuro habrá que decir que únicamente podía comprarlos la persona que los había extraviado. Esta restricción, lejos de ser un estorbo para los comerciantes, constituía el secreto de su prosperidad. Una foto, una muñeca, una carta, una bolita o un dibujo infantil costaban pequeñas fortunas.

El poeta Jorge Allen visitó algunas veces el negocio buscando una vieja camiseta de fútbol. No tuvo suerte. Los dueños le informaron amablemente que ellos sólo vendían una pequeña parte de las cosas perdidas.

—*En verdad, la mayoría de los objetos se pierde para siempre* —confesaron.

—*Es preferible que así sea* —explicaba el cajero—. *Un mundo en el que nada se perdiera sería un mundo sin amores y sin arte.*

Ciertos maledicentes pensaban que el comercio no era sino un refugio de ladrones y reducidores, acusación que nunca fue comprobada.

Un día, los dueños vendieron el almacén a unas personas que juraban haberlo perdido. Ahora funciona allí una pizzería.

～ *Las entradas del Infierno*

El *Atlas Secreto* registra cuatro entradas del infierno en el barrio de Flores.

La primera estaba en el sótano del bar La Perla de Flores.

La segunda era la puerta del ropero que tenía en su habitación el ruso Salzman.

La tercera era cambiada todas las noches y podía reconocerse por una marca diabólica dibujada con tiza violeta.

La cuarta era el escote de Claudia Berterame, dama que todas las noches lo abría de par en par, causando la perdición de los muchachos arremetedores.

Manuel Mandeb se ufanaba de haber atravesado por lo menos dos de estos portones del averno.

Existía también una alcantarilla infernal en la calle Artigas, pero su uso estaba reservado al mismo Mandinga para sus comisiones en la barriada.

～ *Los vientos de Flores*

En las primeras páginas del *Atlas Secreto* aparece dibujada una Rosa de los Vientos en proyección tridimensional. Más adelante se indica que los vientos de Flores soplan desde los puntos cardinales y también desde arriba y desde abajo. Pero no se trata de simples corrientes de aire. Cada pequeña brisa influye decisivamente en el destino de las almas del barrio.

Así, desde Liniers viene el Viento del Desengaño, que deja las calles despejadas de ilusiones y berretines.

Hay un viento rojo y denso, que es el de la Pasión. Sus ráfagas calientan los corazones, los enamorados no pueden contener sus ardores y las viejas se escandalizan detrás de las persianas.

La Racha del Norte afecta a los locos y a los poetas. Y los Chifletes de la Risa producen carcajadas irrefrenables, especialmente en primavera.

Todos los años, al llegar el invierno, viene desde el sur un soplo frío que se lleva las promesas y los juramentos. Los hipócritas y los canallas viven todo el año esperando este viento de escampada para las nubes del remordimiento.

Pero el peor de los vientos es el del Destino, que corre siempre contra las voluntades. Arrastra a las personas por calles indeseadas y deja un gusto amargo en la boca.

A veces soplan al mismo tiempo brisas contrarias: ventoleras del pasado chocan con ventarrones del futuro. El resultado es un turbio remolino que confunde las mentes y lanza a los hijos contra los padres.

Los vecinos de la calle Bacacay dicen tener un viento particular, pero sus características no constan en el *Atlas*.

El hotel de los muertos

Estaba situado en la calle San Blas, quizá fuera de los límites legales del barrio. Su aspecto era siniestro.

Los Hombres Sensibles llegaron a comprobar que todos los pasajeros estaban muertos.

En verdad nadie sospechaba tal cosa hasta que Ives Castagnino vio desde la puerta al tano Rosetti, que llevaba varios meses difunto. Inútiles fueron las consultas con los empleados, que mantenían una implacable reserva. De todos modos Manuel Mandeb, Jorge Allen y el propio Castagnino investigaron el caso y alcanzaron a sorprender a otros finados entrando al establecimiento.

Mandeb creyó entender que el hotel era una especie de lugar de espera antes del definitivo ingreso al más allá.

Jorge Allen decía que aquello debía ser el purgatorio o, si lo apuraban un poco, el infierno. Los geógrafos soñadores trataron de alojarse en el lugar, pero siempre se les decía que todas las habitaciones estaban ocupadas.

Una noche —tal vez dándolo por muerto— admitieron como huésped al ruso Salzman. El hombre nunca quiso contar su experiencia. Se sabe, eso sí, que a las doce y cuarto de la noche lo vieron pasar corriendo por la avenida Juan B. Justo.

El hotel existe actualmente, pero el autor de estas crónicas no se atrevió a visitarlo para hacer nuevos aportes.

El *Atlas* informaba además detalles interesantes sobre el Billar Infalible, en el que nadie erraba carambola; el Gallinero del Huevo Azul y el nombre y dirección de las mujeres más hermosas de Flores.

El barrio del Ángel Gris sigue esperando que otros cartógrafos empiecen de nuevo la obra interrumpida. El trabajo es enorme y la recompensa, modestísima: he allí una empresa atrayente para los hombres de corazón.

17

El caminante (III)

—*Acompáñeme, amigo. Creo que estoy en condiciones de mostrarle una de las entradas del infierno.*

Yo estaba de mal humor, como casi siempre en aquel tiempo.

—*La ingenuidad cósmica es insoportable, Dorkas. Para usted, cualquier jarabe es licor del recuerdo, cualquier cigarrera es mágica, cualquier agujero en el piso es la entrada del infierno. No se engañe. No hay milagros.*

Dorkas empezó a caminar a mis espaldas tal vez para argumentar mejor.

—*Me extraña que un hombre como usted no comprenda que los milagros se cumplen de un modo misterioso, poético, simbólico. Quien no tenga fe poética, nunca verá un milagro, ni aunque se lo hagan delante de las narices.*

—*Salga de ahí con las alegorías. Uno quiere ser inmortal y tratan de contentarlo con el recuerdo que dejará en los otros. Uno quiere volar y le hablan de pensamientos espirituales. Uno quiere conversar con los muertos y debe conformarse soñando con su abuelo.*

—*Venga conmigo y verá un prodigio contante y sonante.*

Con un trote que no admitía réplica, me paseó por todo el barrio. Cada tanto se daba vuelta y trataba de apurarme con voces de aliento.

—*Vamos, vamos. Si no me falla el cálculo, las puertas del tártaro están por abrirse.*

Pasamos frente a una casa parduzca en la calle Bogotá.

—*Es aquí. Esperemos.*

Yo me senté en el cordón de la vereda de enfrente. Dorkas empezó a caminar de esquina a esquina. Pasaron horas.

Cerca de las dos de la madrugada, la puerta se abrió y apareció una mujer alta, vestida de negro. Dorkas se me acercó al galope.

—Tenga mucho cuidado...
—Es solamente una mina.
—Si tiene valor, mírela de cerca.

Crucé la calle. La mujer ya caminaba hacia el norte. Me puse a su lado. Ella se detuvo bruscamente y me miró. Era el diablo.

18

Los Hombres Sensibles, los Refutadores de Leyendas y los Reyes Magos

*T*odos conocen la aguda polémica que suele encenderse en Flores cuando se acerca el seis de enero.

Los Refutadores de Leyendas cumplen en esos días horarios especiales y desatan una intensa campaña. Naturalmente, tratan de esclarecer a los chicos acerca de la verdadera identidad de los Reyes Magos. Los más desaforados no vacilan en afirmar que estos personajes no existen y que la eventual aparición de juguetes sobre el calzado infantil es el resultado de sigilosas maniobras de los padres, amparados en las sombras de la noche.

Sus argumentos —hay que decirlo— son bastante sólidos. El profesor Pedro Del Moro los ha reunido y codificado en su libro *Los Reyes son los padres.* Esa obra, cuyo solo título presagia revelaciones apocalípticas, comprende tres grandes capítulos, cada uno de ellos con razonamientos de distinto color.

El primero se titula *Testimonios.* Cerca de doscientas personas cuentan experiencias personales que abonan la tesis central del libro. Transcribimos algunos fragmentos.

"...Me costó dormirme. Siempre me pasaba lo mismo en noches como aquella. Ese año mis pedidos habían sido bastante módicos. Un encendedor, una afeitadora eléctrica y una caja de lápices. A medianoche me desperté sobresaltado: ¿Había puesto mis zapatos en el pasillo? Me levanté para comprobarlo. Y entonces, en la penumbra del pasillo, subrepticio como un ladrón, hincado sobre mis viejos mocasines, vi a mi padre con los regalos. Se levantó lentamente. Durante un largo rato nos miramos con encono."

—De modo que así son las cosas —le dije.
—Dejáme que te explique...

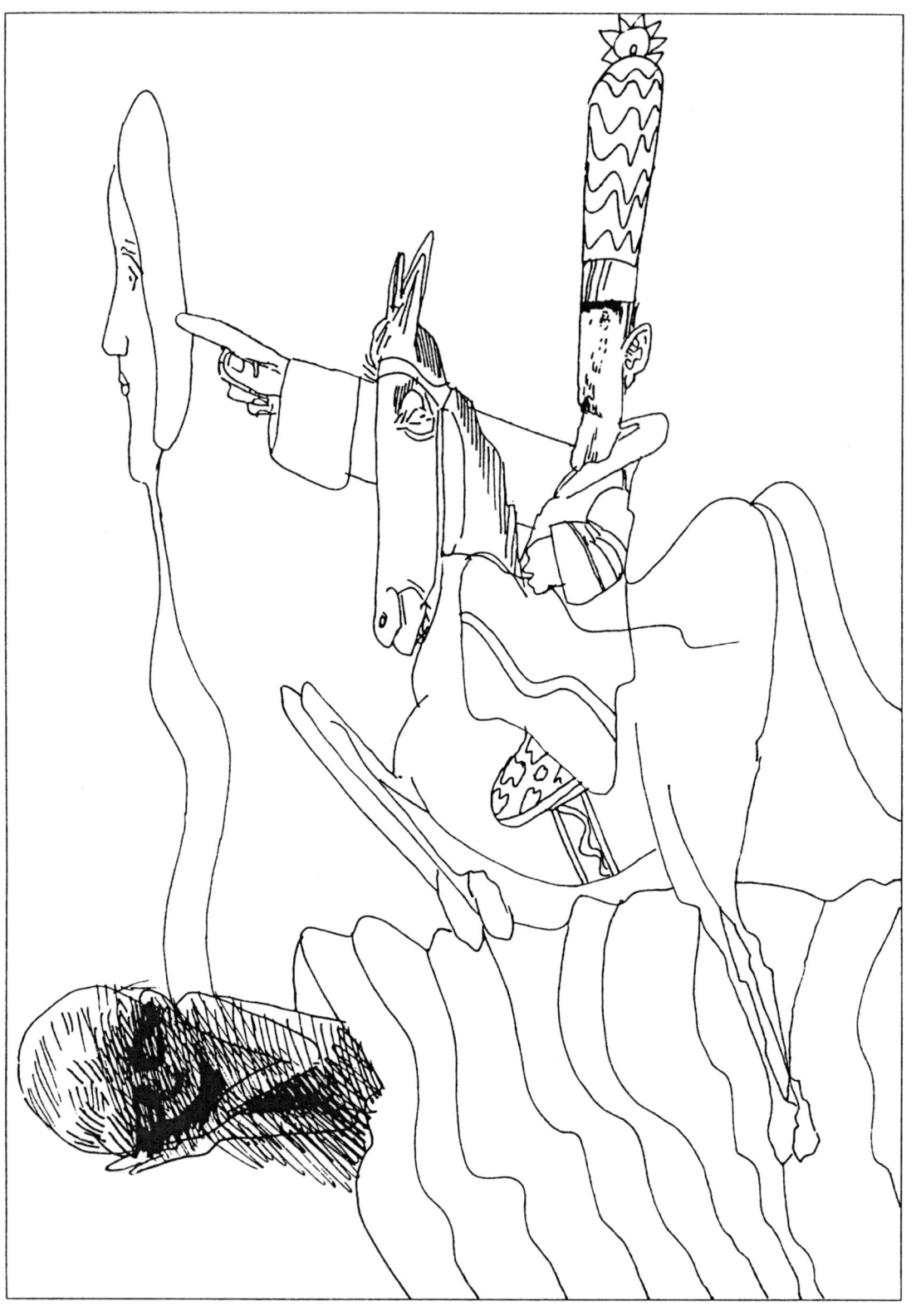

—No, papá —no me importó ser cínico—. Creo que ya es demasiado tarde para explicaciones..."

Es probable que los berretines novelísticos del profesor Del Moro conspiren contra el estilo expositivo que es deseable en toda obra de especulación científica. Las otras historias del primer capítulo son —sin bien se las mira— todas iguales: sujetos que sorprenden a sus padres en situaciones comprometidas, confesiones espontáneas de padres arrepentidos, trampas preparadas de antemano y hasta fotografías reveladoras. El más impresionante es el caso de un joven estudiante de farmacia que habiendo entrado en sospechas a causa del demasiado trato con las ciencias, amenazó a su madre con un arma hasta que la pobre mujer reconoció sus usurpaciones.

En el segundo capítulo, Del Moro apela al sentido común. Básicamente sostiene:

a) Que es por lo menos improbable que tres personas visiten todas las casas del mundo en una sola noche.

b) Que también resulta difícil admitir que puedan acarrear en sus bolsas centenares de millones de juguetes.

c) Que los regalos que amanecen sobre los zapatos el 6 de enero parecen más paternales que reales, sobre todo en el precio.

Sobre la alfalfa que algunos niños dejan en el patio, Del Moro opina que es ingerida por los padres, quienes de este modo no solamente serían los Reyes Magos, sino también los camellos.

El tercer y último capítulo es una larga serie de consejos sobre la conveniencia de no fomentar ilusiones en los niños y de explicarles todo, en términos amables pero rigurosamente exactos.

Los Hombres Sensibles de Flores, por el contrario, prefieren que los chicos crean en los reyes, en las hadas y en el mundo de los sueños.

Por eso cada vez que se encuentran con un pibe le cuentan que hay ratones que dejan dinero bajo las almohadas, si uno les pone un diente. O que el hombre de la bolsa se lleva a quienes sienten repugnancia por la sopa. O que soplando panaderos se consigue lo que uno quiere. O que pisando baldosas rojas se ahuyenta al demonio. O que haciendo gancho con los dedos se impide a los perros exonerar sus intestinos.

En la anual discusión de los Reyes Magos, los Hombres Sensibles acusan a los Refutadores de Leyendas de obrar con el único propósito de ahorrarse el regalo. A su turno, los Refutadores declaran que muchos pibes de Flores fingen creer, aun siendo escépticos, al solo efecto de recibir un trencito o una pelota. *"Esta infame actitud* —dice el profesor Del

Moro en su libro— *es propia de niños perversos y mezquinos. ¿Qué se puede esperar de quienes venden su inocencia por una bicicleta?"*

Los Hombres Sensibles tienen en esos asuntos algunos aliados indeseables.

Muchas personas que se jactan de su dulzura suelen cometer el desatino de intentar la demostración racional del mundo mágico, para convencer del todo a los chicos.

Así, cada Navidad, docenas de pajarones se disfrazan de Papá Noel (una ilusión gringa, les garanto). Otros hacen el Rey Mago y hasta llegan a saludar y besar a sus sobrinos para que crean o revienten.

Desde luego, esto no debe extrañarnos en un mundo en que la gente cree solamente en lo que se ve y se toca. No comprenden estas personas que es cien veces más verosímil un personaje que no se ve jamás y tiene la apariencia de nuestros sueños, que el chitrulo pintado de negro, que se ha puesto el batón de nuestra abuela, se parece al tío Raúl y huele a cerveza.

Yo no creo que los chicos se traguen esos disfraces. En los tiempos de mi infancia, la tienda Gath & Chaves solía exhibir en sus salones a los Reyes Magos. Yo tenía 5 años, y aunque era bastante pavote, razonaba que se trataba de tres impostores pagados por la tienda. No era posible que quienes provenían del Barrio Celeste anduvieran tomando partido por la prosperidad de una casa de comercio.

Manuel Mandeb en su estudio *Ilusiones eran las de antes* se queja de esa tendencia a la garantía visual. Veamos:

"...En estos asuntos el exceso de pruebas es más sospechoso que la ausencia de ellas. Muchos niños han creído en los Reyes hasta que los vieron. Lo único que hay que hacer es sembrar la ilusión. Después ésta crecerá sola. Nada de disfraces ni payasadas. Si insistimos en mostrar al niño todo aquello cuya existencia postulamos, llegará un día en que el pequeño sabandija nos exigirá que le mostremos el desengaño o un átomo o una esperanza. Y como no podremos hacerlo, el tipo reputará inexistentes a esperanzas, desengaños y átomos..."

No andaba desacertado Mandeb. Cuando uno ve películas de terror cree firmemente en el monstruo hasta que lo ve. Entonces descubre que no se trata del verdadero horror (que existe positivamente dentro de nosotros) sino de un truco lamentable. Pero algunos párrafos más adelante, el pensador árabe vuelve a caer —como tantas veces— en el desafortunado rumbo de los tomates. Siguiendo con el criterio de no aportar pruebas concretas, Mandeb llega a insinuar la conveniencia de suprimir el regalo de Reyes por considerarlo una concesión improcedente.

"...Así todo sería ilusión: los Reyes, su visita y aun el regalo, del que podría hablarse, pero que sería imposible de ver y tocar. Los niños correrían en monopatines imaginarios y shotearían pelotas soñadas, que son las mejores porque nunca se

pinchan ni se pierden ni son cortadas en pedazos por los vecinos intolerantes."

Mandeb pensaba, además, que la abolición de la recompensa ennoblecía la creencia y —por otra parte— eliminaba injusticias.

"Los chicos pobres son capaces de sueños tan rumbosos como los de los príncipes."

Manuel Mandeb, como tantos Hombres Sensibles, creía realmente en los Reyes Magos.

Todos los cinco de enero ponía sus zapatones en la ventana de la pieza de la calle Artigas donde vivió muchos años. Jamás le dejaron nada, es cierto. Pero el hombre suponía que esto obedecía a su conducta, no siempre intachable. En los días previos, las viejas del barrio creían notarlo amable y compuesto. Quizá no eran suficientes esos méritos de compromiso. No es fácil engañar a los Reyes.

Muchos de sus amigos sintieron alguna vez la tentación de dejarle algún regalito.

Pero no quisieron engañarlo. Ellos también esperaban con él. Y hacían fuerza para que alguna vez apareciera aunque más no fuera un calzoncillo.

Nunca ocurrió nada, pero la fe de los Hombres Sensibles de Flores no se quiebra fácilmente.

¿Qué virtud encierra creer en lo evidente? Cualquier papanatas es capaz de suscribir que existen las licuadoras y los adoquines. En cambio se necesita cierta estatura para atreverse a creer en lo que no es demostrable y —más aún— en aquello que parece oponerse a nuestro juicio. Para lograrlo hay que aprender —como quería Descartes— a desconfiar del propio razonamiento. Por supuesto, en nuestro tiempo cualquier imbécil tiene una confianza en sus opiniones que ya quisiera para sí el filósofo más pintado.

La incredulidad es —según parece— la sabiduría que se permiten los hombres vulgares.

Nosotros resolvimos apostar una vez más por las ilusiones.

Por eso hicimos nuestras cartitas, pusimos nuestros enormes y pringosos zapatos en las ventanas, en los patios y aun en los jardines.

Y el seis de enero recogimos nuestros sencillos regalos y se los mostramos a los vecinos.

—*Mire lo que nos trajeron los Reyes.*

Algunos Refutadores de Leyendas nos miraban con envidia, silenciosamente.

19

El contestador de Reportajes

Un reportaje es de por sí una cosa muy extraña. Si a un griego del siglo de oro le mostráramos la televisación de una entrevista, se sorprendería menos de la existencia de un aparato capaz de transmitir las imágenes, que de la insólita conversación entre dos personas que se conducen como si estuvieran solas, aun cuando saben que son vistas y oídas por muchedumbres.

También se asombraría nuestro amigo griego del interés de las gentes de hoy por conocer los costados menos notables de los hombres famosos: sus preferencias cromáticas, los horarios de sus comidas o la duración de sus siestas.

El memorable Adelmo Ramos supo advertir estos aspectos ridículos de todo reportaje, pero también se dio cuenta de algo más profundo: una entrevista periodística es un intento de descripción de un alma humana. Por lo tanto, su esencia no está demasiado lejos de lo artístico.

Y precisamente la gran empresa de Ramos fue convertir el reportaje en una rama del arte. Es cierto que fracasó. Pero su intuición genial señaló la existencia de una puerta que nadie había notado antes. La carrera del contestador de reportajes no es sencilla. El primer obstáculo reside en el empecinamiento de los periodistas en formular preguntas tan sólo a los hombres que han alcanzado la notoriedad. De aquí se desprende que todo aquél que sienta la vocación de someterse a interrogatorios públicos deberá, en primer lugar, conquistar la fama. Esta es una tarea que lleva años y que no siempre es coronada por el éxito. Es probable que muchos músicos, científicos y cineastas que nos deslumbran con sus realizaciones no persigan en realidad otro objetivo que el de contestar reportajes.

Y aquí aparece otro inconveniente: tal vez muchos grandes contestadores sean recordados como actores, pintores o entrealas derechos, olvidando la destreza principal.

Adelmo Ramos tomó en cuenta todas estas verdades y resolvió —con todo acierto— prescindir de la primera etapa. Renunció a los transitados caminos que conducen al renombre. No fue cantor de boleros, ni político, ni mansflora. Fue tan sólo (y de qué manera) contestador de reportajes.

En este punto caben las infaltables objeciones, polémicas y zonas oscuras que nunca faltan en las historias de Flores.

Hay quienes creen recordar que Ramos fue cantor de la orquesta de Anselmo Graciani, el célebre bandoneonista zurdo que se hacía construir los instrumentos al revés.

Otros lo suponen periodista de la menesterosa revista *Expiraciones* y hasta refieren una historia no demasiado original, según la cual Ramos, no teniendo a quién entrevistar, resolvió publicar un reportaje a sí mismo. Nada de esto consta. En cambio existen pruebas, a mi juicio incontestables, de que el primer reportaje a Adelmo Ramos fue realizado por el polígrafo de Flores Manuel Mandeb.

Tal entrevista no fue publicada jamás, pero sus pormenores aparecen en el penoso libro de Mandeb cuyo título es *Personajes de la calle Artigas entre el 400 y el 1100*.

Se trata de una obra más cercana al catálogo que a la descripción psicológica. Está ordenada según la numeración de la calle y al llegar al 860 encontramos estos párrafos:

"*Artigas 860. Ramos, Adelmo. Célebre contestador de reportajes. Yo mismo le hice el primero. Fue una tarde de otoño, me acuerdo. Yo caminaba por Yerbal pisando hojas secas y gozando con su crujido. No estaba de muy buen humor, pues muchas hojas caían demasiado tiernas y no se quejaban satisfactoriamente ante mis pisotones. No sé en qué esquina se me apareció Ramos.*
—*¿Usted es Mandeb? —me dijo.*
—*Servidor.*
—*Vea, necesito que me haga un reportaje.*
—*No soy periodista —le informé.*
—*Lo será. Hágame el favor, pregúnteme algo.*
Recordé entonces ciertas lecturas que a modo de ejercicio disciplinario me había impuesto algunos meses atrás. Entonces di comienzo a la interviú, que fue breve:
P: ¿Qué pregunta quisiera usted que yo le formulara?
R: Me gustaría que me preguntara qué pregunta quisiera yo que usted me hiciera.
P: Muy bien, ¿qué pregunta quisiera usted que yo le formulara?
R: Vea. Le pediría por favor que no me hiciera esa pregunta.
Dicho esto, Ramos pegó media vuelta y se fue."

El testimonio —siempre dudoso— de Manuel Mandeb puede dejar en los lectores de este informe la sensación de que Ramos era no mucho más que un chusco. Pero debemos apresurarnos a recordar que éste era su primer reportaje. Después fue progresando. Sus respuestas abarcaron los más diversos campos de la inquietud intelectual. Opinó sobre tenis, pintura rupestre, ecología, pedagogía, siembra de nabos, pelota vasca, ebanistería y carreras de caballos.

Sus enemigos lo acusan de contradictorio. Y es cierto. A una misma pregunta, Ramos solía responder de manera opuesta, según la ocasión. Y hasta podía darse el caso de que la misma pregunta le fuera formulada dos o más veces en el mismo reportaje, encontrando en cada oportunidad una contestación diferente.

Todos recuerdan el célebre reportaje que le hiciera el periodista Carlos Marcucci, hace ya mucho tiempo. Marcucci solía preguntar varias veces la misma cosa a sus entrevistados. No por pretender descubrir en ellos alguna incoherencia, sino más bien porque era hombre de frágil memoria y no se acordaba de lo que había hecho dos minutos antes.

Transcribo :

"*P: Ya que hablamos de tango, Ramos: ¿Qué le parece Discépolo?*

R: No me gusta Discépolo. Es un poeta que parece creer que todos los demás son tan canallas como el santo. Fíjese: 'la gente que es brutal cuando se ensaña...' 'Perdoname si fui bueno...' 'Que el mundo fue y será una porquería...' Pero él siempre se salva. Él es el único puro y libre de pecado. Yo prefiero mil veces a los pecadores tolerantes que a los virtuosos implacables.

P: Claro, ese tema nos lleva inevitablemente a hablar de Discépolo. ¿Qué piensa de él?

R: Sin duda se trata del poeta más importante que ha dado el tango. Y no piense que voy a decirle esa estupidez según la cual las letras de Discépolo son filosofía. Las letras de Discépolo son letras de tango. Filosofía es —sin ir más lejos— la 'Crítica de la Razón Pura' y de ningún modo el vals 'Sueño de Juventud'.

P: Usted menciona la filosofía y esto trae a mi mente una figura de nuestro tango: Enrique Santos Discépolo. ¿Qué opina usted de él?

R: Es interesante que me formule esa pregunta, pues debo decirle que me la han hecho muchas veces en distintos reportajes, incluso en éste. Créame si le digo que los tangos de Discépolo son como tratados de filosofía."

Adelmo Ramos tenía respuestas preparadas que con todo desparpajo, soltaba ante cualquier pregunta. Su atrayente teoría acerca de la falta de mentores y maestros en la Argentina aparece en casi todos sus reportajes, aun después de interrogantes tales como "*¿Cuál es su escritor favorito?*"

Las contestaciones eran, a veces, de una extensión desmesurada. Un periodista de la revista estudiantil *Hora libre* tuvo una vez la ocurrencia de preguntarle cómo andaba. Ramos llevaba ya seis horas de exposición, cuando el reportero huyó.

También —como es de suponer— tenía respuestas breves y hasta llegó a contestar en verso, lo que no consiste ninguna novedad si se razona que la payada no es otra cosa que un mutuo reportaje versificado.

Es necesario admitir que Ramos jamás fue demasiado perseguido por el periodismo.

Tuvo épocas infecundas en las que pasaban meses y aun años sin que nadie se acercara a interrogarlo. Adelmo Ramos afrontó con inteligencia tales períodos y en algunas ocasiones llegó a contratar a periodistas sin trabajo para que le hicieran preguntas. Algunos de ellos tenían la misión de abordarlo en cualquier circunstancia y requerir su parecer acerca de las cuestiones más imprevistas. Los hombres de Flores vieron muchas noches a individuos prepotentes que, saliendo al paso de Ramos, le gritaban en la cara:

—*¿Cuál es su peor defecto?*

Cuando se le terminó el dinero para solventar a estos mercenarios, Ramos trató de demostrar la absoluta inutilidad del periodista en los reportajes. No era éste un criterio novedoso. Infinidad de pensadores han afirmado que lo que interesa es la respuesta y no la pregunta. No obstante es innegable —y Ramos tuvo que aceptarlo— que el periodista es casi indispensable cuando se trata de copiar a máquina el reportaje y tomar los recaudos técnicos para su publicación.

Fue entonces cuando Ramos descubrió que podía prescindir de la difusión de sus respuestas. Y así sin periodistas ni testigos, tuvieron lugar sus últimas realizaciones. Los Hombres Sensibles de Flores juran que en esos reportajes, que se llevó el viento, están sus mejores logros. Esto se parece a lo que decía Virgilio Expósito... *"Cómo es mejor el verso aquel que no podemos recordar."*

Poco a poco el periodismo y la gente se fueron olvidando de Ramos.

Los Refutadores de Leyendas llegaron a postular que este personaje no existió nunca y que toda su obra es el resultado del trabajo de muchos contestadores que vivieron en tiempos diferentes. Como siempre, los Refutadores destruyen una leyenda creando otra.

Hoy cuando todo el mundo contesta preguntas sin tener la menor autoridad para hacerlo, este columnista se ha creído en el caso de homenajear a Adelmo Ramos.

Ojalá que esta nota despierte en algún joven la vocación insólita de la respuesta artística. Entonces sabremos que los desvelos de Ramos no fueron inútiles.

20

La magia en Flores

Los Hombres Sensibles de Flores siempre creyeron que el barrio estaba embrujado.

Según ellos, los Hechiceros de Chiclana habían lanzado sus peores maldiciones sobre las calles del Ángel Gris.

Y en realidad tenían muchas razones para pensar de ese modo.

Los viernes a la noche, todos los perros se volvían locos y quienes se atrevían a salir de su casa se arriesgaban a enfrentarse con jaurías espantosas que acechaban en todas las esquinas.

Las cúpulas y campanarios eran sobrevolados por las palomas azules, unas aves que tenían plumas como navajas.

Los muchachos se enamoraban siempre de mujeres esquivas y distantes, cuando no perversas, y el amor y la pena eran una misma cosa en Flores. Según algunos desesperados, había una esquina fatal para las parejas. La llamaban la esquina del desencuentro. Si dos enamorados pasaban juntos por allí, se separaban para siempre.

Al parecer, no era posible saber cuál era esa esquina, porque la cambiaban cada noche. Manuel Mandeb llegó a descubrir que la correspondiente al 11 de octubre era la de Morón y Boyacá.

La mala suerte perseguía a los Hombres Sensibles y siempre ocurría lo malo, lo desatinado y lo deforme, en lugar de lo hermoso y lo bueno.

De esta melancólica situación nació la empresa más grande acometida por los muchachos del Ángel Gris: la lucha contra el destino. Desde luego esa lucha asumió formas muy diferentes y se libró en distintos campos: en el amor, en el arte, en el juego, en la aventura, en el pensamiento, en los corazones.

Pero sabiendo que los Brujos de Chiclana eran cómplices del destino, los Hombres Sensibles buscaron auxilio en otros magos más benevolentes, aunque siempre menos poderosos. Por eso en Flores los adivinos, lechuzones y blackamanes gozaron siempre de gran prestigio.

El presente trabajo se propone dar noticia de los hallazgos más importantes de los hechiceros reos, hallazgos que no alcanzaron a evitar la derrota final.

Amuletos y supersticiones

Para huir de la mala sombra, los ocultistas de Flores fabricaron toda clase de amuletos: plumas de caburé, bolsitas de alcanfor, polvos de perlimpimpín, herraduras de plata, anillos de amatista, espejos celestes, ruedas de ébano y medallones de nácar.

Según se dice, existía en aquellos años una cigarrera de níquel que aseguraba a su poseedor el amor de toda mujer que se encandilara con su brillo. Varios muchachos arremetedores fueron sucesivamente sus dueños. Después se supo que el amor de esas mujeres duraba siempre, aunque iba cambiando de destinatario, según la cigarrera cambiaba de mano.

Así, cada nuevo titular se hacía cargo de la cigarrera y también del amor de docenas de mujeres, muchas de ellas insoportables. Nada cuesta imaginar que este amuleto fue bajando de precio, hasta que llegó el momento en que nadie lo quería ni regalado. Su último dueño, un pobre muchacho de la calle Condarco, se mató en 1960.

Había también —eso cuentan— una corbata verde que garantizaba el éxito en el Hipódromo de Palermo, aunque era perfectamente inútil, si no nefasta, en San Isidro.

Manuel Mandeb menciona un diente de oro que protegía de la envidia y un calzoncillo que impedía las enfermedades secretas, pero el pensador árabe no proporciona más detalles.

Pero los Hombres Sensibles no se limitaban a procurarse objetos protectores y propicios. También aprendieron de los magos algunos pases y rituales que ejercían obstinadamente.

Así, se complacían en hacer cuernos con los dedos, en rascarse el corazón y en ladearse a la derecha.

Un mago descubrió que enganchando el índice de la mano derecha con el índice de la izquierda se lograba evitar que los perros movieran el vientre. Este pase que aún hoy sigue siendo eficaz, no tiene, sin embargo, mayor provecho.

Todas estas supersticiones se practicaban con respeto y sin ostentación. Hoy en día los espíritus distinguidos padecen la violencia de observar cómo los cómicos y los cantores de boleros se jactan de creer en el horóscopo, queriendo hacer ver que tienen talento.

ᘛEl Diablo en Flores

Muchos fueron los que aseguraron haber visto al demonio en las calles de Flores. El ruso Salzman, jugador de dados de la calle Artigas, sostenía que el vigilante de la esquina de su casa era el mismo Satanás, aun cuando el propio agente lo ignorara. Hay muchas personas que son el diablo, sin saberlo.

Salzman creía que el diablo estaba interesado en comprarle el alma. Esto lo atemorizaba mucho, porque el ruso no estaba seguro de no vendérsela.

Sin embargo, Satanás conocía bien a los Hombres Sensibles de Flores y los tentaba a su manera. En vez de comprar sus almas, se las pedía. Quién sabe cuántos muchachos se habrán condenado para siempre, de puro generosos.

En materia de pactos diabólicos, siempre se sospechó del bandoneonista Anselmo Graciani, quien era capaz de tocar la variación de *Canaro en París* con los ojos cerrados.

En la calle Aranguren vivía una mujer que —según los entendidos— era demasiado hermosa para ser inocente. Algunos decían que tenía tratos con el diablo, otros pensaban que era el diablo. Nadie se atrevió jamás a enamorarla. Yo, por mi parte, puedo asegurarles que el diablo anda en estos días por Villa Crespo. He tenido ocasión de verlo un par de veces, en las proximidades de la cancha de Atlanta. Es rubio, alto, tiene una capa negra y parece joven. No puedo dar más datos, porque he tenido la precaución de salir corriendo. Es probable que muchos lectores de la zona se hayan encontrado con él.

ᘛLa peregrinación de Manuel Mandeb

El polígrafo de Flores sentía una gran preocupación por todos estos asuntos. Por suerte han quedado capítulos enteros de su libro *Nunca he visto nada*. Esta obra es un detallado informe de todas las experiencias mágicas de Mandeb. Al parecer, sigue un orden cronológico y da cuenta de sus visitas a adivinos y profetas. Transcribimos a Mandeb:

"Los Refutadores de Leyendas se han tomado el trabajo de desmentir cada hecho prodigioso que se les ha contado. Cuando estos sucesos se han producido ante sus ojos, han buscado explicación científica para ellos. A mí no me asustan las

explicaciones científicas: supongamos que un hombre vuela. Yo diré que es un milagro y los Refutadores empezarán a hablar de huesos huecos o de propulsiones atómicas. Pero eso no cambia nada: el hombre vuela. Tal vez algún día sepamos cabalmente que el alma existe. Los racionalistas de Villa del Parque dirán que es algo relacionado con impulsos eléctricos y condensaciones de energía. Pero el alma seguirá allí, muerta de risa.

"*Yo he conocido a muchas personas que a su vez han oído decir que alguien ha visto cosas sobrenaturales. Pero jamás he visto nada con mis propios ojos. Visité a cien viejas brujas que tiraban las cartas y leían las manos: ninguna me dijo nada que me hiciera temblar. 'Usted tiene una pena', 'Usted ha vivido momentos difíciles'... ¿Y quién no?* "*Anduve en sesiones de espiritismo, concurrí a las funciones de los hipnotizadores, conversé con faquires y tragasables, pero jamás se me abrieron las puertas de lo inexplicable. No pido mucho, les aseguro. Con sólo ver algo, con una pequeña señal me daría por contento.*

"*Hay personas que insisten en creer que el horóscopo de las revistas les revelará el futuro. Nada más falso. El destino es cosa demasiado complicada como para pensar que sólo admite doce posibilidades. Hay infinitos destinos posibles. Cada hombre merece una diferente serie de presagios.*"

☙ *Los magos y la riqueza*

La costumbre de pagar los servicios de los brujos provocó el enriquecimiento y despertó la codicia de muchos de ellos.

Otra consecuencia lamentable fue la aparición de infinidad de falsos adivinos que, careciendo de todo poder, vivían del engaño.

Había quienes adivinaban la suerte con cartas marcadas. Otros investigaban a sus clientes antes de recibirlos, para sorprenderlos con revelaciones espectaculares. "*Usted tiene un cuñado que trabaja en el correo.*"

Así la respetable profesión de brujo fue usurpada por una caterva de estafadores que interpretaban los sueños y aconsejaban apuestas para la quiniela.

Como todos sabemos, los Refutadores de Leyendas aprovecharon esa circunstancia y hoy ya no es posible decir a nadie que uno es brujo, sin que se sospeche que detrás de esa afirmación existe un engaño o la intención de vender una rifa.

☙ *Vindicación de la magia*

Los cultores del pensamiento fácil suelen decir que los pueblos se acercan a la magia ante la imposibilidad de explicarse ciertos fenómenos. Así planteadas las cosas, nadie puede sentirse seducido por una disciplina cuyo único objeto es ahorrarse la investigación acerca de las causas del rayo.

Pero examinando el asunto con un poco más de salero, pueden hallarse elementos que merecen la mayor estima en el ejercicio de la magia.

Hay —antes que nada— un deseo de poner orden y concierto allí donde sólo hay caos. Toda actividad mágica implica la suposición de que el universo tiene un fin preestablecido y que nada ocurre por casualidad. Y es evidente que ese fin preocupa al que se acerca a la magia. Esa sola preocupación denota una estatura espiritual que no suelen alcanzar los arquitectos que se juzgan geniales por no creer en la luz mala. Examinar los asuntos de brujería es como tratar de entrar en la metafísica por la puerta de atrás. A mi juicio esta actitud es preferible a pasar de largo.

Los Hombres Sensibles de Flores pensaban que si existía el diablo, también existía Dios. Por eso cada noticia demoníaca les llenaba el alma de piadoso regocijo.

Así también el que está escribiéndoles busca fantasmas desde hace años. Un duende, un pequeño duende atorrante para entender que el mundo no es solamente esta vulgar colección de cosas que se ven y se tocan. Cada sombra es una esperanza. Cada luz prendida un desengaño.

Si algún mago lector quiere obsequiarme algún espanto, aquí lo espero, con los pelos de punta.

21

El caminante (IV)

Durante varios meses no tuve noticias del caminante. Todas las noches me daba una vuelta por la casa de la calle Bogotá, con la esperanza de cruzarme con aquella mujer que, según Dorkas, era el diablo.

No pude volver a verla. Pero sí vi salir a muchos hombres. Calculé que serían demonios, ya que los réprobos no pueden ausentarse del infierno a su capricho. Parando la oreja, me pareció escuchar lamentos y quejas de los condenados que seguramente ardían en las habitaciones del fondo.

Debo confesar que estaba obsesionado con aquella hembra. No podía pensar en otra cosa. Mis amigos me evitaban. Había dejado mi trabajo. Me había enamorado del modo más ruin.

Una noche de carnaval. Busqué distraerme con una pechugona que conocí en la plaza. Mientras la inspeccionaba distraídamente en un portón, oí a mis espaldas la voz del caminante perpetuo.

—¡Alegría, alegría! —gritó y me mojó con un pomo.

Estaba disfrazado de El Zorro. La casaca le había quedado mal abotonada y fuera del pantalón, como fatalmente ocurre cuando uno se viste caminando.

—*Gusto en verlo, Dorkas. Le presento a mi amiga.*

La pechugona sonrió mientras se acomodaba la ropa.

El hombre estableció una órbita alrededor de un árbol.

—*Mire lo que tengo.*

Sacó del bolsillo una cigarrera.

—*Este objeto, señor mío, permite a su poseedor alzarse con el amor de todas las damas.*

—¿De todas?

Me esforcé en argumentar que no era deseable ser amado por la totalidad de las señoras. Sino más bien por aquellas que uno mismo eligiese. Pero Dorkas me cortó en seco.

—No piense que usaré la cigarrera para expandir mi serrallo. Usted bien sabe que sólo pretendo romper el hechizo de la bruja.

—¿Cómo la consiguió?

—En la calle Condarco, por supuesto.

—Sea prudente, Dorkas. Este barrio está lleno de charlatanes y de falsos hechiceros, que se aprovechan de las personas demasiado crédulas. ¿Cómo sabe que esa cigarrera es mágica?

—No lo sé. Tan sólo lo deseo.

Dio media vuelta y marchó a paso vivo por el empedrado. Yo me dispuse a reanudar mis caricias callejeras, pero la pechugona, sin saludar siquiera, corrió tras de Dorkas, lo tomó del brazo y me abandonó para siempre.

22

Historias de aparecidos

Todos los Hombres Sensibles de Flores aspiraban a ver un fantasma. Noche tras noche, recorrían los lugares más tenebrosos del barrio, esperando encontrar un duende, un espectro, una sombra.

En realidad, buscaban señales. Indicios del más allá. Razones para apoyar su sentimiento.

Nunca tuvieron mucha suerte. Ya se sabe que las apariciones no son cosa de todos los días, ni siquiera en Flores.

De cualquier modo, los muchachos del Ángel Gris no necesitaban ver para creer. Daban por sentada la existencia del Hombre de la Bolsa, la Viuda, el Basilisco y el Japón, sin haberse hallado jamás ante la presencia de ninguna de estas entidades. Sin embargo las tradiciones del barrio ofrecen dudosos testimonios acerca de toda clase de sucesos extraños.

Los Narradores de Historias incluían en sus funciones numerosos cuentos de miedo.

Muchos ciudadanos de la barriada aseguraban conocer a personas que habían visto a las legiones del otro mundo.

En la vereda de enfrente, los Refutadores de Leyendas negaban todo esto y —a modo de represalia— referían sus famosas Historias Sin Misterio.

Este género, más aburrido que desmitificador, consistía en la presentación de un caso aparentemente sobrenatural, que enseguida era explicado científicamente.

"Un hombre ve danzar un espectro blanco en la proximidad del gallinero. Explicación: se trata de una sábana tendida en la soga de colgar la ropa."

La receta sirvió —hay que reconocerlo— a docenas de escritores de rela-

tos fantásticos. Pero los Refutadores fueron más lejos. En el apogeo de su esplendor, las Historias Sin Misterio empezaron a prescindir del enigma inicial. El resultado no pudo ser más insípido: *"Un hombre ve una sábana tendida en la soga de colgar la ropa, cerca del gallinero."*

Para poner un poco de sal en estas narraciones, surgió la idea de volver a la antigua fórmula, pero expresándola al revés: *"Un hombre ve una espantosa sábana tendida en la soga de colgar la ropa. Como es natural, se paraliza de terror. Finalmente se tranquiliza al descubrir que se trata simplemente de un fantasma."*

Para la mejor derogación de supersticiones, los Refutadores abrieron en la calle Álvarez Jonte el Registro de Apariciones, oficina sin fines de lucro que recogía testimonios de ultratumba, que luego eran cuidadosamente desautorizados.

La lectura del libro principal permite observar que el estilo burocrático no es el más indicado para el misterio. De todos modos, los casos consignados son poca cosa.

Veamos:

"El 24 del corriente mes, a las dos de la madrugada, el señor Lucas Dubois entró en el mingitorio de la estación Flores. Allí se encontró con una figura trasparente que —bien mirada— resultó ser el finado Garrido, destacado canillita del barrio que, según se sabe, fue asesinado en ese mismo lugar hace diez años.

El señor Dubois no acertó a proporcionar otros detalles porque —según confesó— hizo abandono del recinto a la gran carrera.

REFUTACIÓN: *1) El señor Dubois no presentó ninguna clase de pruebas materiales, ni testimonios de otras personas. 2) Tal vez los vahos fétidos que cunden en el sitio de la supuesta visión hayan provocado un estado de locura. 3) Los fantasmas no existen."*

"La balanza de la Farmacia Berenstein indica siempre tres kilos más de lo debido. Los técnicos que tratan de componerla afirman que el mecanismo funciona. Sin embargo, se sospecha que el alma del viejo Berenstein se pasea por el local y pone el pie en la plataforma cuando alguien se está pesando.

REFUTACIÓN: *Incompetencia y falsedad de los técnicos antedichos."*

"El viernes pasado, a medianoche, se presentó en este mismo Registro la señora Matilde C. de Bonano, acompañada de un perro lanudo con su correspondiente correa. Dando muestras de gran consternación, la mujer se apresuró a aclarar que el perro no era otro que su esposo, el arquitecto Julio D. Bonano. Al parecer, el mencionado profesional es séptimo hijo varón y los viernes por la noche acostumbra a emperrarse, conforme a las pautas oportunamente establecidas en la leyenda del lobizón.

REFUTACIÓN: A la mañana siguiente compareció en esta oficina el arquitecto Bonano, esta vez bajo su forma de persona humana. En términos airados procedió a desmentir las manifestaciones de su esposa, ofreciendo toda clase de referencias sobre su probidad y rectitud."

Pero, dejemos a los Refutadores y sus aburridos registros.

En la calle Bolivia todos se acuerdan de Amelia, una chica hermosa y tímida.

Un otoño empezó a ponerse cada vez más triste. Eric, el fantasma tenaz, se había enamorado de ella.

Al principio, Amelia se resistió. Pero no era fácil librarse de Eric.

Los fantasmas son astutos y seguidores.

En los primeros días, Eric le murmuraba secretos en el oído. Después, levantaba remolinos de hojas para impresionarla. Por la noche, se filtraba entre las persianas y —mientras Amelia dormía— la besaba en la boca.

Más tarde vinieron los regalos: una flor que nunca se marchitaba, una piedra azul que ahuyentaba el recuerdo y una roja que protegía contra el olvido.

Una tardecita, sin decir nada, Amelia se escapó para siempre con el fantasma tenaz.

Todos se acuerdan de ella en la calle Bolivia.

Ives Castagnino, el músico de Palermo, se despertó una noche sobresaltado. Al pie de su cama, lo más orondo, estaba sentado Luis Grillo, antiguo bandoneonista de Flores, fallecido en plena juventud. Sin decir nada, el espectro hizo aparecer un bandoneón y comenzó a tocar un valsecito. Creyendo —con toda razón— que se trataba de un mensaje, Castagnino tomó nota del vals que para él resultaba desconocido.

Más tarde contó el episodio a sus amigos y por un tiempo se pensó que Grillo había compuesto un tema musical desde el otro mundo. Finalmente, Manuel Mandeb identificó la melodía: se trataba del vals *No nos veremos más*, conocido por todo el mundo desde hacía décadas. Según cuenta Castagnino, Grillo volvió a aparecérsele en otras ocasiones, pero él ya no se tomó el trabajo de anotar ni recordar sus interpretaciones.

Tal vez la mejor historia de aparecidos es la de Jorge Allen, el poeta.

Jorge paseaba por la plaza la noche antes de cumplir treinta y dos años. De pronto, sentado en un banco vio a un adolescente que lo miraba con estupor. Una somera inspección de la cara del joven, le permitió advertir que se trataba de él mismo.

A decir verdad, no se sorprendió mucho, pues ya era la segunda vez que le ocurría algo parecido. Dieciséis años atrás, hallándose sentado en aquel mismo banco, había visto venir a un hombre de unos treinta años en el que se reconoció inmediatamente.

Jorge Allen registró sus impresiones en su diario, tanto en una como en otra ocasión.

Transcribimos:

"19 de mayo de 1950. Esta noche me he encontrado con un caballero que era yo mismo, pero tal como he de ser dentro de quince o veinte años.

—¿Es usted Jorge Allen? —le pregunté.

—Sí —dijo el tipo.

Nos miramos un buen rato. Yo quise preguntarle por mamá y papá, pero tuve miedo. En realidad ahora tengo más miedo, porque él no me dijo nada.

Hablamos poco y desordenadamente. Sobre el futuro, no es mucho lo que averigüé: Racing será campeón este año. Y algo más. Cuando ya se iba, el hombre me dijo:

—Cuidado, el año que viene conocerás a una mujer que va a arruinar tu vida.

—Estoy muy preocupado."

"19 de mayo de 1966. Esta noche me he encontrado con un pibe que era yo mismo, pero tal como he sido en 1950. Yo ya sospechaba este encuentro. Me dio ternura el pibe. No quise contarle lo de papá. Le advertí lo que iba a pasar con María, pero sé que no me hará caso, tal como yo no le hice caso al tipo aquel que me lo advirtió hace dieciséis años. Ahora me pregunto: ¿Con quién se encontrará este muchacho en 1982? ¿Dónde estará ahora la joven María que arruinará su vida? Otra vez me olvidé de preguntar la fecha, para ver quién de los dos era el intruso en el tiempo. Estoy muy preocupado."

Existieron también apariciones sospechosas, como la del duende del pasaje Albania, que con el pretexto de traer mensajes del más allá, apretaba a las adolescentes con movimientos sonantes y contantes, impropios de un espectro.

Asimismo, en algunas casas embrujadas de Flores era más fácil encontrar jugadores de dados que espíritus malignos, según bien sabían los vecinos e incluso la policía.

El Ángel Gris de Flores, a pesar de tantas hazañas como se le atribuyen, fue siempre de poco aparecer. Más conocida es su obra que su aspecto.

Pero aquí hay que hacer una aclaración fundamental: cuando el Ángel se presenta ante alguien, le prohíbe terminantemente contar que lo ha visto. Así, bien puede pensarse que todos los habitantes de Flores han conocido al Ángel Gris, aunque no puedan confesarlo.

Existen también personas (en Flores y en todas partes) que afirman haber visto platos voladores, hombrecillos de otras galaxias y luces del espacio exterior. Estos episodios, en todo caso, no forman parte de nuestra inquietud de hoy.

De todo lo que hemos contado no hay ni siquiera una mínima constancia.

No se han tomado fotografías, ni han quedado huellas impresas, ni ha habido testigos.

Los Hombres Sensibles de Flores no necesitan de tan torpes artificios para creer en lo que se les cuenta. Y —por otra parte— siempre desconfían más de un documento que de una historia contada en voz baja.

Yo no pretendo el crédito de los lectores racionales.

Pero le aseguro que sí existen los fantasmas. Yo mismo, quizá, no soy mucho más que eso.

23

El Catálogo de Horrores

Cien veces se ha dicho que casi todos los libros de Flores se han perdido. Los pocos textos que aún pueden conseguirse corresponden a breves fragmentos citados de segunda mano o a melancólicos retazos de páginas salvadas de catástrofes desconocidas.

Que tantas obras hayan sufrido igual destino es cosa que despierta sospechas. El libro perdido es quizá un género literario, y bien puede pensarse que todos los textos del barrio nacieron como se nos presentan ahora: mutilados, incompletos, descalabrados, asolados de interpolaciones.

Nadie puede negar las ventajas de un arte que no produce obras, sino recuerdos (y olvidos) de obras.

El artista sensible nos deja siempre la sensación de haber perdido algo (el amor, la juventud, la ilusión, la inmortalidad); en los libros de Flores esa sensación se multiplica: la página que se duele por la ausencia está también ausente. La lágrima corre la misma suerte de aquello que llora.

Tal vez las bibliotecas del Ángel Gris se fundaron ya incendiadas o saqueadas. Gracias a tan sabia medida, los volúmenes faltantes pueden imaginarse a capricho. Todas las posibilidades artísticas y científicas caben en ellos. En realidad, la aparición de un libro perdido es siempre un desengaño. Con parecido criterio, los Hombres Sensibles decían que siempre es preferible estar ausente.

El *Catálogo de Horrores,* que ahora examinaremos, es también un libro despedazado por el tiempo o por la voluntad de su autor. Las páginas extraviadas conceden la posibilidad de capítulos superiores, períodos geniales, un orden revelador o un sorpresivo final que justifique la obra. Lo

que queda es apenas un registro de presencias extraordinarias o sobrenaturales en las calles del barrio.

Temo que su estilo se proponga el susto antes que la persuasión. Sin embargo, ciertas minuciosidades impiden su inclusión en el género fantástico.

Los seres y lugares espantosos descriptos en el *Catálogo* no parecen existir.

Pero no por tratarse de invenciones caprichosas, sino tal vez por haberse perdido ellos también en la misma niebla que borró a los Hombres Sensibles, sus libros, sus recuerdos y el recuerdo de sus recuerdos.

Sin más reflexiones, pasemos a nuestra modesta transcripción.

La serpiente del arroyo Maldonado

Hace muchos años, los Brujos de Chiclana engendraron una serpiente gigantesca y la arrojaron al Maldonado. El arroyo tiene ahora una avenida como lápida, pero la criatura permaneció oculta en el cieno y siguió creciendo.

Algunos dicen que su cola está en Liniers y su cabeza en la vecindad del Hipódromo. Otros le adjudican un sentido inverso. Lo cierto es que cuando llueve, cabeza y cola suelen asomar por las bocas de tormenta. La serpiente se alimenta de las inmundicias que arrastran las cloacas. Pero su manjar preferido lo constituyen los pelirrojos. Muchos de ellos desaparecen a través de las alcantarillas, especialmente los que salen de las pizzerías cercanas al puente de Pacífico.

Tal vez la serpiente tenga colas más pequeñas o quizá existan serpientes subordinadas, pues hay quienes la han visto recorriendo desagües laterales bajo las calles estrechas y hasta en las rejillas de los patios sombríos.

Como la Jörmungandr boreal, su destino es crecer hasta rodear el mundo, o —por lo menos— el barrio de Flores.

La victrola del tango fatal

En un bar cercano a la plaza hay un pasadiscos mecánico que funciona con monedas. Los parroquianos eligen inocentemente sus canciones preferidas, sin conocer el horrible secreto que encierra el artefacto.

Ha de saberse que en su interior se oculta un perverso enano, esclavo de los demonios, que hace funcionar los mecanismos. Entre todas las piezas musicales que se postulan al oído, hay un tango fatal que causa la perdición de quien lo elige. Se discute si este tango es *El entrerriano* o *Noches de Colón*. Tampoco está muy claro el carácter de las desgracias dispensadas. Es innegable —eso sí— que casi todos los clientes de este bar han padecido algún infortunio, con la excepción de unos pocos, que seguramente no gustan de *El entrerriano* o *Noches de Colón*.

⋙ *El arrebatador de sombras*

El gigante Gorrindo se presenta ante los peregrinos y, utilizando un facón luminoso, les corta las sombras y se las apropia.

A la hora del último sol, Gorrindo proyecta al mismo tiempo todas las sombras robadas, y es entonces cuando cae la noche en Flores.

Con los años, el gigante ha perdido algo de su vista. Esto es muy grave porque a veces se equivoca y se apodera de las personas, dejando las sombras abandonadas.

Los damnificados suelen intentar una razonable defensa con fuertes voces de aviso:

—*¡Gorrindo, las sombras no gritan!*

Pero el gigante no hace mucho caso de estos argumentos, porque se está volviendo un poco sordo o un poco cruel.

⋙ *Las barreras de la muerte o las Simplégadas de Flores*

Cuando los Argonautas viajaban rumbo a Cólquide a buscar el vellón de oro que colgaba de un árbol, encontraron unas rocas siniestras llamadas Simplégadas, o Planctai, o Cianeas. Envueltas perpetuamente en la niebla marina, defendían la entrada del Bósforo. Cuando un navío trataba de pasar entre ellas, se unían y lo aplastaban.

Así, el paso a nivel de la calle Granaderos custodia el ingreso al Norte de Flores.

Cuando un automóvil adverso está cruzando las vías, las barreras se cierran instantáneamente y lo dejan atrapado. Pronto aparecen trenes mortales que destrozan los vehículos y a los ocupantes que no tuvieran la prudencia de huir.

Ciertos astutos conductores de camionetas emplean la siguiente estratagema: envían delante suyo una carretilla que es arrollada por el tren. Saciado por un instante el infernal apetito, los sagaces choferes aprovechan para pasar a toda marcha.

Existen en el barrio otras barreras demoníacas que se cierran cuando no hay peligro y conceden el paso un segundo antes de la irrupción de horribles locomotoras asesinas.

⋙ *El beso invisible*

En las tinieblas de la calle Bacacay acecha un beso malvado.

Esto es lo que sucede: el joven paseante siente de pronto que lo besan en la boca. Sin embargo, no ve a nadie. Este beso es el último que recibirá en su vida.

Las viejas dicen que una Dama Invisible prodiga los besos de clausura.
Las personas instruidas prefieren imaginar un beso suelto.
Los muchachos timoratos se tapan la boca con pañuelos y bufandas.
Unos vivillos del barrio pretenden haber descubierto un contrahechizo que consiste en besar inmediatamente a una mujer de carne y hueso.
Los mozos arremetedores recorren la calle Bacacay, fingen ser besados y se abalanzan sobre las niñas más cercanas en busca de un beso redentor.
Por cierto, ninguna se niega.

La esfinge cantora

Rostro de mujer, alas de águila, cuerpo de león, cola de serpiente. Clásica en su estampa, la Esfinge de Flores se distingue por preferir los enigmas musicales.

En las noches oscuras, sale al paso de los viajeros y les canta fragmentos de tangos, valses, estilos y pasodobles. La víctima debe identificar cada pieza. Al que no acierta, la Esfinge lo devora. Nadie consigue pasar la prueba, pues el monstruo elige canciones olvidadas y es capaz de cantar durante horas hasta provocar el error que justifique su crimen.

NOTA: Manuel Mandeb se jactaba de haber vencido a la Esfinge. Según su dudoso testimonio, una noche fue capaz de reconocer obras tales como "Milonga Fina", "La Montonera", "La Canguela", "Llueve" y "Recordar". Después cantó él mismo. La horrible criatura no conocía el estilo "Palanganeando" y, en consecuencia, se suicidó.

El gato inspirador

Los artistas del barrio son visitados a veces por un gato barcino que los ayuda en su creación, o redondamente les ordena obras a su antojo.

La intervención de este animal no es para nada beneficiosa. Sea por un criterio estético equivocado o por pura malevolencia, ocurre que el gato inspira creaciones lamentables.

Algunos críticos son capaces de descubrir hasta sus influencias más insignificantes. El gato produce metáforas, alegorías, hipálages, catacresis, anadiplosis, epanalepsis, apóstrofes y parisosis con la misma torpeza. También pinta o compone música.

Suele presumirse la existencia de más de un animal, debido a la formidable cantidad de obras que presentan huellas de sus indicaciones. Al parecer es muy difícil o imposible ahuyentarlo. En verdad, hay quienes piensan que el gato es genial y por eso lo invocan e imitan. Los racionalistas juzgan que todo el asunto es una farsa urdida por artistas mediocres para disimular sus desaciertos.

En general, se admite que el gato ocasiona un estilo artificioso y rebuscado.

Si esta página hubiera sido inspirada por él, sería francamente alegórica y el gato representaría la tentación de ser original.

Una modesta paradoja: bien puede el gato dictar un texto que niegue su intervención.

El tren demasiado largo

Las autoridades del ferrocarril han armado un tren colosal. Lo forman miles y miles de vagones. El furgón está contra los paragolpes de la estación Once y la locomotora al fin del ramal de Ingeniero Luiggi. Su destino es la inmovilidad. Nadie sabe si todavía no ha partido o si ya ha llegado.

Se trata de un tren inservible.

Más que prevenir contra los espantos, el *Catálogo de Horrores* atrae hacia ellos.

Éste que escribe halla infinitamente más pavorosas las implacables descripciones cósmicas de los manuales de divulgación. Difícilmente la fantasía pueda concebir entidades más crueles que ese Universo indiferente e impenetrable que a nadie saluda.

No hay nada peor que la nada.

Las payadas en Flores

Los Refutadores de Leyendas jamás creyeron en la existencia de payadores legítimos.

Para ellos la invención instantánea de décimas octosílabas era una proeza imposible. En estos asuntos, su postura era igual a la que adoptaban frente a los magos, adivinos, manosantas, hechiceros o mesmeritas: presuponían un engaño o truco ante cuyo descubrimiento desaparecería todo asombro.

Cuentan que buscando el supuesto fraude, los racionalistas de Caballito llegaron a encerrar desnudo en una habitación oscura al payador José Curbelo. La experiencia resultó negativa. Fuera de algunas vacilaciones, el hombre respondió con solvencia a los inesperados temas que se le proponían desde el exterior. Sin embargo, la opinión de sus examinadores no se transformó demasiado. Apenas alcanzaron a admitir que la trampa producía un efecto de honestidad impresionante.

Las muchedumbres ingenuas jamás dudaron de los payadores y durante muchos años les tuvieron respeto, admiración y hasta temor. Después, otras diversiones más vertiginosas, como la montaña rusa, ganaron la voluntad de las generaciones nuevas.

En los tiempos dorados de Flores, el don de la payada asombraba a las almas buenas, que encontraban en semejante prodigio la prueba de que nadie morirá nunca.

El arte improvisado fue el tema de una apresurada conferencia que Manuel Mandeb dictó a un grupo de músicos en el salón de billares Odeón.

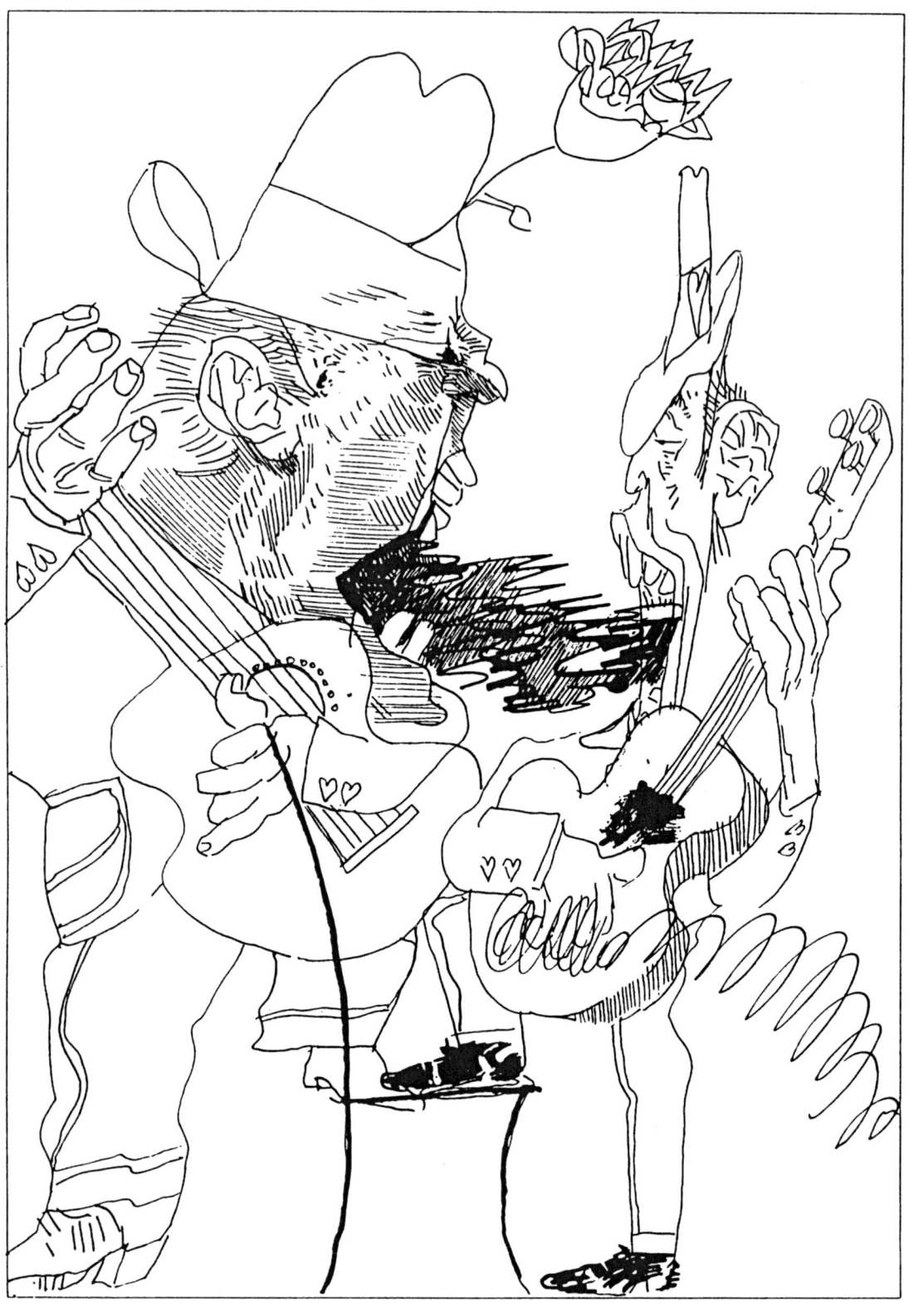

—No es posible improvisar del todo —dicen ellos.

—Siempre debe haber un camino trazado previamente, una norma que cumplir, un límite. Sin la existencia de reglamentos no llegaríamos a la improvisación, sino al delirio. Los músicos de jazz improvisan sobre secuencias armónicas ya pactadas. Los payadores lo hacen conforme a rigurosos metros poéticos. Y además es necesario que los resultados puedan ser entendidos por otras personas. Todas estas exigencias restringen notablemente la libertad del improvisador, que nos parecía absoluta. Aquí es donde aparece el mérito del artista, que siempre debe encontrar resquicio para filtrar su alma a través de las severas prisiones que imponen las formas.

Conforme a los oscuros razonamientos de Mandeb, alguien podría pensar que el artista más calificado es el que sortea mayor número de dificultades. La aceptación de este juicio conduce por rumbos demenciales: músicos que se postulan a la gloria tocando con los pies o literatos que tratan de consagrarse escribiendo novelas capicúas, que puedan leerse de atrás hacia adelante o de adelante hacia atrás.

Sin embargo, existe un arte que se deleita en la pirueta.

Y la payada —para qué negarlo— se deja describir como un género acrobático. Así, ante la presencia de uno de estos cantores, no sabemos si conmovernos ante la poesía resultante o ante la rapidez con que se resuelven los problemas de metro y rima.

Esta liviana duda produjo en Flores el crecimiento de dos corrientes antagónicas.

Los payadores veloces de la peña El Refucilo valoraban el verso instantáneo. Su máximo artista fue Antenor Rosales, un ágil cantor que llegó a marcar 9"4/5 la décima.

Por el contrario, en el Círculo Criollo El Tranco se buscaba una poesía valiosa, aunque se tardara un poco más en hallarla. Largos de preludio, llenos de pausas reflexivas, los payadores de El Tranco aparecían un poco morosos al oído, pero mejoraban con el recuerdo.

A su turno, un grupo de jóvenes de la Avenida Rivadavia formó la Línea de Payadores Modernos que auspiciaba la renovación del género. Para lograr este propósito —y para ahorrarse engorrosos trámites creativos— los nuevos vates recurrieron al verso libre en lugar de las consabidas décimas, cuartetas y quintillas.

Hay que decir que los primeros intentos fueron bastante sosos:

PAYADOR 1:

Compañero payador
quiero preguntarle

*esta vez
cómo es la vida de las mariposas.*

PAYADOR 2:
*Es breve
digo yo contestando a su pregunta,
breve como el suspiro de una novia impaciente.
Perdone la comparancia.*

Las melodías eran también libres y casi siempre derrengadas. En etapas posteriores, los Payadores Modernos llegaron a sostener que una obra cabalmente improvisada exige repudiar todo lo pensado con anterioridad. Creían también que el lenguaje mismo debía inventarse. Así llegaron a cantar en lenguas desconocidas, ante la indignación de los públicos tradicionalistas.

Manuel Mandeb denunció los vicios de semejantes criterios con olímpico rigor:

—Lo dicho sobre el arte improvisado puede decirse sobre el arte todo. Nadie pide a un novelista que renuncie a las frases ya inventadas. ¿Por qué exigírselo a un payador? Si la creación artística implica la perpetua originalidad, digo ya que su ejercicio es imposible. En verdad, la única obligación del payador consiste en elegir instantáneamente los medios con que se expresará. Más todavía: si el artista decide utilizar poemas ya conocidos, el oyente culto deberá admitir como legítimo este acto de voluntad.

Un sector disidente de los modernos organizó payadas instrumentales, sin letra. Los participantes preguntaban y respondían con notas y arpegios. Algunos sospechaban intenciones ofensivas en algún pasaje demasiado compadrón y ahí venía el retruque soez y stacato, cuando no el sillazo terminante.

Para atraer a jóvenes cipayos, se intentó la payada-rock angloparlante. Recordamos el comienzo de un contrapunto:

*Answer the following question,
my dear argentine singer,
with your guitar, with your fingers,
your talent and your suggestion...*

Finalmente, en el más audaz de todos sus movimientos, los modernos presentaron mujeres payadoras. Sus temas eran por lo general feministas:

*Al que me mira pensando
que no soy más que un objeto*

le prevengo con respeto,
señor: se está equivocando.
La mujer se va librando
del viejo yugo machista
y aunque el marido resista
ya está cerca su derrota,
así decía una nota
que leí en El Periodista.

La línea de Payadores Modernos, y en realidad todas las otras agrupaciones, fueron perdiendo brillo con el tiempo. La labor de los Refutadores de Leyendas contribuyó a la decadencia. Por cierto, los racionalistas descubrieron algunos fraudes escandalosos.

Los payadores Vitulo, Racedo, Garcete y Tarija fueron sorprendidos mientras ensayaban las preguntas y respuestas que debían improvisar al día siguiente en el cine Fénix.

Unos atorrantes de la calle Morón confesaron que recibían modestas recompensas por instalarse entre el público y solicitar a los cantores temas que ya estaban estudiados.

El repentino Carlos Lekini utilizaba un pequeño audífono, a través del cual le llegaban precisas instrucciones de sus cómplices, ocultos en las cercanías con un equipo transmisor y un diccionario de la rima.

Pero hay un truco no denunciado por los Refutadores y que ha sido utilizado por centenares de payadores de todas las épocas. Es la técnica del final preparado que pasamos a revelar ahora mismo.

Para recordar la estructura de una décima, transcribiremos una de Héctor Pedro Blomberg, indicando al final de cada línea las rimas obligatorias.

1 Por eso vengo a cantar A
2 mi trova de despedida B
3 que hoy la tarde de la vida B
4 mi alma ya empieza a nublar. A
5 Nadie volverá a escuchar A
6 de mi guitarra el rumor, C
7 canto de gloria y amor, C
8 de la ciudad en que he nacido. D
9 ¡No me arrojes al olvido D
10 yo que he sido tu cantor! C

Si observamos con atención podremos advertir que las cuatro líneas iniciales pueden ser reemplazadas por otras cualesquiera, con el único requisito de que la cuarta caiga en la rima "ar". Dejando como estaban los restantes seis versos, la décima permanece indemne. Dicho en otras palabras: quien disponga de una colección preparada de finales, podrá completarlos con mínimo esfuerzo. Los payadores malandras memorizan algunas docenas de cierres —generalmente ambiguos en su temática— y luego hacen el enlace improvisando una simple redondilla. Así, en el ejemplo dado:

Y ahora voy a terminar
les cantó Pascual Granado,
guitarrero jubilado
de los pagos de Pilar.
Nadie volverá a escuchar... etc.

Todos sabemos que el diablo anda siempre mezclado en las payadas. Juan Zenón, un improvisador de la calle Terrada, se jactaba de haber sido vencido por Satanás. No fue su único vencedor, agregaban los maledicentes.

Los viejos cantores juran que el diablo se trenzaba en contrapuntos en un boliche de la calle Yerbal. Su especialidad era tentar a sus adversarios con rimas que condenaban al infierno. Así, al payar a media letra comenzaba:

Y ya mi canto desgarra
con limpidez cristalina...

Los incautos no resistían el impulso de rimar con "argentina" y "guitarra". Sus almas eran remitidas sin demora al círculo de los perezosos, uno de los rincones más sombríos del averno.

Otro comienzo diabólico era éste:

Con todo mi disimulo
voy trazando firuletes...

Se necesitaba un espíritu bien templado para no sucumbir.

Manuel Mandeb fue payador aficionado. Cultivó la milonga, la cifra, el vals y el estilo. Se le atribuye esta melancólica quintilla que solía cantar con la música de *Pobre mi madre querida:*

Cantores y guitarreros
se fueron de la barriada,
se callaron los jilgueros
y están llenos los roperos
de guitarras enfundadas.

El pensador de Flores abandonó las improvisaciones cuando descubrió que a veces tenía que mentir para cumplir con la rima:

Son trampas encadenadas
son misteriosos recodos
por eso no me acomodo
a las palabras rimadas,
yo, que quise decir todo
terminé diciendo nada.

Ya no hay mariposas de alas negras rondando en los callejones. Nadie hace caso de las payadas. Nada significan los nombres ilustres: Ezeiza, Betinotti, Molina.

Y mientras los estudiantes y los cómicos se entretienen en parodias creyendo que versifican, unos pocos hombres sienten la tristeza del que ha llegado demasiado tarde. Para ellos, sólo para ellos, han sido escritas estas módicas meditaciones.

Porque yo todavía creo que nadie morirá nunca.

25

Los Libretistas del Mundo

Representar escenas o situaciones que otros han inventado es un ejercicio que se practica desde hace milenios. El propósito de esta actividad es generalmente artístico. Sin embargo, muchos han sospechado que la vida misma consiste únicamente en el cumplimiento de inapelables directivas escritas previamente por un autor celeste. Esta concepción del mundo impide la condenación de conductas perversas: el actor se limita a obedecer y es siempre inocente.

Sin caer en el extremo determinista, se puede admitir que a medida que las civilizaciones se hacen más complejas, parece disminuir el número de decisiones individuales.

Pero volvamos al plano artístico: en nuestros días no solamente existen autores de obras teatrales. En la publicidad, la radio, el cine y la televisión, los aparentes protagonistas se limitan a repetir creaciones ajenas. Al creador se le llama, en estos casos, libretista.

Siempre es preferible que el libretista sea secreto. Es sólo en virtud de este disimulo que podemos recibir como espontáneos los artificiosos episodios que diariamente se postulan a nuestro interés. En el barrio del Ángel Gris había una misteriosa organización de autores. Se llamaron los Libretistas del Mundo o —sencillamente— los Libretistas de Flores.

Jamás fue posible identificar a sus integrantes. Trabajaban en forma oculta y recibían encargos y recompensas a través de reservados mensajeros.

Se sabe que comenzaron abasteciendo a cómicos y animadores. Más tarde vendieron ocurrencias graciosas para las reuniones sociales. También se ocuparon de inventar retruques, contraflores, frases brillantes, maldiciones, refranes, aforismos, protestas de inocencia y discursos. Después se atrevieron con piezas más importantes: renuncias, declaraciones amorosas, pretextos y rupturas.

De algún modo secreto su poder fue creciendo y las almas sencillas empezaron a temer sus dictámenes arbitrarios.

Para expresarlo brutalmente: algunos comentaban que la vida de ciertos individuos era planeada íntegramente por la organización. Otros iban más allá y aseguraban que todos los sucesos del mundo eran hijos de la perversa imaginación de los Libretistas.

Resulta difícil admitir esta desmesura. De hecho, los textos se compraban y constituían un servicio destinado a las personas indecisas o aburridas. Sin embargo, parece que en algún momento todos los habitantes del barrio cumplían con un libreto, aun cuando no lo supieran.

Las personas razonables llamarán la atención sobre el enorme despliegue que presupone la confección diaria de miles y miles de escenas. Pero hay historiadores que gambetean la objeción, declarando que quizá existieron tantos autores como intérpretes y que la única forma de eludir la tiranía de los libretos era dedicarse a escribirlos.

Los Hombres Sensibles no negaban el poder de la entidad, pero creían que cada uno podía dar a sus intervenciones un toque personal. Sujetos como el ruso Salzman tenían la virtud de convertir en una farsa hasta los cuadros más dramáticos. A la inversa, Manuel Mandeb sabía dejar una sensación trágica, aun cuando integrara una murga. Desde luego, los Refutadores de Leyendas negaron el carácter real de los Libretistas. Sin pecar de incautos, podemos disentir: han llegado hasta nosotros algunos fragmentos de las copias que se repartían. Transcribiremos los más sabrosos, para regocijo o inquietud de los aficionados a estas historias.

Desencuentro en Lacarra y Rivadavia

A las dos y media de la tarde, Jorge Allen baja del colectivo. Permanece un minuto en la esquina y luego se va por Lacarra hacia el sur.

Unos segundos después aparece la mujer que pudo salvarle la vida. Es hermosa y ha nacido para complacer a Allen y para ser complacida por el poeta. Ni ella ni él conocen esta circunstancia y no la conocerán nunca. La mujer sube el 182 y viaja hacia Haedo, donde le espera una existencia vulgar.

~ *El hombre que va a menos (boceto de una vida completa)*

El protagonista ha nacido con una dotación formidable. Es inteligente, valeroso, viril y apuesto.

Sin embargo, durante toda su vida disimulará estas cualidades, tal vez por no apabullar a los demás.

Fracasará en sus estudios por fingir desconocimiento, aun poseyendo erudición.

Renunciará a espléndidas mujeres y se casará con una verdadera bruja. Retrocederá ante rivales que en realidad desprecia.

Cometerá injusticias para no sentir la soberbia de ser bondadoso. Se rodeará de amigos miserables y les hará el homenaje de parecerse a ellos.

Tendrá gustos exquisitos, pero los negará para mentir regocijo ante las cosas más despreciables.

Una noche sentirá venir la muerte y no tendrá miedo, pero gemirá como un maula.

Jamás recibirá recompensa ninguna en este mundo, y tal vez tampoco en el otro.

~ *Lo que le resta de vida o el libretista impuntual*

El señor Heller encarga a los autores un libreto completo para lo que le resta de vida.

Cumplido el plazo fijado pasa a retirar los textos, pero alguien le informa que aún no están listos.

—*Pasaré mañana* —dice Heller.

Al otro día, vuelven a informarle que todavía no han preparado sus libretos.

La situación se repite miles de veces. Heller no pierde la calma.

—*Pasaré mañana* —dice siempre.

Pasan los meses y los años. Día tras día el hombre reclama sus papeles y los autores postergan la entrega.

El señor Heller envejece. Los empleados van cambiando. Algunos se hacen amigos del protagonista. Otros se jubilan o consiguen empleos mejores.

En ocasiones, Heller procura entrevistarse con alguna autoridad superior de la organización, pero jamás lo consigue.

—*Pasaré mañana* —murmura.

Una tarde, el empleado de turno le anuncia que su libreto está listo. Heller recibe una carpeta marrón. La abre entusiasmado y descubre que solamente hay una hoja, apenas herida por una frase breve y fatal.

~Advertencia de la adúltera inminente

Mabel B. de Perdomo Vázquez: *Podrá usted poseer mi cuerpo, caballero, pero mi corazón pertenece enteramente al cornudo de mi esposo.*

~El duelo o la refutación del horóscopo

Los dos hombres nacen el mismo día, a la misma hora. Sus vidas no se cruzan hasta que son enamorados por la misma mujer. Entonces se encuentran y pelean por ella. Uno de ellos obtiene la victoria y el amor. Al otro le corresponde el dolor, la humillación y quizá la muerte. Los astrólogos han previsto ese día el mismo horóscopo para los dos. Tal vez son erróneos los vaticinios.

O tal vez se equivoca uno al pensar que el amor y la muerte son destinos distintos.

~Final de una larga historia

El protagonista llega al punto largamente soñado. Atrás quedaron las prisiones berberiscas, los cargueros de Liberia, las selvas de Malasia y las esquinas pantanosas de Ciudadela.

Golpea la puerta de la casa de la Amada Paciente. Sale un individuo en camiseta.

Protagonista: *¿Está la Amada Paciente?*
Individuo: *No, señor. Se ha ido hace muchos años.*
Protagonista: *Muchas gracias.*

~Libreto para un libretista

El personaje principal es libretista. Una mañana comienza a escribir un texto. Allí se lee:

"El personaje principal es libretista. Una mañana comienza a escribir un texto. Allí se lee: el personaje principal es libretista."

~Las apariciones del finado Lamolla

El finado Lamolla es un alma en pena. Ha sido asesinado por unos traidores, mientras visitaba a una dama, y necesita cumplir venganzas bastante complejas antes de hallar reposo.

Una noche se le aparece descaradamente a Manuel Mandeb para impartirle instrucciones de ultratumba. Al verlo, el polígrafo sale corriendo. Lamolla lo persigue varias cuadras, pero Mandeb alcanza a meterse en una pizzería.

Al día siguiente, el finado se presenta directamente en la pieza de Manuel, pero el hombre está en uno de sus raros días cientificistas y se supone alucinado por unas ginebras. Se tapa con las cobijas y desoye las protestas del espectro.

Por fin Lamolla alcanza a conversar con el pensador en la esquina de Artigas y Bacacay. Del modo más solemne le deja encargadas ciertas comisiones vindicatorias. Sobre el final de la charla satisface algunas consultas sobre los resultados de las carreras del domingo siguiente.

Pero Manuel no cumple los recados o los concreta en forma equivocada. El finado Lamolla se aparece nuevamente para quejarse. El hombre de Flores admite su torpeza, pero deja en claro que tampoco los caballos sugeridos han ganado. El fantasma indica algunos números para la quiniela y dicta cuatro cartas para remitir a quienes lo traicionaron.

Manuel Mandeb envía la correspondencia, pero confunde las direcciones o tal vez las dota con franqueo insuficiente.

Lamolla vuelve una o dos veces más, sin avanzar ni un paso en sus trámites vengativos.

Finalmente decide que es preferible su destino de alma en pena antes que encargarle algo a Mandeb.

~El estilo a través de la ventana

Ives Castagnino, el músico, pasea por una calle oscura. Al pasar frente a una ventana oye que alguien canta un estilo:
—*Nunca jamás se abandona*
lo que llorado se deja...

Trata de seguir escuchando, pero el viento de Flores lleva la voz hacia otra parte.

Castagnino olvida la frase, pero lleva siempre consigo la impresión de que no existe otra mejor en el mundo.

A lo largo de los años vuelve a oírla algunas veces, pero nunca sospecha que se trata del mismo estilo de la calle oscura.

Ciertos libretos de la organización resultan increíblemente fatigosos. El uso del presente histórico —como se ha visto— molesta bastante. En esta selección hemos prescindido de piezas como *Horas extra de una telefonista* que alcanza las cuatrocientas páginas sin mayor salero.

Es casi seguro que la ineptitud de los intérpretes debe haber amenguado la eficacia de muchas escenas: poco podrá hacer en el papel de pianista un sujeto que no sabe tocar el piano.

También es probable que simples equivocaciones hayan transformado las historias en forma inconcebible.

Jamás se ha anunciado que los Libretistas abandonaran su trabajo. Por lo tanto no sería extraño que sigan escribiendo todavía.

A lo mejor, muchos de los que hoy compadrean de soberanos no hacen nada que no sea cumplir con ajenos designios.

Puede ser que esta crónica, de la que usurparé jactancias o vergüenzas, haya sido pensada por la entidad.

Y también los comentarios de los lectores, esas desengañadas palabras que condenan mi torpeza.

Al fin de cuentas, todo, todo lo que digamos o hagamos, aun nuestro grito de rebelión contra la letra establecida, quizá no es más que un parlamento puesto en boca de actores secundarios por los inconmovibles Libretistas de Flores.

26

Pactos diabólicos en Flores

Los Hombres Sabios aseguran que en los viejos tiempos, el demonio y sus subalternos paseaban con frecuencia por el barrio de Flores. Después del anochecer, en la plaza y en la estación, rondaban nobles y plebeyos infernales.

Asmodeo, inspirador del juego, visitaba las timbas.

Baal-Fagor auspiciaba inventos y descubrimientos perversos.

Uzza y Azael enseñaban a las mujeres a maquillarse, para encender la lujuria de los hombres.

Y también acechaban Astaroth, Belial, Samyaza, Yekun y Belcebú, el señor de las moscas.

El propio Satán paraba en una lechería de la calle Artigas.

El aspecto de los demonios permitía confundirlos con ciudadanos vulgares. Y en verdad, esto es lo que ocurría generalmente. Sólo los muy sagaces alcanzaban a vislumbrar las señales que denuncian al que viene de las tinieblas: la demasiada elegancia, los botines relucientes, un anillo en el meñique, el reloj de oro, una uña larga y afilada, un boleto en el ojal de la solapa.

Se sospecha que el propósito de aquellas presencias era la concreción de pactos diabólicos.

Manuel Mandeb juraba haber visto un carro en la noche, conducido por Mandinga. El polígrafo de Flores asustaba a los chicos imitando el pregón:

—*Almas... Compro almas... Llegó el Tentador, patrona...*

El músico Ives Castagnino mostraba un contrato de pragmática impreso en los talleres gráficos del Averno. Allí se establecían las condicio-

nes generales del pacto y las obligaciones del aspirante, que eran trece.

1. Renegar de Dios.
2. Blasfemar continuamente.
3. Adorar al diablo.
4. Usar cualquier medio para no procrear.
5. Jurar en nombre del diablo.
6. Comer carne.
7. Imaginar que se tiene comercio carnal con el diablo.
8. Llevar siempre encima la imagen del diablo.
9. Lavarse la cara y peinarse de cuatro en cuatro días.
10. Bañarse cada cuarenta y dos días.
11. Mudar de ropa cada cincuenta y siete días.
12. Afeitarse cada noventa y un días.
13. No cortarse ni limpiarse las uñas jamás y comer, cada cuatro horas, cuatro dientes de ajo.

Acordar un pacto con el demonio significaba siempre la entrega del alma.

Se sospecha que en Flores algunas personas fueron efectivamente tentadas y alcanzaron a estampar firmas sangrientas para legalizar su perdición.

El abogado Antonio B. Ávila fue acusado muchas veces de facilitar su oficina y los papeles sellados para estos convenios abominables. Si bien la venta de almas se mantenía en el mayor secreto, han llegado hasta nosotros los nombres y las historias de algunos condenados por voluntad propia.

No se trata —confesemos— de casos ilustres, como el del doctor Fausto, el párroco Urbain Grandier o el pintor bávaro Christoph Haizmann. Pero vale la pena conocer estos modestos tratos infernales, aunque más no sea para aprender a gambetear los engaños del Adversario.

~ *El bandoneonista Anselmo Graciani*

Los músicos que pactan con el diablo alcanzan siempre una dimensión genial. No ocurría así con Anselmo Graciani. Su exigencia ante Lucifer fue poder tocar como deseaba y soñaba. Y los anhelos musicales de Graciani eran vulgares.

Cierto es que despachaba la variación de *Canaro en París* con los ojos cerrados. Pero más allá de las compadradas acrobáticas, su estilo era banal y relamido, asolado por innecesarios firuletes de cumpleaños.

Alcanzó éxito y renombre en ciertos ambientes. Ives Castagnino llegó a tocar en su orquesta y aprendió a odiarlo.

Se dice que Graciani pagará el don recibido tocando eternamente en el Tártaro, para suplicio —o solaz— de los réprobos.

Diálogo entre Asmodeo y el ruso Salzman

Asmodeo: *Soy Asmodeo, inspirador de tahúres y dueño de todas las fichas del mundo. Conozco de memoria todas las manos que se han repartido en la historia de las barajas. También conozco las que se repartirán en el futuro. Los dados y las ruletas me obedecen. Mi cara está en todos los naipes. Y poseo la cifra secreta y fatal que han de sumar tus generalas cuando llegue el fin de tu vida.*

Salzman: *¿No desea jugar al chinchón?*

Asmodeo: *No, Salzman. Vengo a ofrecerte el triunfo perpetuo. Con sólo adorarme ganarás siempre a cualquier juego.*

Salzman: *No sé si quiero ganar.*

Asmodeo: *¡Imbécil...! ¿Acaso quieres perder?*

Salzman: *No. Tampoco quiero perder.*

Asmodeo: *¿Qué es lo que quieres entonces?*

Salzman: *Jugar. Quiero jugar, maestro... Hagamos un chinchón.*

Rubén Garmendia, el picaflor

No parecía mal negocio el de Garmendia. Le garantizaron el amor de todas las mujeres. El tormento eterno era sin duda un precio razonable. Todos lo recuerdan en Flores, paseando con las mujeres más hermosas de la ciudad.

Según cuentan, las muchachas lo seguían por la calle. En las confiterías, se acercaban a su mesa para ofrecérsele redondamente. Muchas veces debía arrojarse de los colectivos, huyendo del ardor de las pasajeras. Sus amigos lo abandonaron, temerosos de que sedujera a sus novias.

Sor Juana Inés de la Cruz dictaminó que el amor es como la sal: dañan su falta y su sobra.

Garmendia soportó como nadie la segunda desdicha.

Sus amantes no se resignaban a la ausencia y se le aparecían en su casa llorando y arrojando piedras a las ventanas. En sus últimas épocas se lo veía perseguido por muchedumbre de damas sin consuelo que le tiraban del saco.

Para completar su desventura, se enamoró de una vecina y ya no necesitó la pasión de otras mujeres. Supo, además, que la chica lo amaba desde tiempos lejanos, anteriores al pacto.

Comprendió entonces que Satán era tramposo.

Se sabe que trató de disolver el vínculo, pero es poco probable que lo haya logrado.

Un marido celoso lo asesinó un 25 de mayo.

~*El hombre que era, sin saberlo, el diablo*

Un caballero de la calle Caracas resolvió negociar su alma. Siguiendo los ritos alcanzó a convocar a Astaroth, miembro de la nobleza infernal.

—*Deseo vender mi alma al diablo* —declaró.

—*No será posible* —contestó Astaroth.

—*¿Por qué?*

—*Porque usted es el diablo.*

~*El pequeño pacto de Manuel Mandeb*

No le fue fácil a Satanás tentar a Manuel Mandeb. Para empezar, cada vez que se le aparecía, el hombre salía corriendo, sin dar tiempo a presentaciones ni propuestas.

Un día, disfrazado de ferroviario, logró captar la confianza del polígrafo y finalmente le propuso el pacto de siempre.

—*En realidad, me gustaría obtener el amor de una cierta señorita. Pero no creo que valga un alma. Es de estatura escasa.*

—*Puedo darte ese amor y también riquezas y honores, para completar la diferencia.*

—*Tengo una idea mejor* —gritó Mandeb—: *¡Concédame ese amor! A cambio yo cometeré cuatro iniquidades, que tal vez alcancen para condenarme.*

Discutieron largo rato. Satanás aceptó sin entusiasmo el pequeño pacto, que se firmó con tinta corriente. Las cuatro iniquidades fueron establecidas por escrito y eran éstas:

1) Un latrocinio. Mandeb lo resolvió robándose las bolas de billar de una mesa del salón Odeón.
2) Una blasfemia.
3) Una traición. No fue sencillo cambiar de panadería, pero había que cumplir.
4) La cuarta iniquidad fue identificada con el propósito mismo del pacto. Hacerse amar por alguien y no dar el alma a cambio es, por cierto, una canallada.

A fuerza de generosidades y arrepentimientos, Mandeb fue emparejando el peso de sus pecados, hasta quedar en condiciones de salvarse del infierno, ajustadamente.

El hombre que pedía demasiado

Satanás: *¿Qué pides a cambio de tu alma?*
Hombre: *Exijo riquezas, posesiones, honores, distinciones... Y también juventud, poder, fuerza, salud... Exijo sabiduría, genio, prudencia... Y también renombre, fama, gloria y buena suerte... Y amores, placeres, sensaciones... ¿Me darás todo eso?*
Satanás: *No te daré nada.*
Hombre: *Entonces no tendrás mi alma.*
Satanás: *Tu alma ya es mía.* (Desaparece.)

Algunos relatos del barrio señalan la evidencia de posesiones diabólicas. Siempre se sospechó de los cantantes de jazz, porque tenían la posibilidad de hablar un idioma que desconocían. Jorge Allen se jactaba de tener un alma inhóspita y juraba que varios demonios habían tratado de usurparla sin aguantar más de media hora.

También se habla de íncubos y súcubos que mantenían amores con personas desprevenidas.

Papini sostenía la imposibilidad de los contratos infernales. El diablo —decía— no necesita complicadas cláusulas para capturar almas. Y cabe suponer que un hombre tan estúpido como para renunciar al cielo a cambio de unos años de fortuna ya está perdido antes de firmar nada.

A mí me parece adivinar que estamos frente a una alegoría.

Tal vez no existan las cruentas rúbricas ni los rituales. Pero es posible que algunas de nuestras conductas sean —secretamente— la suscripción de un acuerdo. Quizá muchos de nosotros hemos vendido nuestra arma al diablo, al precio miserable de sentirnos satisfechos de nuestra integridad.

Creo que hoy —como entonces— los demonios andan cerca. Ya no tienen, para nuestra desgracia, el horrible aspecto que antaño daba una cierta lealtad a su malevolencia. Ahora se nos aparecen amables y sonrientes, cuando no angelicales.

Es difícil, muy difícil, reconocer al diablo, adivinar de qué modo hemos firmado e imaginar qué clase de infierno nos espera.

Me gustaría pensar que las almas puras alcanzan a percibir unas pálidas señales. Y así como muchos pactan sin saberlo, otros, sin saberlo, no pactan.

El cielo nos proteja de los demonios, de sus empleados, de sus víctimas y de los malvados que viven convencidos de su bondad.

27

La Sociedad de los Trabajos Difíciles

Los hombres vulgares —decía Ortega— están siempre satisfechos de sí mismos. Dan por buenos sus gustos, preferencias y opiniones, sin reflexionar demasiado. No se exigen nada, no se remiten a instancias superiores, se conforman con lo que buenamente encuentran en su cabeza y están encantados de ser como son.

Por el contrario, los hombres excelentes viven exigiéndose. No le encuentran sabor a la vida si no la ponen al servicio de una empresa superior o trascendente. Estos hombres desestiman lo que no les cuesta esfuerzo y sólo aceptan como digno de ellos lo que aún está por encima y les reclama un estirón para alcanzarlo. Ésta es la vida como disciplina: la vida noble.

Confesemos ya mismo que el más ligero examen visual bastaba para advertir que los atorrantes del barrio de Flores no eran criaturas de selección. Sin embargo, un toque de nobleza había tal vez en el fondo de sus almas obtusas. También ellos, sin sospechar siquiera a Ortega, rechazaban lo fácil. Oscuramente vislumbraban que las dificultades fortalecen el espíritu. Es cierto que les sobraba el tiempo y que no deseaban comprar un auto. Y bien sabemos que la no adquisición de un automóvil a plazos pone a las personas en disposición favorable para ir en busca de la gloria.

A pesar de que los cronistas serios se niegan a admitirlo, es indudable que existió en Flores la Sociedad de los Trabajos Difíciles. No es posible determinar hoy en día el lugar exacto en el que se ubica la sede central de esta entidad. En todo caso, nunca debió ser fácil dar con ella.

Por cierto, los miembros de esta cofradía hacían honor a su nombre y

emprendían tareas ciclópeas, con recompensas pequeñas, dudosas o nulas.

Al parecer, no importaba mucho concluir los trabajos iniciados. La mayoría de ellos insumía la vida entera. Pero los hombres de la sociedad sabían que el camino es siempre mejor que la posada y desdeñaban la satisfacción del sueño cumplido.

Según se dice, no cualquiera era admitido en el Registro de la Sociedad de los Trabajos Difíciles. Los trámites duraban años y por regla general el desaliento aparecía antes que el carnet. Los viejos del barrio creen recordar algunas pruebas de ingreso. Algunos juran haber visto muchachones en cuatro patas que avanzan hacia Liniers soplando un maní. Otros cuentan que las mozas aspirantes se depilaban las cejas con guantes de boxeo y que los niños jugaban al tinenti con semillas de uva.

Al parecer, estas demasías no eran sino aprontes para el trabajo serio, que empezaba después. Lamentablemente, los testimonios son objetables y los documentos muy escasos. Por lo demás, no queda en pie ni una sola obra que certifique el tesón y el empeño de aquellos desaforados.

Manuel Mandeb, el polígrafo de la calle Artigas, menciona en uno de sus libros la reinstalación del Campito de las Cuatro Barreras, una empresa colectiva en la que participaron centenares de socios.

El Campito de las Cuatro Barreras era un potrero que existía en el barrio de Caseros. Como suele ocurrir, los mercaderes edificaron sobre la entrañable superficie. Y lo que antes fue un rincón de solaz se convirtió en una horrenda colección de construcciones sombrías: casas, oficinas, garajes, departamentos y comercios.

La Sociedad de los Trabajos Difíciles se propuso reinstalar el potrero, para felicidad de todos, según un plan que comprendía los siguientes pasos:

1) Adquisición de los inmuebles ubicados sobre el campito.
   A fin de conseguir los fondos indispensables para lograr este objetivo, los muchachos de la sociedad procuraron primeramente enriquecerse, para lo cual no vacilaron en estudiar medicina, emplearse en inmobiliarias, levantar quiniela, labrar la tierra o aplicar inyecciones a domicilio. Muchos todavía están en esta etapa.
2) Demolición de los inmuebles.
3) Reposición de la tierra faltante.
4) Restitución de la flora y la fauna.
   Proyecto que contemplaba el problemático hallazgo de los árboles primigenios (una docena de moreras), la siembra de yuyos y cardos, la excavación de hormigueros y la radicación de mariposas, pájaros, piojos, ratas, bichos colorados, gatas peludas y lombrices.
5) Regreso de los pibes ausentes.

Mandeb afirma que éste es el toque imposible de la tarea, pues exige la presencia de los niños originales, sin admitir sustitutos. Nada cuesta razonar que tales niños crecieron y que la anulación de su edad resultaría todavía más difícil que todas las otras labores.

Las tareas colectivas de la sociedad eran menos frecuentes que las individuales. Era, inclusive, una costumbre difundida el convertir las primeras en las segundas y viceversa, al solo efecto de aumentar las dificultades: un hombre solo jugaba al sube y baja; un grupo tocaba la armónica a seis bocas.

Entre los solitarios notables, hay que recordar a Donato Francese, un deportista que alcanzó cierto renombre en los años dorados de Flores.

Era un atleta mediocre, pero tenaz. Durante mucho tiempo trató inútilmente de mejorar su marca en los 100 metros llanos. A pesar de todos sus esfuerzos, jamás tardó menos de 14 segundos en hacer el trayecto. No contento con su fracaso, resolvió intentar la hazaña por el camino más largo.

—*La velocidad* —decía Francese, mientras resoplaba— *permite anular el espacio y el tiempo, que son sus ingredientes. Más gracioso sería dominar la distancia y la tardanza sin correr: hacer el tiempo más pausado y el espacio más estrecho.*

El atleta experimentó con relojes, conversó con los magos de Chiclana, sobornó a los cronometristas y postuló la implantación del Metro Francese, una medida cuya longitud debió de ser de unos sesenta centímetros.

Todavía hace algunos años, ya viejo, se lo veía en pleno entrenamiento, sentado en el umbral de su casa, entregado a la reflexión y con un número catorce en la camiseta.

También es digna de memoria la Tarea de las Vidas Paralelas. En verdad no se conoce el nombre exacto de su protagonista. Sucede que el individuo sostenía al mismo tiempo siete vidas y usaba en cada una de ellas un nombre diferente.

Era cuatro veces casado y tres soltero. En la calle Bilbao lo conocían como el rubio Forlensa, en Boyacá era el Negro Fermín. Fue ebanista en el barrio del cementerio y japonés en la plaza. Algunos de sus personajes se conocían entre sí y otros no. Dos de ellos fingían ser parientes. Cualquiera puede imaginar lo difícil que resulta no cometer errores en casos como éste.

Siete casas sostuvo, de puro generoso. Tramitó siete documentos diferentes, todos falsos. Y según cuentan, una noche de 1965 hubo siete velorios en Flores. En todos ellos el muerto era el mismo, pero nadie lo supo.

Otro campeón del tesón fue Ángel D. Vattuone, el fakir doliente.

Todos hemos visto alguna vez a los fakires. Sus números son bastante previsibles: tragar un sable, acostarse sobre una cama de clavos, ensartarse una aguja en la lengua, quemarse los pies y cosas por el estilo. Gracias a vaya a saber qué artificios, nada de esto les causa dolor. Vattuone se diferenciaba de todos ellos, precisamente porque le dolía. Desconocía y se negaba a aprender las técnicas que evitan el sufrimiento. Sabía que la atracción de sus presentaciones era el dolor.

A cien metros de distancia se oían los gritos de Vattuone cuando actuaba. Las púas le desgarraban la piel. El fuego le causaba llagas terribles. Su cuerpo estaba lleno de cicatrices y por lo general terminaba su acto desmayándose.

Con el tiempo, fueron apareciendo en la Sociedad de los Trabajos Difíciles algunos heresiarcas.

Socios bizantinos confundían lo difícil con lo complicado. En el campo artístico cundían los retorcidos capaces de volver arduas las cuestiones más sencillas.

Por ahí andaba el Zurdo Berlanga, bandoneonista extraviado, para quien no había pieza fácil. Sus variaciones y su disimulo impedían saber qué tema estaba tocando.

El propio Jorge Allen se abstuvo durante quince años del uso de la letra "e" en sus libros de poemas, decisión que —de paso— le impedía firmarlos.

Tanta locura llama la atención hoy en día. Sin embargo, muchos preceptos de la sociedad alcanzaron éxito internacional. En una época, fábricas, comerciantes e ingenieros de todo el mundo contribuyeron a desarrollar una tecnología demencial destinada a ocasionar dificultades.

Algunas de las incomprensibles creaciones de esta corriente todavía se venden en el mercado: los cambiadores automáticos de discos, las máquinas caseras de hacer café y los automóviles Fiat.

Ya en los últimos años de su existencia, la cofradía soportó la aparición de adherentes hipócritas que fingían dificultades, dolores, peligros y escaseces para hacerse fama de esforzados. ¡Qué diferencia con las gestas del fakir doliente y el hombre de las siete vidas!

Estos canallas despertaban la admiración general haciendo cada vez menos comprensibles sus tareas y hablando de ellas en un lenguaje especializado. Así llegó a pensarse que patear penales, escribir anuncios para las fábricas de calzoncillos o jugar al ajedrez eran verdaderas epopeyas, merecedoras de toda clase de adverbios.

Dicen que la Sociedad de Flores ya ha desaparecido. Pero uno no puede estar seguro. Tal vez sus miembros se impongan a sí mismos la ocultación de sus realizaciones. También se puede pensar que algunas personas integran la cofradía sin saberlo o sin quererlo.

Al fin y al cabo, el colmo de la hidalguía es rechazar toda ventaja, incluso la de pertenecer al club de los rechazadores de ventajas.

Como quiera que sea, hay que combatir a los socios de Pensamiento Fácil y a los hombres satisfechos de su inteligencia. Con ellos será imposible restituir campitos, vivir muchas vidas o recorrer 100 metros en 10 segundos.

Si alguno de los lectores conoce el paradero actual de la gente de los Trabajos Difíciles, avísenos por favor. Creo que muchos de nosotros estamos ansiosos por jugar de una vez el juego grande.

28

Historias de animales

Los científicos y los Refutadores de Leyendas juran que la fauna del barrio de Flores no presenta demasiadas sorpresas.

Los libros de texto no se refieren de modo alguno al peculiar carácter de las especies de la zona. La impresión general entre los biólogos es que un gorrión de la calle Aranguren es igual a cualquier otro gorrión del mundo.

Para solventar esta audacia se han dispuesto pruebas de toda índole: radiografías, estudios, análisis, biopsias y muchos otros argumentos legales.

Sin embargo, la gente de Flores sabe muy bien que algo extraño sucede allí con los animales.

Un hombre avanza por una vereda nocturna silbando el vals *Gotas de Lluvia* y pensando en su primera novia. Al pasar frente a una verja se le asoma una bestia espeluznante que ruge y amenaza entre los barrotes. El hombre piensa que ha llegado su hora. Tal vez sale corriendo, tal vez queda paralizado, tal vez se muere del susto.

—*Es solamente un perro* —dirán los racionalistas.

—*No lo sé* —contesto yo—. *No lo sé...*

Se dice que todos los perros de Flores enloquecen los viernes a la noche y muchos hombres sensibles han sido perseguidos por jaurías endemoniadas. Todos han oído hablar de las palomas azules y sus plumas de acero, que son como navajas y sirven para afeitarse.

También es célebre el gato negro de la plaza, que es en realidad el diablo, por más que lo disimule.

Manuel Mandeb ofrece amplia noticia sobre estos bichos asombrosos, en su inconcluso libro *Zoología de Flores*.

Se trata en verdad de un delirante catálogo en el que se mezclan variedades de probada existencia —como el basilisco—, con monstruos más bien fantásticos como el ornitorrinco. Soportemos algunos párrafos.

~Las golondrinas invernales

"En el mes de mayo llegan a Flores algunas bandadas de golondrinas. Permanecen en el barrio durante todo el invierno. Cuando se vislumbran los calorcitos de octubre, las aves emigran hacia el norte buscando la fresca. ¿Qué les pasa realmente? ¿Por qué andan con el vuelo cambiado?

"Algunos piensan que esta especie odia el calor, como sucede con algunos canallas que no usan camiseta. Sin embargo, yo las he visto temblar y sufrir con los vientos de agosto. Me parece que las golondrinas invernales han elegido el dolor y el padecimiento por razones espirituales, como muchos se hacen guitarristas pudiendo ser agentes de bolsa."

~Las mariposas sabias

"Por la calle Bacacay vuelan mariposas sabias. En sus alas llevan escrito el secreto de la fortuna. Algunos hombres que han alcanzado a leer el mensaje se han hecho muy prósperos. Otros hombres, que también lo leyeron, permanecen pobres. Los hombres son todos iguales, pero las mariposas no."

Mandeb sostiene que los panaderos o vilanos son animales y no semillas. Conforme a sus recomendaciones, resulta muy conveniente capturarlos con suavidad, pedirles algún don y luego soplarlos para que sigan su vuelo. Según parece, los panaderos tienen por costumbre olvidar las peticiones, pero ahí andan los hombres sensibles mareados de tanto soplar.

Un capítulo muy interesante es el que alude a los animales que han sido hombres. El autor no explica si el cambio de situación obedece a la transmigración de las almas o a la concreción de hechizos. Simplemente examina algunos casos particulares: una gata que fue cortesana en Siracusa, un canario que fue cantor nacional, un príncipe que se volvió sapo.

La zoología de Flores se interrumpe después de un sabroso atlas que consigna con planos minuciosos la ubicación de los gallineros del barrio. Mandeb declara haber inspeccionado 114 y calcula la población de gallinas en 2.034, sin contar gallos ni pollitos.

Siempre se ha dicho que los animales no tienen un alma inmortal. Este concepto preocupaba bastante al poeta Jorge Allen. El hombre quería mucho a su perro Cachimbo y no podía concebir un paraíso que los separara. Sus amigos, que odiaban a Cachimbo, pensaban exactamente lo contrario: cualquier lugar se convertía en el infierno con la sola presencia de ese perro.

La cuestión es atrayente y casi demuestra la imposibilidad de un paraíso común a todos. Cabe pensar que en la desconocida Economía Celeste, las almas bien pueden reunirse en un mismo punto que sea para unos el cielo, para otros el infierno y para los escépticos una duda permanente.

Aclaremos ya mismo que Cachimbo era un perro infame. Se complacía en chumbar a las visitas y en tragarse todo lo que caía al suelo.

Una noche, en una timba de pase inglés, tuvo la ocurrencia de comerse un dado. El episodio no hubiera sido grave en circunstancias normales. Pero aquella noche no había dados de repuesto. Los jugadores que iban ganando propusieron disolver la reunión. Pero los perdedores, cuyo adalid era el ruso Salzman, querían seguir el juego aunque tuvieran que despanzurrar a Cachimbo.

A pesar de las protestas de Jorge Allen —que iba ganando— el perro fue torturado brutalmente. Lo revolearon por la cola y se le sentaron sobre el estómago. Finalmente, no se sabe cómo, Cachimbo escupió el dado, que rodó hasta un rincón y quedó lo más orondo mostrando un tres.

Los Hombres Sensibles creían en la existencia de monstruos. Les gustaba imaginar rompecabezas vivientes armados con piezas de animales distintos, tal como hacían los antiguos.

Para asustar a los chicos, los amenazaban con los motomorochos, unos engendros mitad hombres, mitad motocicletas que andaban a toda velocidad, miraban con un único ojo luminoso y echaban humo por el culo.

También les contaban que si uno pone un diente bajo la almohada, los ratones se lo llevan y dejan a cambio una moneda. El músico Ives Castagnino solía cantar esta milonguita:

"Es creencia muy aceptada
cuando alguno pierde un diente
que resulta conveniente
ponerlo bajo la almohada.
Luego, en la noche cerrada,
dicen que viene un ratón,
quien sin más complicación
con el diente se le queda,
pero deja una moneda
tal vez de indemnización."

Otro mito muy difundido era el de las aves parlantes. Cebados por la inocencia infantil, los muchachos de Flores juraban que los loros hablaban. Algunas veces llegaban a traer loros amaestrados y vaya a saber con qué truco de ventriloquía conseguían dejar la sensación de que el bicho decía malas palabras. Todavía en la actualidad hay gente que cree en esta patraña.

Los Refutadores de Leyendas recorrían los colegios y convencían a los alumnos de la falsedad de las fábulas. De este modo, los chicos se hacían más sabios y también más tristes.

En los años dorados, andaban por Flores los Conservacionistas Preservativos, un grupo que protegía a todos los animales. Pero su piadosa misión no tardó en convertirse en locura.

Poco a poco, la exaltación del animal dio paso al desprecio por los humanos. De allí surgieron frases que hoy en día andan en boca de muchos modernos Preservativos.

—Cuanto más conozco a la gente, más quiero a mi perro.

—Yo sé que mi tortuga jamás me va a traicionar. De mis amigos, no puedo decir lo mismo.

Es cierto que las tortugas no traicionan. Pero su lealtad no es hija de una moral acrisolada, sino de su ingenio modesto que les impide concebir, planear y ejecutar una traición.

Los Conservacionistas llevaban abrigo y consuelo aun a las alimañas más despreciables. Su local en la calle Morón estaba lleno de pulgas, cucarachas, ratas y polillas. Los más fanáticos eran positivamente piojosos y muchos de ellos rechazaban vacunas y antibióticos para no matar a los gérmenes inocentes.

La admiración desmedida por las bestias ha alcanzado en nuestro tiempo una dimensión universal. No puede uno encender el televisor sin encontrarse con un programa sobre la inteligencia de las medusas, la fuerza de los antílopes, la nobleza de las hienas o la belleza de los moluscos. Nuestros chicos saben más de elefantes que de correntinos. Leones y perros son héroes justicieros. Los únicos malandras son los hombres, con la sola excepción de los Conservacionistas Preservativos.

Escribía Unamuno: "*... se dice que el hombre es un animal racional. No sé por qué no se habrá dicho que es un animal afectivo o sentimental. Y acaso lo que de los demás animales lo diferencia sea más el sentimiento que la razón. Más veces he visto a un gato razonar que no reír o llorar. Acaso llore o ría por dentro. Pero por dentro acaso también el cangrejo resuelva ecuaciones de segundo grado.*"

Los muchachos del Ángel Gris temían que los bichos tuvieran —secretamente— pensamientos y sentires.

Y aunque el tiempo de los hombres sensibles ya pasó, algunos criollos todavía tienen recelo.

La fauna fantástica sigue allí. Las lechuzas todavía nos llaman desde los campanarios. Y no sabemos qué es lo que quieren. Los ojos de los gatos nos miran profundamente y adivinan nuestros secretos. Los perros vagabundos nos siguen para ver a dónde vamos.

Quizás todo forma parte de un gigantesco plan, angelical o diabólico. Los que prefieran creer en las razones de los científicos oficiales no tienen de qué preocuparse.

Pero uno que ha caminado tanto por las veredas de Flores, ya ha aprendido a saborear el delicioso gusto del miedo a las maravillas.

29

El ballet en el barrio de Flores

El bailarín más famoso que existió en el barrio de Flores era un mozo de café. Fue coreógrafo, director y maestro. Pero siempre debió ganarse la vida en La Perla de Flores.

Antiguos parroquianos aún lo recuerdan atravesando el local en puntas de pie, cargando la bandeja como una ofrenda pagana, cayendo de rodillas para agradecer una propina y saltando sobre las mesas con los brazos en alto, cuando alguien lo llamaba. Si había poco trabajo, se entretenía en la barra, con un pie en el suelo y otro sobre el mostrador.

Se llamaba Aldo Manfredi. En sus modestos comienzos concurría a los asados o a las fiestas de cumpleaños y esperaba pacientemente. Nunca faltaba el comedido que lo invitara a mostrar su arte.

—*Báilese algo, Manfredi.*

Sin hacerse rogar mucho, el hombre se largaba con su número, ataviado con un calzoncillo largo y calzando unas viejas y embarradas zapatillas de baile. Muchas veces era provocado por los borrachos o los pendencieros que se complacen en hostilizar a los danzarines. Sin dejar de bailar, Manfredi pelaba un revólver que llevaba siempre en la chaqueta y con desplazamientos de gran plasticidad daba a entender su resolución de agujerear a quien tuviera ganas de seguir la broma.

Sea por su talento o por su bufoso, lo cierto es que Manfredi era aclamado en todas partes.

Sin embargo, su verdadera fama la alcanzó siendo ya hombre maduro, al fundar el legendario Ballet de Flores, un cuerpo del que surgieron ideas formidables, no siempre cabalmente apreciadas por el público y la crítica oficial.

Organizaba espectáculos con el apoyo de los comerciantes de la zona. En ocasiones, los bailarines lucían inscripciones en su vestuario. Las orquestas eran poco numerosas. A veces se limitaban a tres guitarristas.

Manfredi tenía por costumbre ubicarse entre bambalinas para observar de cerca todas las figuras. Desde allí alentaba a los bailarines y con frecuencia les hacía oportunas indicaciones. Sus gritos se oían desde la platea.

—*¡Más adelante, Pocho, más adelante...!*

—*¡Un poco más de gracia, Carlos, caramba...!*

Si las cosas no marchaban bien, no vacilaba en irrumpir en el escenario para reprender a los más torpes.

Con las muchachas era amable y paternal. Pensaba que muchos bailarines aprovechaban los momentos de más estrecho contacto para propasarse.

—*Saque la mano de ahí* —gritaba indignado.

Tal vez por eso evitaba en sus coreografías los amontonamientos promiscuos y los abrazos prolongados.

Pero el aporte más original de Aldo Manfredi fue —sin duda— su teoría del argumento, expuesta a través de un breve opúsculo que obligaba a leer a sus alumnos y que —tal vez— estaba escrito así:

"*El ballet es un género muy extraño. Un grupo de personas refiere una historia mediante pasos de baile.*

"*La eficacia narrativa de este procedimiento es por lo menos dudosa. Así parecen comprenderlo los comentaristas, quienes suelen explicar minuciosamente el argumento antes del espectáculo.*

"*Ocurre que un salto en el aire resulta muchas veces insuficiente para comunicar sucesos tan complejos como un desengaño amoroso o la renuncia al trono de Polonia.*

"*Para expresarlo redondamente: existe la sospecha general de que sin auxilios exteriores nadie sería capaz de comprender la naturaleza de los episodios que se representan.*"

Y en verdad, Manfredi conocía estas sencillas verdades por propia experiencia. Varias veces había intentado convertir en ballet los libros que leía. Y el público jamás captaba nada que fuera mucho más allá del título.

En colaboración con el músico Ives Castagnino, había preparado una versión de los *Ensayos de Montaigne*. Casi se vuelve loco tratando de lograr que los bailarines dieran a entender la fugacidad de las doctrinas científicas, la constancia del afecto de las bestias o el crecimiento de nuestro deseo ante las dificultades. Y eso, para no mencionar las abundantes citas de Marcial, Ovidio, Lucrecio, Plinio, Vegecio, Cicerón, Horacio o Tito Livio, que ni por casualidad eran captadas por los observadores. Por otra parte, el título *Ensayos* fue interpretado equivocadamente por muchas personas, con las consecuencias que el lector culto ya se irá imaginando.

Para remediar estos inconvenientes, Aldo Manfredi inventó su famoso Lenguaje del Ballet o Taquigrafía Bailable. Básicamente consistía en asignar a cada gesto, a cada paso y a cada figura un significado permanente. Abrir los brazos indicaba amor, caer en el suelo era la muerte, recorrer el escenario mirando hacia arriba denotaba la ingenuidad.

Con el tiempo la colección de movimientos y conceptos se fue haciendo más amplia. Veamos:

Sentarse en el suelo: obcecación, testarudez.
Situarse a espaldas de otro bailarín: traición.
Saltar en un pie: renguera.
Golpearse el pecho: admisión de culpas, remordimiento.
Arrastrar la panza por el piso: intrigas de palacio.
Girar el dedo índice en la vecindad de la oreja: locura.
Tambalearse: ebriedad.
Dar vueltas de carnero: adhesión al idealismo platónico.
Girar un bailarín alrededor de otro: adhesión a la doctrina heliocéntrica.
Andar en cuatro patas: instintos bestiales.
Formar un gran círculo con los dedos índice y pulgar de ambas manos: otro ha tenido más suerte.

De todos modos estas claves siempre eran insuficientes y así Manfredi llegó a concebir un paso diferente para cada palabra, incluyendo pronombres, preposiciones y conjunciones. El diccionario resultante abarcaba cuatro mil vocablos con sus correspondientes volteretas.

Conforme a este método, el Ballet de Flores llegó a estrenar *El hombre mediocre* de José Ingenieros con música de tangos del novecientos. La experiencia fue desastrosa. Los bailarines conocían el código de Manfredi, pero el público no. Además, ocurría algo no previsto. Una frase bella en el lenguaje escrito correspondía a gestos y evoluciones cuya combinación resultaba torpe y sin donosura. El coreógrafo quiso ver en esto una consecuencia de la caprichosa sintaxis de Ingenieros. De cualquier modo, ya nunca más volvió a insistir con la Taquigrafía Bailable.

Probó más tarde con la intercalación de Explicadores en la platea. Cada tres o cuatro asientos, un individuo perfectamente aleccionado comentaba los sucesos del escenario:

—Miren, miren... ahí está el traidor.
—Ah, claro... es que está soñando...
—Ésa es la hechicera... Está preparando un filtro mágico para seducir a la *princesa*.

El sistema de los Explicadores se hizo insostenible por los altos costos y por el fastidio del público que reclamaba silencio; aun a riesgo de permanecer en la ignorancia.

Manfredi dio un paso más y así nació el Ballet Hablado. Los propios bailarines proporcionaban la información indispensable.

—*Soy el gigante del bosque...*

—*Gran siete... me muero...*

—*Al que consiga rescatar a mi hija de la torre del castillo, le daré mil piezas de oro, le daré...*

Los espectáculos se deslucían a causa de los resoplidos. No es fácil bailar y dar saltos prodigiosos mientras se recitan parlamentos complicados. Sin embargo, *La tragedia de Y*, de Ellery Queen, salió bastante bien.

Manfredi no sólo buscó ideas nuevas para dar a entender los argumentos. También se preocupó por incorporar al ballet elementos populares y atractivos para que las muchedumbres se acercaran al arte grande. Influido seguramente por ciertos artistas del café-concert, resolvió alentar la participación activa del público en sus obras. Al principio lo hizo tímidamente; en ciertos pasajes musicales, el director de la orquesta gritaba:

—*A ver esas palmas...*

Después concibió números donde los artistas bajaban a la platea y allí bailaban. Finalmente, instruyó a los integrantes del ballet para que obligaran a algunas señoras a intervenir en la danza. Así, muchas damas respetables eran revoleadas por el aire por lujuriosos faunos, ante el regocijo de la tertulia y la indignación de los maridos.

Gracias a estas innovaciones, la concurrencia creció. Pero la presencia de Manuel Mandeb, el ruso Salzman y otros atorrantes del barrio acabó por generar incidentes gravísimos. Contagiados por el clima participativo, los muchachos del Ángel Gris subían al escenario y molestaban a las bailarinas mientras sostenían —a los gritos— la necesidad de bajar al artista de su pedestal.

Adelantándose a su tiempo, Manfredi montó espectáculos de danza en la calle, que no siempre encontraron la buena voluntad de los vecinos ni de los conductores de camionetas. En cambio tuvieron muchísimo éxito sus Tangos con su correspondiente Letra para Bailar. Habitualmente un ballet de tango se limita a estilizar los pasos populares. La creación del mozo de La Perla fue una cosa enteramente distinta.

Se oía un tango cualquiera con su correspondiente letra. Los bailarines realizaban entonces pasos y figuras de un clasicismo irreprochable, representando el argumento del tango. En *Mi noche triste* un hombre abandonado recorre su pieza y verifica la desolación de sus pertenencias, contagiadas de tristeza. *Acquaforte* admite innumerables personajes: ancianas floristas, milongueras envejecidas, vendedores de diarios y libertinos miserables.

Fueron memorables las versiones de *Portero suba y diga*, *Por seguidora y por fiel*, *Mano cruel* y *A la luz de un candil*.

Aldo Manfredi era —tal vez sin saberlo— un artista romántico. Creía, como Keats, que la belleza y la verdad son una misma cosa. Se proponía antes que nada provocar en los espectadores aquella suspensión de la incredulidad de la que hablaba Coleridge. Jamás pudo lograrlo del todo a pesar de sus esfuerzos conmovedores, o tal vez precisamente a causa de ellos.

Poco a poco se fue desalentando. Y un día resolvió que el ballet no le servía para alcanzar sus desmesurados propósitos.

En los últimos años de su carrera supo integrar un grupo de danzas folklóricas que ilustraba a golpes de malambo cualquier episodio de la historia argentina, accediendo incluso a los pedidos del público presente.

Un día salió de gira y ya nadie volvió a verlo. En La Perla de Flores hay ahora otros mozos que nada saben de bailes clásicos.

Pobre Manfredi... Buscó milagros por los caminos más racionales. Derrochó su genio tratando de dar explicaciones. Y no comprendió jamás que el arte es misterioso y conduce a la emoción antes que al entendimiento.

Bienaventurados los que han aprendido a llorar sin hacer preguntas.

30

Los Reveladores de Secretos

La abolición de secretos es tal vez la actividad más difundida de este mundo.

El periodismo, el trabajo científico, los horarios del ferrocarril, las balanzas, la policía y los letreros de las fondas persiguen, si bien se mira, un fin común: poner en conocimiento de las gentes datos que permanecían ignorados.

La cuestión no parece muy prometedora que digamos para el pensador aficionado. Pero en el barrio de Flores ocurrían cosas raras. Los Hombres Sensibles presintieron algo siniestro y se esforzaron en sospechar la presencia de una conspiración organizada para arrojar luz en todas partes, especialmente allí donde la sombra es preferible. Los muchachos del Ángel Gris hablaban con temor de una entidad de batidores llamada Club de los Bueyes Corneta o Reveladores de Secretos. Nunca se aportaron pruebas cabales de su existencia real, pero lo cierto es que hubo un tiempo en que nada podía ocultarse en aquella zona.

Todos los días, legiones de viejas charlatanas recorrían las calles cumpliendo tareas de averiguación y difusión.

En las paredes, manos desconocidas pintaban revelaciones escandalosas. Lo mismo ocurría en los vidrios húmedos de los boliches.

Una tarde, el ingeniero Pignataro descubrió en una prenda interior de su esposa —la señora Irma C. de Pignataro— la inscripción *"Ya no te quiere"*. Apremiada por su esposo, la mujer manifestó desconocer el origen del fenómeno, pero —entre lágrimas— mostró un calzoncillo del ingeniero en el que se leía la misma frase. No se querían y ya no era un secreto.

En el pico de una torcaza muerta, Chimango, el pibe más cruel de Flores, leyó con espanto *"Fuiste vos"*.

En el cielo volaban aviones indiscretos que arrojaban papelitos o escribían secretos con humo.

Al atardecer, circulaban unos camioncitos con altoparlantes:

—*Pocha Cisneros afila con un guitarrista de Luganooo...*

Alguien abría los buzones y todas las cartas eran violadas. Al principio con disimulo, pegando los sobres nuevamente. Más tarde, perdido todo recato, rompían el papel y se afanaban las estampillas extranjeras. En algunos casos llegaban hasta a hacer anotaciones zafadas en el margen. En las peluquerías circulaba una guía o catálogo donde se consignaban miles de secretos clasificados por rubro y por persona. Allí, los interesados podían enterarse de innumerables chimentos: había secretos amorosos, secretos familiares, secretos científicos, secretos profesionales, secretitos infantiles y enormes secretos de traiciones y delitos. En la plaza se repartían fotocopias de todos los diarios íntimos de las muchachas enamoradas. Los atorrantes del barrio los leían a los gritos y las chicas se encerraban para siempre a morir de vergüenza. Llegó un momento en que todas las cosas eran públicas en Flores. Manuel Mandeb veía en esto un ataque a la libertad.

"Los actos privados de un señor constituyen la primera de sus libertades. Cuando alguien cae preso, lo primero que se le quita es la privacidad. Todo debe hacerlo ante la presencia de multitudes."

Como quiera que sea, Mandeb y sus amigos no pudieron evitar que se conocieran algunos de sus secretos.

Jorge Allen —por ejemplo— tenía un lugar oculto para ir a llorar. Al poeta le resultaba enojoso llorar en su casa, donde su madre insistía en interrumpirlo con consuelos. Tampoco le gustaba hacerlo en la calle o en las pizzerías. A decir verdad, siempre es difícil encontrar un sitio para llorar en paz. Los domingos por la tarde, Allen se metía en un baldío de la calle Morón y sollozaba durante un par de horas. Hasta que un día alguien instaló en el frente un cartel rojo y blanco que informaba: *"Aquí llora Jorge"*.

A veces la averiguación de un secreto es otro secreto. Jaime Gorriti solía espiar por la ventana a Estela, una pechugona del pasaje de la estación. El hecho se supo y también se dijo que Estela se dejaba espiar con el mayor beneplácito.

Las gentes vulgares alcanzaron a enterarse de un lamentable episodio que vivió el ruso Salzman, cierta noche en que se desgració frente a dos señoras.

El músico Ives Castagnino había compuesto un vals que únicamente tocaba cuando estaba solo. Era una melodía inspirada en los sentimientos más íntimos y delicados. Muy pronto las barras de muchachones cantaron el vals en los partidos de fútbol, con una letra infame.

Manuel Mandeb acostumbraba mandar versos a sus novias.

Casi siempre sucedía que las novias le aparecían con mayor frecuencia que la inspiración, de modo que el hombre utilizaba repetidamente las mismas poesías. Alguien mandó publicar cartas amorosas remitidas por el pensador a doce diferentes señoritas. En diez de ellas figuraba su décima *Mi primer verso*.

Mucha gente recibió esta gesta indiscreta con el mayor entusiasmo. Los estómagos resfriados se adelantaban a las indicaciones haciendo confidencias a cualquier desconocido. Las señoritas se desabrochaban ante la menor insinuación. En las fiestas se practicaba el insípido juego de la verdad, que consiste en confesar que uno tiene los pies sucios, creyendo que de ese modo se profundizan las amistades.

Algunos personajes, que resultaban atractivos merced a su fama de misteriosos, quedaron retratados como simples chitrulos, al comprobarse que detrás de los candados no había nada.

Ciertos sectores integrados por individuos muy reservados se volvieron aún más cautelosos y suspicaces. No pronunciaban palabra y se negaban a responder a cualquier pregunta.

Algunos recurrieron a los Guardadores de Secretos, sujetos discretos e inútiles que se hacían contar confidencias para luego no revelarlas.

No faltaron curiosos que se dedicaron a las ciencias ocultas y a la alquimia. En los galponcitos, en las terrazas y hasta en los lavaderos se instalaban modestos crisoles y atanores para buscar —en ratos libres— la piedra filosofal. Pero la Gran Obra no es cosa de aficionados.

Los Hombres Sensibles trataron de indagar en algunas cuestiones que los obsesionaban.

Quisieron conocer el Secreto de la Belleza que al parecer poseía una gitana de la calle Sanabria.

O el Secreto de los Movimientos Precisos, cuyo dueño era el billarista de Boedo, Eloy Perdomo Vázquez.

Viajaron hasta los barrios invernales para buscar el rastro de la Primera Novia.

Y fueron todos los días a la feria para encarar a las viejas chismosas y hacerles preguntas filosóficas.

—*¿Qué dice, doña Rosa? ¿Le han contado para qué sirve el Universo?*

—*Y digo yo... ¿el doctor Carranza tendrá un alma inmortal?*

—*Aquí, entre nosotros, doña Irene... ¿hay Dios o no lo hay?*

Nunca tuvieron respuestas. No debe creerse, sin embargo, que la conspiración se limitaba a los secretos personales. Existía una fuerte, aunque ingenua, preocupación científica.

Con la mayor desfachatez, los profesores explicaban a sus alumnos el origen del trueno y el refucilo.

Procesos complejos, como el funcionamiento del teléfono, estaban al alcance de personas groseras.

Se publicaban diccionarios en idiomas extranjeros y hasta en lunfardo, para horror de los pálidos noctámbulos que se solazaban usando palabras de inextricable significado.

Los Hombres Sensibles creyeron adivinar entonces la participación de los Refutadores de Leyendas, cuya vocación de maestros ciruela nunca fue desmentida. Además, no hay cosa más seductora para un racionalista que un mundo sin secretos y sin misterios.

Pero aquí debe pensarse que la revelación de secretos no engendra nuevos conocimientos sino tan sólo habilita nuevos conocedores. Es el traspaso de nociones ya existentes de unas personas que las ocultaban a otras que las desconocían. Hablar de los secretos del Universo es una metáfora exitosa cuya consecuencia es confundir lo que alguien conoce y oculta, con lo que todos desconocen.

Sin embargo, el cosmos es una cosa extraña y tal vez alguien ya conoce todo.

Por otra parte, durante milenios se ha supuesto la existencia de Hombres Sabios que poseen conocimientos terribles y no los comunican a las personas corrientes.

Los muchachos de Flores prepararon trampas para desenmascarar a los Bueyes Corneta. Durante largos meses fingieron poseer un gigantesco secreto. Hablaban en voz alta de *"aquello que les dije"*, se reunían a la madrugada y cada vez que se miraban hacían toda clase de guiños y visajes.

Una mañana, en todos los sifones de Flores apareció una etiqueta que informaba: *"Mandeb y sus amigos dicen poseer algo que no poseen"*.

La acción imaginada o real de los Bueyes Corneta desembocó finalmente en una calle cortada.

Cuando empezaron a escasear los secretos, la gente se aburrió.

Las revelaciones eran cada vez más insignificantes y versaban, generalmente, sobre asuntos que nadie se esforzaba en ocultar.

En el verano, se instalaron micrófonos en los baños de damas de los bailes, pero la maniobra no despertó mayor interés.

También se acuñaron falsos secretos, pero sólo se logró teñir de falsedad a todos los secretos publicados anteriormente.

Sólo les quedaba una jugada: confesar su identidad. Era el último secreto del barrio.

Nunca se supo si en realidad lo hicieron.

Los aviones, los camioncitos y los carteles batidores difundieron revelaciones contradictorias y casi no quedó vecino en Flores que no fuera acusado de pertenecer al Club de los Bueyes Corneta.

Según Mandeb, todas las acusaciones eran ciertas. Para él todos habían participado en la conspiración, aun sin saberlo: los Refutadores de Leyendas, las viejas chismosas, los estómagos resfriados, las señoritas desabrochadas y hasta los mismos Hombres Sensibles. Este entrevero de responsables puede ayudar a comprender la incoherencia que se advierte en todos estos sucesos.

Poco a poco, las personas volvieron avergonzadas a su antigua y amable discreción.

Los Reveladores de Secretos pasaron de moda.

Los Hombres Sensibles de Flores fueron aprovisionándose de secretos flamantes: Castagnino compuso otro vals, Jaime Gorriti siguió espiando a Estela, Allen consiguió otro lugar para llorar y el ingeniero Pignataro cambió su ropa interior.

Pero una noche oscura, un pájaro fatal, que llevaba un pucho en la cola, escribió sobre el cielo retinto una revelación de yapa.

Sólo pudieron verla los que saben advertir las señales. Por cierto, soplaba viento y muy pronto no quedó nada.

Según Manuel Mandeb, el mensaje decía:

"El Universo tiene un solo y espantoso secreto, que es la ausencia de secretos".

31

El arte de la impostura

El hombre de nuestros días vive tratando de causar buena impresión. Su principal desvelo es la aprobación ajena. Para lograrla existen diferentes métodos y estrategias.

Algunos ejercen la inteligencia, otros se deciden por la tenacidad o la belleza, otros cultivan la santidad o el coraje.

Sin embargo, por ser todas estas virtudes muy difíciles de cumplir, ciertos pícaros se limitan a fingirlas.

Por cierto que tampoco esto es sencillo: el engaño es una disciplina que exige atenciones y cuidados permanentes.

Por suerte para los hipócritas y simuladores, existe desde hace mucho tiempo el Servicio de Ayuda al Impostor.

I

Basándose en modernos criterios científicos, los especialistas de la organización instruyen, aconsejan, dictan clases, resuelven casos particulares y difunden las técnicas más refinadas para obtener apariencias provechosas.

Cuando algún zaparrastroso quiere presumir de elegante, el Servicio le recomienda sastres, lociones y corbatas.

Si se trata de aparentar cultura, el cliente tiene a su disposición frases hechas, aforismos brillantes y gestos de suficiencia.

Los que pretenden pasar por guapos son adiestrados en el arte del aplomo y la compadrada.

Muchos pobres practican para fingirse ricos y muchos ricos se esfuerzan para aparecer indigentes.

Hay que decir que algunos postulantes son muy adoquines y no alcanzan a completar los cursos. Otros tienen características tan marcadas que resulta imposible disimularlas.

Durante muchos años, los hipócritas aplazados debieron resignarse a mostrar crudamente sus verdaderas y abominables condiciones, o bien a ser descubiertos en sus fraudes torpes. Pero con el tiempo, el Servicio encontró una fórmula drástica para socorrer a los menos favorecidos. Así nació el reemplazo liso y llano como recurso extremo.

Imaginemos a un morocho tratando infructuosamente de ingresar a un selecto club nocturno. El hombre fracasa con las tinturas y el maquillaje.

Inmediatamente el Servicio designa a un rubio cabal en su reemplazo. El impostor entra sin problemas a la milonga y en nombre del morocho rechazado baila y se divierte toda la noche.

Los ejemplos son innumerables: estudiantes mediocres que se hacen reemplazar en los exámenes; enamorados tímidos que —como Cyrano de Bergerac— mandan en su lugar a un picaflor; empleados capaces que para lograr un ascenso envían a un chupamedias y personas hartas de su familia que se hacen sustituir en los cumpleaños.

El Servicio de Ayuda al Impostor ha ido perfeccionando la tecnología del reemplazo con disfraces impecables. Se sospecha que hoy en día, la mayoría de las personas que uno trata son en realidad agentes de la organización. Nuestros amigos, nuestras novias, nuestros gobernantes y nuestros cuñados pueden haber sido reemplazados por impostores profesionales. Tal vez yo mismo estoy fingiendo escribir estas minucias a nombre y beneficio de un cliente llamado Dolina. Tal vez usted, que finge leerme, esté reemplazando a alguien que no se atreve a confesar que los mitos de Flores lo tienen harto.

↩*II*

Los gobiernos, lo mismo que las personas particulares, viven preocupados por la opinión de los de afuera. Continuamente sugieren a la población la necesidad de mejorar lo que se llama imagen exterior.

Para lograrlo se promueve la difusión de nuestros aspectos más brillantes. Cuando nos visitan los extranjeros, se les muestran nuestros rincones más presentables, se les hace comer una empanada y se les obliga a escuchar a la orquesta de Osvaldo Pugliese.

La exaltación de nuestros méritos va casi siempre acompañada de un cuidadoso disimulo de nuestros defectos. Además, en tren de aparentar y a falta de extranjeros, se suele hacer bandera ante los propios criollos.

Con toda insistencia se señala que los médicos argentinos son los mejores del mundo, para no mencionar a los enfermos. Si se produce algún desperfecto en una transmisión internacional, los locutores se apresuran a aclarar que el jarabe se ha originado en el satélite alemán, con lo cual quedamos todos tranquilos.

La actitud temerosa del juicio ajeno es proverbial en el periodismo. Hace poco una cronista aprovechó su paso por Roma para consultar a los transeúntes italianos acerca de nuestra nueva situación institucional. Los televidentes recibieron varias reflexiones, expresadas en cocoliche que, en general, nos perdonaban la vida. Al final de la encuesta, la cronista no podía ocultar su satisfacción. Habíamos pasado la difícil prueba de agradar a los heladeros de la Vía Marguta.

No estaría mal recurrir al Servicio de Ayuda al Impostor para perfeccionar nuestras representaciones ante los extraños.

La solvencia de la organización nos permitiría aparentar cualquier cosa: que tenemos 100 millones de habitantes, que somos prósperos, que somos poderosos. Se podrían editar censos adulterados y mapas fraudulentos que nos muestren en el doble de nuestra extensión.

Manuel Mandeb recomendó alguna vez la conveniencia de fingirnos el Japón, para desconcertar a nuestros enemigos. El pensador de Flores proponía que todos nos estiráramos los ojos con los dedos y habláramos pronunciando las erres como eles.

Aquí se nos viene encima una duda: ¿no será que otros países ya nos están engañando? La mentada potencia norteamericana puede ser nada más que una ficción creada por los impostores del norte. A lo mejor, Suecia es un país tropical, pero lo disimula. Quizá la Unión Soviética es una pequeña república del África y Luxemburgo es en verdad el mayor país del mundo.

En todo caso, antes de encarar cualquier acción para mejorar nuestra imagen externa, es indispensable decidir cuál es la sensación que se quiere dejar. Si dispersamos nuestros esfuerzos en simulaciones diferentes e inconexas, los resultados habrán de ser más bien confusos. Dígasenos de una vez qué fingiremos ser: ¿Una nación apacible? ¿Una nación encrespada? ¿Una nación limpia? ¿Una nación angloparlante?

Los tratadistas reconocen tres tipos de impostura: horizontal, ascendente y descendente. La última consiste en mostrarse peor de lo que se es. Y no faltan economistas que postulan este camino para despertar la conmiseración internacional.

III

Los teóricos más barrocos del Servicio creen que la impostura es un arte. Y más aún: afirman que todo arte es impostura. Cien gramos de pinturas al aceite se nos aparecen como un rostro misterioso o como un paisaje lunar. Quinientos kilos de bronce pretenden ser el cuerpo de Hércules. Una curiosa combinación de tintas y papeles es presentada como el alma de un hombre atormentado.

Solamente la música está libre de simulaciones. Un acorde en mi menor es precisamente eso y no pretende ser nada más.

Los teóricos también han defendido el carácter ético de la impostura ascendente. El argumento principal no es muy novedoso: de tanto aparentar bondad, uno acaba por ser bueno.

Faltan en esta monografía datos concretos que permitan al lector la contratación del Servicio.

Lamentablemente no es posible ofrecerlos.

Para empezar, nadie sabe cuál es la ubicación de la entidad. A veces, el local asume el aspecto de un almacén. Otras veces se aparece como un copetín al paso o como una estación de ferrocarril. Los impostores son siempre consecuentes con sus representaciones y por más que uno les plantee sus necesidades, insisten en vender garbanzos, servir una ginebra o despachar un boleto de ida y vuelta a Caseros.

Es cierto que a menudo aparecen impostores ofreciendo sus servicios. Pero la organización ya ha advertido al público que se trata en realidad de falsos impostores que deben ser denunciados a la policía.

IV

Vaya a saber cuántos ridículos firuletes habremos hecho los criollos para agradar a los polacos y coreanos.

¿Estaremos bien? ¿No seremos una nación fuera de lugar? ¿Qué pensarán de nosotros estos visitantes holandeses? ¿Le ha gustado nuestra autopista, señor Smith? ¡Cuidado, disimulen que ahí viene un francés! ¿No estaremos desentonando en el concierto internacional?

Yo creo que tal vez no importa desentonar en un concierto que parece dirigido por Mandinga.

Vale la pena intentar el camino difícil, el más penoso, el más largo, pero también el más seguro. Es el camino de la verdad. El que quiera parecer honrado, que lo sea. El que quiera fama de valiente, que se la gane a punta de guapeza.

Y si queremos que el mundo piense que somos una gran nación, sepamos que lo más convincente es ser de veras una gran nación.

Mientras llegan esos tiempos, podríamos empezar a fingir que no fingimos.

32

La Feria del Libro en Flores

*M*enos abultan los restos literarios de toda la antigüedad clásica que el formidable aluvión de diarios, revistas y folletos que la imprenta de nuestro tiempo produce en una semana.

Si la escasez de textos nos dificulta el conocimiento de ciertas épocas, su demasiada profusión puede tener parecido efecto.

Cabe imaginar a los futuros historiadores debatiéndose en perpetuas dudas, complicados por infinitos textos contradictorios.

Desde luego, siempre nos queda la esperanza del oportuno extravío de las obras superfluas. Pero las enormes tiradas que permiten las máquinas modernas hacen cada vez más difícil la extinción de un libro indeseable. Y por otra parte, nada nos garantiza que el destino no depare el olvido a los genios y el recuerdo a los pelafustanes.

Al respecto puede calcularse —no sin alarma— que habrá más copias de esta ínfima monografía que de muchísimas creaciones respetables.

Un aficionado muy activo podrá leer en toda su vida unos tres o cuatro mil libros. Las arduas visitas a las ferias y exposiciones permiten a las personas espantarse ante lo que nunca leerán. La visión concreta del tamaño de la propia ignorancia suscita un terror parecido al que se experimenta mirando las remotas estrellas que jamás visitaremos. Para consuelo de las almas buenas, dígase que la mayoría de los libros y las estrellas no merecen recorrerse. En verdad, hoy cualquier cosa se convierte en un libro: una lista de códigos postales, el catálogo de un vendedor de perfumes, las áridas instrucciones para componer una caldera, el reglamento de un colegio, las ocurrencias automáticas de un poeta vulgar.

Muchos genios han pasado a la historia sin dejar nada escrito. Hoy, en cambio, se editan los modestos silogismos de toda clase de individuos: comerciantes, adivinos, futbolistas, peluqueros, médicos, plomeros, cortesanos, manosantas, bandoleros y —cada tanto— escritores.

El barrio de Flores conoció en sus años dorados pintorescas expresiones de este afán impresor.

La Editorial Senda Digna funcionó durante mucho tiempo en la calle Bogotá y fue un negocio brillante para su propietario, don Carlos Serrato, de quien sus enemigos murmuraban reputándolo analfabeto. Serrato publicaba obras de escritores aficionados y cobraba por ello altísimos precios. Además, se quedaba con casi todos los ejemplares y —si podía— los vendía en quioscos y librerías.

Pero vale la pena recordar lo sucedido con las *Memorias del ingeniero Randazzo.*

El libro, nacido como tantos, alcanzó un éxito inexplicable. Serrato pidió entonces al ingeniero que escribiera memorias nuevas. Randazzo se excusó indicando que ya había referido todo cuanto le sucediera en la vida, con la salvedad de unos pocos acontecimientos posteriores a la publicación.

El editor tuvo entonces una gran idea: pidió a Randazzo que relatara como propia otra vida diferente.

—*No quiero la continuación de sus recuerdos, sino recuerdos distintos. Empiece de nuevo.*

Así nacieron las *Segundas Memorias del ingeniero Randazzo,* en las que el autor tiene ocho años menos, otro aspecto, otros gustos y otra familia.

Randazzo llegó a escribir hasta quince memorias, siendo las páginas más falsas también las más convincentes.

La Editorial Senda Digna tuvo algunos otros aciertos comerciales, como el *Diccionario de malas palabras,* los *Versos puercos* de Jorge Allen y las *Fotografías comprometidas de mi señora esposa,* obra del fotógrafo Roberto Mazzitelli.

Pero la mayor hazaña de esta firma fue la organización de la Feria del Libro de Flores.

La muestra funcionó en forma permanente durante largos años en un enorme galpón de la calle Aranguren.

Serrato instaló allí mostradores, anaqueles, biombos y repisas. Alquiló pequeños sectores a todos los libreros del barrio. Pintó las paredes de colores brillantes y puso luces por todas partes. Interesó a algunos escritores para que se pasearan sonrientes por el lugar.

Gastó una pequeña fortuna en publicidad para que todos los lechuguinos de la zona se enteraran debidamente del asunto.

Manuel Mandeb y los Hombres Sensibles de Flores solían concurrir a la Feria, un poco por su amor a las letras y otro poco por las beligerantes damas que allí se floreaban.

Muchas veces con el objeto de seducir a jóvenes lectoras, los muchachos del Ángel Gris se fingían escritores y llegaban a firmar y dedicar ejemplares ajenos con el mayor descaro.

La estrategia era sencilla: se situaban cerca de algún puesto y esperaban a que alguna señorita comprara un libro. Entonces se acercaban sonrientes y agradecían la elección. Algunas picaban:

—*¿Acaso es usted el autor de este libro?*
—*Por cierto, me llamo Carlos Marcucci... ¿Y usted cómo se llama?*

Ives Castagnino era un verdadero especialista en estas imposturas. Con increíble eficacia se hizo pasar sucesivamente por Jorge Montes, Horacio Ferrer, Arthur Hailey, John Steinbeck, Francis Bret Harte, Emile Zola, Edward Gibbon, Gutiérrez de Cetina, Giovanni Boccaccio, Quinto Horacio Flacco, Aristófanes, Diógenes Laercio y Homero.

Se supo que una muchacha de Flores Sur fue seducida en tres ocasiones por el músico de Palermo: la primera como Vargas Llosa, la segunda como Víctor Hugo y la tercera en forma directa y anónima.

Un servicio gratuito muy solicitado en la Feria era el de explicación de textos. Cuando alguien no entendía una obra o un párrafo se presentaba a la ventanilla correspondiente y el empleado de turno aclaraba cualquier duda. Hay que reconocer que lo hacían de un modo superficial y expeditivo, tal vez a causa de las largas colas de clientes.

Ilustremos con un ejemplo las características de esta labor esclarecedora.

Se presenta una señora con un libro de Schopenhauer.

—*No entiendo lo que dice este sujeto: "... El hombre no conoce un sol ni una tierra, sino únicamente un ojo que ve al sol y una mano que siente el contacto de la tierra..." Explíquemelo.*

—*Significa, señora, que el mundo es su representación.*
—*No comprendo.*
—*Digamos que las cosas son como usted las ve y las siente, aun cuando en realidad sean de otra manera.*
—*Eso es lo que siempre le digo a mi marido.*

A veces la explicación resumía una obra entera en pocas palabras.

—*Terminé de leer la novela* Crimen y castigo *y no consigo recordar de qué se trata.*
—*Verá usted... Un hombre asesina a una anciana y luego se arrepiente.*
—*Ya decía yo que no era para tanto.*

Los Críticos de la calle Condarco ocupaban un sector bien amueblado. Allí aconsejaban a eventuales compradores, anticipando las virtudes y defectos de cada uno de los libros de la Feria. Los juicios eran siempre negativos, pues como sabemos, los críticos pensaban que el desagrado es un signo de superioridad. Don Carlos Serrato terminó expulsándolos.

Los Refutadores de Leyendas atendían una pequeña biblioteca cientista y quemaban cada noche centenares de historias fantásticas.

En el enorme sótano estaba la Biblioteca de los Sabios. Contaba con miles y miles de volúmenes. Los insobornables empleados no permitían leer ninguno de ellos, sino después de pasar por infinitas pruebas de templanza y rectitud. Asimismo existía un orden establecido para la lectura: nadie podía abrir el libro once sin conocer cabalmente el diez. Cada veinte libros las pruebas se repetían con mayor severidad. Al cabo de los libros y de las pruebas era posible —o imposible— llegar al Último Libro, también llamado Libro de la Sabiduría, que estaba encerrado bajo siete llaves en un cuarto oscuro. En aquel volumen misterioso estaba encerrado el Secreto de la Vida. Quien se asomara a sus páginas sería sabio.

Algunos dicen que tenía doscientas mil páginas, pero otros juraban que su texto consistía en una sola y terrible palabra.

Manuel Mandeb sostenía que el Último Libro nada decía y que el don de la sabiduría se adquiría en el camino.

Unos malvados de Caballito trataron de leer de ojito el texto final y entraron al cuarto oscuro de puro prepo. Salieron enseguida, despavoridos, huyeron por Aranguren hacia el Este y nadie volvió a saber de ellos.

En un principio, las actividades de la Feria estaban estrictamente relacionadas con los libros. Pero poco a poco, el genio comercial de don Carlos fue incorporando nuevas y más eficaces atracciones. En el fondo del recinto se estableció una churrasquería para la atención del lector hambriento. En otro sector se despachaban helados en verano y churros en invierno. Algunos puestos vendían bebidas de contrabando y los quinieleros recorrían la Feria en forma continua.

Las conferencias y debates fueron reemplazados por la actuación de cantores y guitarristas. También se organizaron bailes, cuyo renombre llegó a exceder los ámbitos literarios.

En algunos mostradores funcionaban pequeñas ruletas, tiros al blanco y otros juegos, cuyos premios eran libros. Después de la hora de cierre, las mismas mesas se usaban para timbas desfachatadas.

En resumen: la Feria acabó transformándose en el punto de reunión de la peor runfla del barrio. Los colectiveros cambiaban allí sus monedas, los fakires realizaban exhibiciones gratuitas, los adivinos tenían instalaciones propias con bolas de cristal y venta de amuletos. En los pasillos se amontonaban gitanos, profesores, estudiantes, patinadoras, caralisas y vendedores de elixir.

Un grupo de equilibristas trabajaba en lo alto del galpón, los muchachones crueles molestaban a las ancianas y los militantes políticos se manifestaban con bombos y banderines.

Serrato fue comprendiendo que los libros eran un estorbo para todos y los desalojó para instalar en su lugar billares, máquinas tragamonedas y juegos mecánicos.

En sus últimos días, la Feria fue una mezcla de kermés, bailongo, lupanar y borrachería, con unos cuantos libros amontonados en los rincones.

La policía clausuró el local, no sin que protestaran indignados numerosos escritores e intelectuales del país y del extranjero.

Hoy los vientos de Flores se llevaron el recuerdo de Serrato y también el de los Hombres Sensibles. Persiste, sin embargo, bajo formas más moderadas y elegantes, el mismo loco negocio de los libros. Las Ferias y exposiciones atraen a las muchedumbres.

Las gentes apacibles no pueden disimular un cierto pudor cuando se hace pública una relación tan confidencial como la que uno tiene con los escritores.

Pero aunque nos moleste el contraste entre el mundo íntimo de la lectura y estas exultantes romerías, nosotros saludamos con simpatía cualquier libresco amontonamiento.

Eso sí: a veces extrañamos un poco a los fakires, a los quinieleros y a los yiros bibliófilos de la calle Aranguren.

33

Transformaciones: algunas historias y una teoría

Las historias fantásticas suelen despertar nuestro asombro mostrando transformaciones mágicas. Un hombre se convierte en pájaro, una dama se hace flor, un muñeco cobra vida.

Muchas veces estos cambios son definitivos y ya no es posible el retorno al estado anterior. Se dan también las transformaciones transitorias, tal vez más maravillosas, pues no les basta con un solo milagro: necesitan su repetición periódica.

En estos casos, no siempre es sencillo establecer el estado principal del ente mudable. El dato tiene su importancia, ya que puede ocurrir que cada fase persiga propósitos diferentes y aun opuestos. Quienes deseen favorecer a una mujer-araña dudarán al elegir un obsequio y permanecerán indecisos entre un collar y una mosca.

Hay que decir que estos prodigios pueden ocurrir por voluntad del interesado, sin ella o contra ella. Este punto interesa especialmente a jueces y a abogados que discuten la imputabilidad de las contravenciones cometidas por seres de identidad inconstante.

El barrio de Flores conoció, en sus años dorados, metamorfosis notables, cuya noticia ha llegado hasta nuestros días. Conoceremos ahora algunos de esos episodios a través de relatos que —como sus protagonistas— han padecido innumerables transformaciones. Su inexactitud es, sin embargo, un mérito muy apreciado entre quienes creen que toda historia puede ser mejorada.

~Los dos hombres que se convertían en uno

Todos los miércoles, dos individuos, que vivían lejos uno del otro y que no se conocían, se transformaban en uno o —por mejor decir— en un tercero.

La conducta de este ser compuesto no tenía nada de memorable, aunque algunos le adjudiquen una naturaleza beligerante.

Al salir el sol, los sujetos recuperaban su forma habitual y tal vez olvidaban las experiencias vividas.

Una vez los dos hombres fueron presentados y cada uno creyó percibir en el otro algún rasgo familiar.

Las viejas de Flores hablaban a veces de tres hombres que se convertían en dos y también de tres que se volvían cinco.

~Nostalgias perpetuas

Un hombre oscilaba entre dos identidades.

A veces era fiscal, vestía trajes elegantes y tejía razonamientos olímpicos. En otras ocasiones era cazador, portaba armas implacables y perseguía a las fieras.

Cuando era fiscal decía:

—*Ah, si estuviera cazando...*

Cuando era cazador decía:

—*Ah, si estuviera fiscalizando...*

A menudo se equivocaba y añoraba la caza mientras cazaba los pleitos mientras pleiteaba.

~Una transformación inoperante

Una vez por mes, el arquitecto Ramallo se convertía en el señor Aldo Villar y éste en el arquitecto Ramallo.

Mientras duraba el hechizo, ninguno recordaba su estado habitual. Y luego, tampoco recordaban haber sido hechizados.

Sus mujeres y amigos jamás advirtieron que algo muy extraño ocurría. Lo que existe y no se percibe, bien podría no existir.

~El disimulo de los hombres lobo

Los viernes a la noche, los séptimos hijos varones de algunas familias de Flores se volvían lobizones. En un tiempo se originaban innumerables escándalos y episodios sangrientos. Pero con los años, los lobizones aprendieron a amainar sus instintos, a cuidar sus modales y a maquillar sus hocicos repugnantes. La gente les fue perdiendo el miedo primero y el respeto después.

Los muchachones del barrio los corrían a pedradas y, en el mejor de los casos, se burlaban de los hombres lobo, rebautizándolos con apodos infamantes.

Una noche, hartos de recibir humillaciones, los monstruos semanales abandonaron todo recato y recorrieron el barrio pegando alaridos y lanzando tarascones al aire. Sin embargo ya era demasiado tarde. Habían perdido la autoridad que es indispensable para asustar. Nadie volvió a tomarlos en serio.

Hoy los lobizones se ocultan y se reúnen en locales secretos, recordando sus hazañas del pasado.

⇒ *Las mellizas Garcerón*

Las mellizas Irma y Julia Garcerón acostumbraban a compartir a sus novios. Cuando una de ellas se relacionaba con un caballero no tardaba en enviar a la otra como reemplazo. Bien se ve que aquí no existía metamorfosis, sino impostura.

Cierta vez, Irma se puso de novia con Andrés, uno de los trillizos Mantegari. Estos hermanos también tenían la costumbre de poseer sus amores en común.

Por cierto, era éste un noviazgo que admitía seis formas diferentes.

1) Irma y Andrés.
2) Irma y Carlos.
3) Irma y Luis.
4) Julia y Andrés.
5) Julia y Carlos.
6) Julia y Luis.

No todas las fases se daban del mismo modo. Julia y Carlos se amaban tiernamente. Irma y Luis se detestaban. Carlos e Irma no se habían visto nunca.

Ni las Garcerón sospechaban de los Mantegari, ni los Mantegari dudaban de las Garcerón.

Una noche Julia se casó con Luis creyendo hacerlo con Carlos. Carlos, loco de celos, estranguló a Irma, pensando que su víctima era Julia. Andrés fue condenado a prisión y Julia lo visitaba creyendo que era Carlos.

Manuel Mandeb intentó escribir la historia de estos amores, pero apenas dejó media carilla, llena de tachaduras y rectificaciones.

El hombre que se transformaba demasiado

El doctor Maderna aprendió a convertirse en mariposa cuando era un adolescente.

Más tarde adquirió nuevas destrezas y así llegó a transformarse en gato, en anguila, en pez, en caléndula y en escritorio.

Siendo adulto, era capaz de convertirse en cualquier objeto a su capricho.

Sin embargo, sus metamorfosis se hicieron tan frecuentes que su familia vivía en inquietud constante. Nadie se atrevía a matar a una cucaracha, por temor a que se tratara del doctor Maderna. Una noche lo arrojaron a la basura bajo la forma de una esponja usada y un domingo estuvo a punto de ser devorado por su propio hijo, quien no supo reconocerlo en un chorizo.

Cada vez era menos asidua su apariencia original.

Eso sí, nunca dejaba de asumirla el día de su cumpleaños, para no perderse obsequios y homenajes.

Una madrugada entraron ladrones y se lo robaron, cuando era un jarrón de cristal. Nunca jamás se supo de él.

Desde entonces, su pobre esposa recorre las casas y negocios de la ciudad, hablando tiernamente a los floreros:

—Ramón... Ramón... Maderna...

Pero los jarrones siempre son jarrones, o acaso son alguna otra persona.

El extraño caso del hombre y la bestia

Es posible imaginar un Jeckyl y un Hyde cuya historia sea estropeada por una poción mal preparada.

Las características humanas y bestiales aparecen en forma inoportuna: el protagonista es brutal aun antes del brebaje, o mantiene rasgos amables después de él.

A menudo es Jeckyl y Hyde al mismo tiempo y hasta hay ocasiones en que no es ninguno de los dos.

Un mal farmacéutico es fatal para la literatura.

Refutación de leyendas

La verdadera transformación es imposible.

Para ser otro, hay que dejar de ser uno. Hay que aniquilarse.

Lo que hace que un hombre sea uno y no otro, es —decía Unamuno— un principio de unidad y continuidad. De unidad en el espacio, a través del cuerpo; de continuidad en el tiempo, por una serie continua de estados de conciencia, certificada por la memoria. Y no se puede ser cabalmente algo sin apropiarse de su sucesión, es decir su pasado, su presente, su futuro.

Así, la transformación exige renunciar a ser y a haber sido.

De este modo, si en verdad uno se convierte en otro, no es posible ni siquiera percibirlo.

De hecho es posible que se produzcan metamorfosis a cada minuto, con los nulos resultados que se señalan en la historia berkeleyana de los señores Ramallo y Villar.

Manuel Mandeb, usando estos argumentos, escribió que la reencarnación es una institución cuyos efectos son idénticos, sea que exista o que no exista.

La ausencia de memoria de nuestras encarnaciones anteriores y la falta de rasgos comunes entre una y otra vida son factores decisivos para el hombre de Flores.

"Digamos que yo he sido sacerdote en Tebas, pirata en el Helesponto, campesino en la Edad Media, perfumista en Ferrara, ferroviario en el siglo pasado y ahora éste que soy. Pues bien: ¿a qué cosa he aludido en verdad al escribir yo en el comienzo de este período? Si no hay cuerpo ni estados de conciencia ni memoria ni rasgo alguno que preste unidad a mis encarnaciones pasadas y futuras, entonces yo es menos que una vacante en el amoblamiento universal.

"No digo que la reencarnación no exista. Digo que es imperceptible y peor aún: que para mí, para los otros, para los que fui y para los que seré, tanto da su existencia como su inexistencia."

Se dirá que es posible concebir una transformación con memoria del estado anterior. Y yo diré que será una transformación imperfecta. Si quiero convertirme en Tomás Sanz —permítaseme el ejemplo burdo— deberé llevar conmigo, entre tantos rasgos, la memoria de Tomás Sanz, que ciertamente no incluye el recuerdo de haber sido otro.

Asuntos sin interés son éstos, bien lo comprendo, para las personas decentes de nuestro tiempo, ocupadas más bien en obtener tarjetas de crédito.

Tal vez, en un improbable futuro, los lectores razonables se transformen en gentes enloquecidas y disfruten de estos modestos caprichos. O mejor aún, quizá este columnista delirante experimente una saludable metamorfosis y escriba crónicas de cine, para alegría de sus amigos y favorecedores.

34

Balada del amor imposible

Los cronistas más serios del barrio del Ángel Gris coinciden en destacar la propensión de sus habitantes hacia los amores imposibles.

Así, mientras los jóvenes de otros barrios se enamoran de muchachas groseramente posibles, los hombres de Flores parecen condenados a amar —casi siempre en secreto— a mujeres que no serán para ellos.

Y en honor a estas damas es que los Hombres Sensibles hacen lo que hacen.

Algunos emprenden desde chicos el estudio del violín, únicamente para aprender a tocar un vals en obsequio de su amada. No importa que ella no alcance jamás a oírlo. Ése no es el punto.

Otros indagan los secretos de la versificación y se sumergen en el dolor para lograr una poesía.

Hay quienes se ejercitan en el coraje y cultivan la guapeza. Y no faltan los que eligen la melancolía o la locura.

Piensan los Hombres Sensibles que siendo mejores merecerán ser amados. Y para la ética sentimental de este barrio, los mejores hombres son artistas, valientes, tristes o locos.

Por eso los muchachos más virtuosos de Flores sufren por amor.

Esta realidad ha despertado la atención de todos y la piedad de muchos.

Cada semana, los enamorados de Flores reciben el consejo de sus amigos sabios de otras barriadas.

—¿Por qué amar a la Gran Marquesa del Norte, que es en realidad un duende? ¿Por qué no conformarse con la hija del yesero?

Son voces tentadoras que exponen las ventajas del amor razonable.

A estas exhortaciones, los Hombres Sensibles responden —no sin acierto— que en el amor no existe el libre albedrío y que nadie puede decidir de quién va a enamorarse.

Sin embargo —y a riesgo de caer en especulaciones psicológicas fuera de tono— cabe reconocer que los muchachos del Ángel Gris tienden a aproximarse sentimentalmente a las mujeres que menos les convienen.

Los tratadistas de Villa del Parque y los Refutadores de Leyendas sostienen que buscar pareja es una tarea enteramente racional y hasta científica.

Vale la pena citar la novela didáctica *Hoy te amo con la cabeza,* del profesor Amadeo Battista. Esta obra esconde —apenas— la tesis antedicha, entre los rotosos pliegues de su trama.

Parecidos criterios auspicia la esposa de este pensador, la doctora Alba C. de Battista en su libro *Me casé con un cretino.*

Muchos hombres de negocios, comerciantes e industriales de la zona han entendido que el amor imposible es cosa nefasta, no sólo para el que ama, sino también para el desarrollo de las actividades productivas en general.

Declaran estos lúcidos mercaderes que, por lo común, los enamorados sin esperanza son pésimos empleados, más atentos al recuerdo de unos ojos pardos que a la correcta realización de una nota de débito.

Tratando de reducir el número de desencuentros amorosos en beneficio de la felicidad general, los Refutadores de Leyendas, con la ayuda de dos contadores de la Sociedad de Fomento de Villa Malcolm, prepararon las *Tablas del Amor Infalible,* especie de regla de cálculo según la cual las medidas del cuerpo del hombre, su coeficiente intelectual, su edad, su educación, fortuna y berretines determinaban de un modo preciso a la mujer más conveniente para sus planes amorosos.

Esto es ni más ni menos que la refutación de una leyenda o —lo que es peor— su reducción a términos científicos. La leyenda es ésta:

"Hay para cada hombre una mujer, una sola, que reúne todas las virtudes que ese hombre sueña. Su belleza está hecha para deslumbrar a ese hombre. Su voz ha sido creada para seducirlo. Su inteligencia, para suscitarle y sugerirle ideas amables. Su ternura, para hacerle dulce el diario sufrimiento. Esa mujer existe y anda por esas calles. Pero el destino ha decidido que nunca jamás se crucen los caminos de ningún hombre con la mujer que para él fue concebida."

Manuel Mandeb asegura en sus *Memorias* que cierta tarde creyó reconocer a lo lejos a la mujer que le correspondía, conforme a la leyenda. Inmediatamente se trabó en lucha con el destino y trató de alcanzar a la muchacha. Lo consiguió en la esquina de Artigas y Avellaneda. Luego de interceptarle el paso, procedió a explicarle la vieja creencia de los Hombres Sensibles, mientras se secaba el sudor y trataba de recobrar el aliento. Pero la mujer no conocía la leyenda, o tal vez la conocía y la acataba puntualmente: dio media vuelta y se fue por Artigas hacia el norte.

Y ya que mencionamos a Manuel Mandeb, conviene recordar que su ilegible prosa se alzó solitaria frente a los tratados racionalistas y a los inventos de los Refutadores de Leyendas.

El polígrafo de Flores dejó un voluminoso estudio caratulado *Registro de amores imposibles en la línea del Sarmiento*.

La obra consta de 914 fichas que corresponden a otros tantos casos concretos de amor sin recompensa. Está dividida en cuatro capítulos:

El primero, subtitulado *Nunca le dije nada,* es el más extenso y registra episodios protagonizados por enamorados silenciosos.

El segundo, *Negativas,* expone 115 rechazos, sus motivos, sus términos y consecuencias, para no hablar de otros detalles más bien superfluos que suelen recargar toda la obra de Mandeb.

El tercer capítulo, *Amargo desengaño,* cataloga 126 decepciones, incluidas cuatro padecidas por el propio autor.

El cuarto y último capítulo es un inspirado texto romántico que se conoce como *Elogio del amor inconcluso*. Veamos este párrafo:

"...Así como las personas que mueren en su plenitud nos ahorran el recuerdo de su vejez, los amores interrumpidos abruptamente siguen viviendo en nuestro corazón no como brasas agonizantes, sino como horrorosas llamas que queman cada noche...

"...No hay mejor amor que el que nunca ha sido. Los romances que alcanzan a completarse conducen inevitablemente al desengaño, al encono o a la paciencia; los amores incompletos son siempre capullo, son siempre pasión."

Pero dejemos ya a Manuel Mandeb y reflexionemos sobre ese delicado asunto. Es cierto que infinidad de personas decentes viven la módica dicha del amor común y corriente.

Pero el amor imposible, aquel del cual solamente son capaces los Hombres Sensibles de Flores, es el único cabalmente maravilloso y digno de admiración.

Ocurre así: un muchacho se enamora de la Mujer Más Hermosa.

Desde ese momento, su vida no tiene otro sentido que ese amor.

Sin embargo, el hombre sabe que no tiene chance en esa carrera, pues las Mujeres Más Hermosas suelen casarse con otros caballeros, generalmente ricos o buenos mozos o ambas cosas.

Sus buenos amigos le aconsejarán el olvido, pero este hombre ha nacido en Flores y no tiene la menor intención de gambetear el dolor.

Y cada día deja mansamente que la tristeza le invada los huesos y que tiña hasta el último de sus pensamientos.

A veces, las distracciones y los mundanos asuntos amenazarán con hacerle olvidar siquiera por un momento su amor y pesadumbre. Pero el hombre reaccionará inmediatamente y se sumergirá otra vez en su propio abismo.

Que nadie se engañe. Este hombre que ríe a carcajadas cuando algún conocido le refiere el cuento de los supositorios, está pensando en su amor imposible.

Y la sangre que hincha sus venas es negra y espesa.

Pero, atención. Este amor que lo hace desgraciado es el que le hace mejor. Él ya ha renunciado a la Mujer Más Hermosa. Jamás padecerá decepciones. Su pasión no envejecerá ni se envilecerá. Nadie podrá engañarlo. Y a fuerza de bañarse cada día en el sufrimiento, habrá aprendido el secreto de la resignación.

Los caballeros exitosos no conocerán jamás la verdadera esencia del amor imposible. Ellos jamás juegan su vida a una sola baraja. Con toda prudencia realizan inversiones en uno y otro lugar para compensar con unas las pérdidas ocasionadas por otras.

Pero el amor imposible no es cosa de prudentes, sino de Quijotes.

Sólo cuatro veces en doce años vio Alonso Quijano a Aldonza Lorenzo.

Jamás cruzaron palabra. Pero eso le bastó para vivir en ella y por ella. Sin esperar recompensa.

Por eso, señores, si acaso atesoran ustedes uno de estos metejones locos, a no arrepentirse. Sigan soñando y esperando lo imposible. Aunque sepamos que nuestras ilusiones no habrán de cumplirse nunca, sigamos acariciándolas. Lo contrario sería —como pensaba Wimpy— confundir una ilusión con un pagaré.

Será una larga jornada. Muchas veces tendremos ganas de contar nuestra pena, pero no podremos hacerlo, para no profanarla. Siempre estaremos solos y tristes, pero no es para tanto. Después de todo, ya se sabe que los únicos paraísos que existen son los paraísos perdidos.

35

Niños, libros y lecturas

Las novelas decimonónicas sobre el Imperio Romano se esfuerzan en reconstruir la época de los Césares y apenas consiguen revelar las preferencias y gustos del siglo XIX. Sucede que los cónsules, los senadores y los emperadores no pueden disimular el acento de las tertulias parisinas, por mucho que se esfuerce el escritor. Esto no debe apuntarse como un reproche sino más bien como una fatalidad que conviene saber antes de la lectura.

Algo parecido sucede con los libros para chicos. Escritos desde un mundo diferente, suelen referir historias que suenan falsas, protagonizadas por seres lejanos e incomprensibles. Ante su propia creación, los autores suelen afectar una especie de perpleja benevolencia, la misma que se usa en la descripción de las costumbres de los salvajes.

Alguien podrá decir que lo más conveniente es que los romanos escriban sobre el Imperio y los niños sobre la infancia. Objeción: los romanos no escriben ya y los niños no lo hacen todavía. De unos y otros nos separa el tiempo.

Puede aducirse que mientras ningún escritor actual ha sido ciudadano del Imperio, casi todos han sido niños. Sin embargo, un complicado abismo de olvidos y falsos recuerdos parece alejarnos de nuestras emociones infantiles. Los literatos que se fingen chicos no consiguen engañar a nadie.

A decir verdad, no es posible ni siquiera saber con certeza si los niños disfrutan de los libros que se les preparan.

Con mucha cautela me atrevería a apostar que no. Evocaciones que acaso invento ahora me remiten a las historias de terror, las investigaciones de Mister Reeder, el Padre Brown y el poema *A Margarita Debayle,*

creaciones todas que poco tienen de infantiles.

Me parece también recordar que a mis cuatro o cinco años escuchaba con más placer *La copa del olvido* o *Mi noche triste* que las cargosas pamplinas sobre faroleras tropezadas.

Así, menos en forma de teoría que de sospecha, postulo que un libro que entretiene a un chico debe ser capaz de hacerlo con un adulto. Desde luego, la afirmación no sirve en el orden inverso: toda obra necesita una información previa por parte del lector para ser comprendida. El cuento *El inmortal,* de Jorge Luis Borges, resultaría incomprensible —o insulso— para quien desconociera la existencia de Homero.

La medición de un hexámetro exige saber latín. Presiento, sin embargo, que miles de cuentos y novelas pueden ser leídos sin penuria por los chicos y sin aburrimiento por los mayores. Los ejemplos son tan contundentes que me avergüenzan: *La isla del tesoro,* los cuentos de Oscar Wilde, *Las mil y una noches,* las maravillas y horrores de la mitología clásica.

Frente a estas obras, los coloridos volúmenes de las colecciones infantiles resultan bastante insípidos.

A veces me palpito que muchos de estos textos son estropeados por la intención edificante. Alguien me dijo una vez que en verdad ocurre lo contrario: la torpeza literaria desacredita la moraleja.

Manuel Mandeb, el polígrafo de Flores, sentía horror por las novelas protagonizadas por niños. Sostenía que sus comportamientos eran poco racionales, o lo que es peor, poco artísticos. Recomendaba insuflar a los pequeños personajes la mayor gravedad, pues entendía que los chicos son generalmente serios y aborrecen la socarronería.

Mandeb creía que el amor a los niños era una virtud literaria capaz de redimir cualquier defecto.

—*El cariñoso esfuerzo conmueve a los pibes aunque no lo confiesen* —decía.

Me parece que el hombre de Flores adivinó una gran verdad.

Cuando era chico yo sentía una emoción deliciosamente triste ante las calesitas, los circos y los caleidoscopios. No me gustaban, no me divertían. Pero me hacían sentir una inmensa piedad por aquellas gentes, más inocentes que yo, que trataban de agradarme con ingenio modesto. De entre mis juguetes infantiles recuerdo una cimitarra de madera que me trajo mi padre. Mis juegos no incluían las gestas sarracenas, de modo que no pude sacarle mayor provecho. Pero allí estaba el amor del hombre aquel, que tal vez no me comprendía.

Por eso creo en el criterio de Mandeb. El amor de un poeta puede ser más eficaz que un buen argumento.

Más tarde he reconocido aquellos sentimientos de la niñez al recibir algún regalo demasiado humilde.

En los años dorados, un grupo de maestros melancólicos del barrio del Ángel Gris preparó un libro de lectura escolar diferente de todos.

Su título fue *Tempranos desengaños*.

Contaba con textos de Manuel Mandeb, Jorge Allen, la docente Etelia C. de Doth y otros oscuros literatos del barrio. También se procuró hacer creer que escribían algunos niños, cosa que nadie llegó a admitir jamás.

Muchos educadores han dicho que *Tempranos desengaños* carecía de propósitos aleccionadores. Nada más falso. En muchas de sus páginas se promueve la admiración de ciertas conductas. Sucede —eso sí— que tales conductas son precisamente aquéllas que reprueban los libros infantiles convencionales. Se enaltece la inasistencia a clase, se desprecia la aplicación, se duda de la higiene y se festejan los desórdenes.

Hay cuentos, poesías, notas y canciones, entre las que sorprende encontrar la milonga *Cobráte y dame el vuelto*.

Vamos a transcribir algunos textos.

Los deberes de Pedro

Pedro se sienta en los últimos bancos de aula, como corresponde a un chico que desdeña la educación y la vecindad de los poderosos. Las conspiraciones y los batifondos nunca lo hallan ajeno. Busca el riesgo de las transgresiones y la compañía de los más beligerantes. A veces lo tientan el estudio y la inteligencia.

—Entonces, como quien acepta un desafío, como una compadrada, resuelve arduos problemas de regla de tres y cumple los dictados sin tropiezos.

Un día, la maestra le acaricia el pelo tiernamente. Él piensa:

—*Ay, señorita... Si supiera cómo me gustaría regalarle una flor y darle un beso.*

Pero Pedro sabe quién es y conoce su deber y su destino. Con una gambeta se aleja del afecto inoportuno y va a buscar la gloria allá en el fondo, donde los malandras se empeñan revoleando los tinteros para que se cumpla mejor el divino propósito del Universo.

Ejemplo (Poesía)

Los sabios nos han dicho
que sigamos la sombra de tu paso.
Y ha sido tu destreza
la vergüenza de nuestras lentitudes.

Los signos que guardaba
la efímera pizarra en su negrura

a ti no te negaron
revelaciones y sabidurías.

Los Seres que Vigilan
han sabido por ti nuestras infamias
y hallaste recompensa
en la noticia del castigo ajeno.

Ah, blanco paradigma,
luminoso, implacable compañero:
hoy nuevamente ha sido
postulada tu suerte como ejemplo.

El numeroso patio
tu sangre dibujada vio en el suelo
y el rumbo de mis golpes
siguió la blanca popa de tu miedo.

Así supieron todos
después de tu derrumbe en el recreo
las biabas que promete mi zurda
a los traidores del colegio.

Los niños precoces (Por Manuel Mandeb)

Algunos chicos dan frutos tempranos, no lo niego.

Sus padres se enorgullecen y los exhiben entre sus familiares y conocidos, cuando no en el cine o la televisión.

Me atrevo a pensar —sin embargo— que no toda precocidad es auspiciosa.

Empecemos por decir que existen adultos bondadosos, agudos, valerosos o geniales. Y que también los hay mediocres, hipócritas, pomposos y canallas.

El niño precoz recibe la visita anticipada de ciertos rasgos de la adultez.

Algunos tocan el piano como expertos profesionales, otros aprenden lenguas, dibujan o poseen la ciencia.

Pero hay chicos cuya precocidad consiste en adquirir antes de tiempo el tono vacío y protocolar de las conversaciones de sala de espera. Y aprenden a los seis años la torpe filosofía de los tontos satisfechos.

"Así anda el mundo, Doña Juana..." "Qué se gana discutiendo, Don José..." "Hablando se entiende la gente, Carlitos..."

También repiten el lenguaje de las revistas y hacen suyas las respuestas de los reportajes más vulgares.

Por cierto, mucha gente cree que ésa es la sabiduría. Y yo digo que más sabios son los pibes indoctos que observan con repugnancia los diálogos de los parientes bien educados.

Ojalá surjan muchos niños prodigio que se apropien del genio con impaciencia.

Pero para ser un papanatas, me parece que no hay apuro.

El niño que fue a menos

La señorita Claudia le pregunta a Ferro:
—*¿Quién fundó la ciudad de Asunción?*
Ferro lo ignora y lo confiesa. La maestra intenta por otros rumbos.
—*Tissot.*
—*No sé, señorita.*
—*Rossi.*
Silencio. El ambiente se pone pesado porque quizá la señorita Claudia enseñó aquello el día antenor.
—*Maldonado.*
Nada. Claudia frunce el ceño y ensaya unos reproches generales.
Frezza, el tano Frezza, lo sabe de algún modo misterioso. Es extraño el camino que siguen las nociones: suelen alojarse donde menos se piensa.
—*Núñez. López. Dall'Asta.*
Tampoco. Frezza espera, sobrador, sin levantar la mano. Cosa de manyaorejas, piensa.

La señorita Claudia se dirige a las niñas y pronuncia el nombre amado. Frezza está muy lejos para soplar y la morocha que lo enloquece no puede contestar.

De pronto, la maestra lo mira.
—*Frezza.*
Y el niño taura, que tal vez necesita anotarse un poroto, se levanta, mira hacia el banco de la morocha y dice casi triunfal:
—*No lo sé.*
Si es que nadie lo sabe, estará bien no saberlo. Frezza se sienta y se oye entonces, como en una horrible blasfemia, la voz de Campos, injuriosa:
—*¡Juan de Salazar!*
Pasaron los años. La morocha no conoció el amor de Frezza ni tampoco su gesto elegante y generoso.

Si alguien califica estas lecciones en alguna Libreta Celeste, Frezza tendrá un nueve. Y si ni siquiera existe esa Libreta, entonces tendrá un diez.

~*Una pelea*

Me empujaron a la salida. Hubo un tumulto blanco y después de una rápida investigación, quedé frente a frente con Carlos.

—*¿Qué empujás?*

Se formó una rueda. Alguien gritó:

—*Fajálo...*

Niñas aterrorizadas se sumaron al grupo.

Carlos se puso muy colorado. Manos crueles lo empujaron hacia mí.

Tito, falso caudillo y sujeto temido, me dijo:

—*Dale... ¿O le tenés miedo?*

Entonces le acomodé una piña y ahora ya sé que soy cobarde.

Tempranos desengaños no fue aprobado por las autoridades escolares. Puede afirmarse que pocos chicos lo leyeron.

Sin embargo, como si alguien les impartiera preceptos secretos, aún hoy, en el tiempo de los Refutadores de Leyendas, hay niños que se siguen sentando en los últimos bancos y también hay hombres que lejos ya de la escuela se apartan de las ventajas y las oportunidades fáciles.

A ésos, a los del Fondo, a los que pudiendo sentarse en el primer banco lo rechazan, a los que no figuran como ejemplos en los libros de lectura, a los espíritus lunares, a los alumnos de coraje y honor que —según presiento— no leen obras como ésta, a todos ellos —tardíamente— los abrazo ahora, cuando ya no me lo impiden las mezquindades que cargué en mi niñez.

36

Historia de la nueva historia

Que la historia se nutre de conjeturas es algo que sabe cualquiera.

Nada cuesta razonar que de los innumerables actos humanos que han tenido lugar en todos los tiempos, solamente una ínfima parte nos consta cabalmente.

Hay también una porción de sucesos que podemos imaginar o deducir de ciertos indicios.

Pero la mayor parte de las cosas que han pasado nos son desconocidas.

De los millones de artistas que escribieron, pintaron, cantaron y esculpieron en cuatro mil años de historia egipcia sólo conocemos el nombre de tres o cuatro. De los creadores asirio-babilonios, ni siquiera eso.

También es de suponer que muchos acontecimientos, que damos por sabidos, ocurrieron quizá de un modo diferente del que se nos aparece como cierto.

Esto, más que molestar al aficionado a la historia, lo excita y apasiona.

Lo que ha sido ha sido —decían los griegos— y ni siquiera los dioses pueden modificarlo.

Sin embargo la imperfecta condición del conocimiento humano permite que una misma historia pueda ser referida de cien distintas maneras y con significados opuestos. Es posible transformar lo que fue y hasta me atrevería a afirmar que se trata de una tarea artística.

Hacer planes para el pasado es menos una paradoja divertida que una función propia de todo historiador.

Hay que admitir que todos estos razonamientos provocan desazón entre los amantes del rigor, la certeza y la verdad. Esta gente padece un gran desconsuelo ante la inevitable relatividad de las nociones que se imparten por allí.

Borges imaginó un Universo creado hace algunos minutos con (falsas) huellas de un pasado antiquísimo. Cualquier persona decente no puede menos que sentir una extrema inquietud al examinar esta posibilidad.

En Caballito, donde la precisión es la primera de las virtudes, un grupo de historiadores se propuso legar a las generaciones futuras una colección de documentos de implacable minuciosidad para que la historia no tuviera zonas desérticas para los estudiantes.

Así nace la agrupación Nueva Historia.

Y el proyecto concebido por esta notable sociedad fue —sin ninguna duda— el más desmesurado de la historia del pensamiento de nuestro siglo.

La idea era escribir un tratado absolutamente completo de la Historia Universal, a partir del 1º de enero de 1965. Los hechos ocurridos con anterioridad a esa fecha, se reputarían pertenecientes a una era anterior, conjetural y poco segura, bien diferente de los nuevos tiempos documentados que comenzaban.

La obra registraría la totalidad de los sucesos humanos y los sostendría con pruebas y legalizaciones irrefutables, para no dejar lugar a la más pequeña sombra de sospecha. Para acometer semejante hazaña, Nueva Historia reunió a catorce profesores, dos numismáticos, cuatro calígrafos, un cartógrafo, dos operadores de radio, seis dibujantes, un cadete, veinte amanuenses y un escribano público.

A los pocos días comenzaron a hacerse patentes algunas dificultades. Los historiadores escribían y avalaban con toda rapidez, pero los hechos superaban cualquier cálculo. Mientras alguien consignaba un suceso, ocurrían otros cien que debían dejarse para el día siguiente. Además, los científicos sentían la amarga sensación de que, en lugares ocultos, personas absolutamente desconocidas llevaban a cabo toda clase de operaciones vitales sin que la sociedad Nueva Historia lo supiera.

Así fue que se resolvió renunciar al universalismo, limitándose a los sucesos nacionales. Pero no fue suficiente, la historia es siempre más veloz que los historiadores. De cualquier manera, los problemas complejos suelen favorecer la aparición de grandes ideas. Y en este caso, el toque genial lo proporcionó el cineasta húngaro Lazlo Martok, experto en filmes documentales que había abandonado su país huyendo de las persecuciones, aunque el hombre ya no recordaba quién lo perseguía ni por qué.

Martok sugirió a las comisiones de Nueva Historia la posibilidad de filmar la vida entera de las personas, con un sistema sonoro, para que las imágenes y sonidos resultantes pudieran ser estudiados por los curiosos del porvenir:

La iniciativa fue saludada con gran beneplácito. En un sentido discurso, el doctor Anselmo T. Galván Castro advirtió que si las civilizaciones precedentes hubieran tenido la precaución de filmar cada existencia, nuestro conocimiento de la historia sería completo y la experiencia acumulada nos permitiría una vida mejor, sin errores repetidos y sin caminos nefastos recorridos mil veces.

"Ahí tienen ustedes la entrevista de Guayaquil —se encrepó Galván Castro—. *No sabemos qué pasó entre San Martín y Bolívar. Una simple cámara pudo ahorrarnos un siglo y medio de suposiciones."*

La sociedad Nueva Historia empleó sus magros fondos en la adquisición de cámaras de cine y grabadores de sonido. Pero cuando todo estaba listo para comenzar la Magna Obra, los Refutadores de Leyendas entraron en acción.

Alguien manifestó que para la filmación de una vida hacían falta, por lo menos, dos. La vida del filmado y la del operador encargado de manejar la cámara. Y eso suponiendo que este último señor no atienda jamás sus propias necesidades. En realidad lo más razonable sería la existencia de dos operadores por persona filmada: uno de día y otro de noche. Pero entonces la Historia resultante no podría abarcar jamás a todas las personas del mundo. Quedarían fuera los operadores.

La objeción fue contestada sugiriendo que cada operador tuviese detrás suyo a otro operador que filmara la filmación. Pero, si bien se piensa, tal sistema conduciría a la estirpe humana a una interminable cadena de operadores que se filman, mientras una sola persona, la primera de la fila, vive realmente.

El doctor Galván abogó finalmente por una solución heroica: los camarógrafos no pertenecerían a la historia. Sus biografías serían deducidas de las imágenes de sus filmados. Por ejemplo, un ilustre médico escala el Himalaya. Los observadores deberían pensar que detrás del médico estaba el operador.

Pero los Refutadores de Leyendas no se detuvieron en su tarea corrosiva. Uno de ellos sostuvo que el sistema de filmaciones provocaría una insoportable modificación en la psiquis del género humano.

"Las personas cambian su actitud cuando se hallan frente a una cámara. Si se filma la vida entera de la gente, todos nos pareceremos a Santiago Gómez Cou."

Galván Castro confesó entonces su fervorosa admiración por Santiago Gómez Cou y declaró que el hecho de saberse filmado obligaría a todo ciudadano a llevar una vida digna y sin tapujos.

La polémica fue muy áspera.

La gente de Flores no tomó partido por ninguno de los dos bandos.

Manuel Mandeb, sin embargo, imaginó la siguiente situación.

"Un hombre notable es filmado en todos los actos de su vida. Un día cualquiera este hombre desea ver algo de lo ya filmado. La sociedad Nueva Historia lo complace. El hombre se sienta y observa trozos de su pasado en una pantalla. Mientras tanto, un camarógrafo lo está filmando. En ese momento su presente y su pasado son —al menos para quien después observe esta nueva filmación— la misma cosa. El episodio puede repetirse infinitas veces, y así es posible que algún historiador del siglo XXII contemple la imagen de un hombre sentado observando a otro hombre sentado, que observa a otro hombre sentado y así hasta donde ustedes quieran. Cada hombre es un poco más joven, pero todos los hombres son el mismo."

Pero sin duda la objeción más importante al proyecto de Lazlo Martok fue la llamada Objeción del Pensamiento, que podría resumirse así:

"No existen cámaras que filmen la conciencia. Si un operador registra las imágenes de un sabio meditando, jamás sabremos el verdadero contenido de sus meditaciones, salvo que el hombre tenga la insana costumbre de meditar en voz alta. Así, jamás se sabrá si el sabio está inventando un nuevo específico o si está analizando la posibilidad de estrangular a su cuñado.

"Pero hay más todavía: muchas actitudes de los hombres sólo se comprenden si se conocen aspectos sociales de su tiempo que —con seguridad— escaparán al alcance de las cámaras. Si uno de nosotros recibe una ostra, el episodio no nos preocupará. Para un griego tal situación significaba el destierro."

De cualquier modo, no hubieran sido necesarias tantas críticas feroces.

La Gran Obra de la sociedad Nueva Historia jamás hubiera podido prosperar. Era demasiado costosa.

Inútiles fueron los esfuerzos por conseguir el auspicio de una firma fabricante de cámaras y grabadores. Las rifas, festivales, kermeses y colaboraciones desinteresadas arrojaron réditos menesterosos.

Finalmente el 2 de marzo de 1966, el doctor Galván Castro anunció que Nueva Historia quedaba disuelta.

Sin embargo, han quedado algunos retazos fílmicos realizadas por Lazlo Martok.

El más extenso dura siete horas. Se lo conoce entre los entendidos como *La siesta del ingeniero Oscar Valente*. Al comienzo del valioso documento se observa a un caballero haciendo preparativos para dormir su siesta. En cierto instante, el hombre extrae su cédula de identidad y la expone ante la cámara. Se advierte aquí el prurito de Nueva Historia por ofrecer pruebas de todo. Acto seguido, Valente (pues de él se trataba) procede a dormir durante seis horas. La cámara lo sigue prolijamente en sus cambios de lado, movimientos inconscientes y aun en sus períodos de inquietud.

Sobre el final, el ingeniero despierta y sale de la habitación. Allí se adivina que a Martok se le terminó la película, o bien la paciencia. Hay que convenir con los Refutadores de Leyendas en que, con ser extenso, el documento no es esclarecedor. Después de examinarlo una y otra vez, poco se puede saber acerca del ingeniero Valente, como no sea que un día durmió la siesta durante seis horas.

Durante cierto tiempo también se conservaron algunos rollos que Galván Castro había enterrado en el fondo de su casa para que los curiosos del tercer milenio tuvieran noticia de su obra.

Pero, desconfiado como era, el hombre no podía irse a dormir si no se aseguraba de que los rollos estaban en su lugar. Entre tantos entierros y desentierros, los rollos corrieron el destino que parece reservado a todo documento histórico: se perdieron.

En fin:

La aventura de esta sociedad nos deja una enseñanza: es tan mala la escasez de documentos como el exceso de ellos. Nueva Historia nunca comprendió que recrear el pasado supone elegir los momentos más reveladores. Poco sentido tiene referir hora por hora las menudas actividades de los hombres.

Por lo demás, desde el punto de vista pedagógico, el nuevo método resultaba un tanto dificultoso. Para estudiar la infancia de Washington un estudiante hubiera necesitado doce años; para examinar la vida de San Martín, setenta y dos. Y eso para no hablar de las dinastías, civilizaciones e imperios. Éstos, claro está, son ejemplos. Ya se sabe que Nueva Historia sólo comprendería los sucesos a partir de 1965. Pues bien, si se piensa que en ese año Buenos Aires tenía 5 millones de habitantes, el estudio de esa sola ciudad, en esos 365 días, hubiera insumido 5 millones de años.

No obstante, mucho después de la defunción de Nueva Historia, algunos caballeros adinerados contrataron a Lazlo Martok y a otros operadores para que les filmaran la vida. Al principio el negocio funcionaba. Pero luego Martok advirtió a sus clientes que sólo entregaría las películas cuando estuvieran completamente terminadas, lo que desilusionó a la mayoría de los caballeros adinerados.

Hoy la técnica, con su increíble progreso, puede hacernos pensar que el proyecto de Nueva Historia se cumplirá alguna vez. Durante las 24 horas del día hay cámaras y grabadores funcionando. Las ciencias auxiliares de la historia utilizarán ese material en el futuro. Y ya no será necesario descifrar piedras de Rosetta, ni excavar las ruinas de Babilonia. El cine dará testimonio de nuestras vidas. Y entonces podrá ser llamado, con toda propiedad, el biógrafo.

37

El Club de los Falsificadores

*H*ace bastante tiempo que nadie habla del Club de los Falsificadores. En una época, sus hazañas eran tema frecuente entre los Narradores de Historias. Pero —con los años— la gente se olvidó del asunto.

Esto no significa que los Falsificadores hayan abandonado su actividad. En todo caso, puede sospecharse que se han vuelto más sigilosos.

Algunas personas decentes han llegado a sostener que el silencio del periodismo es solventado con módicos sobornos del Club. Es posible.

Como ya se sabe, esta publicación ejerce la fácil virtud de resistir a las tentaciones que no se le presentan. Por eso se atreve a sacar de las tinieblas este informe, menos interesante que confidencial, cuya poca consistencia ya se irá palpitando hasta el lector más obtuso.

Según los expertos en cuestiones policiales, la primera noticia de la existencia de los Falsificadores se remonta a 1902. Los archivos mencionan a un señor de apellido Aréjula, que fue procesado por acuñar moneda fenicia.

Un opúsculo aparecido en la década de 1950 insiste en que hubo un solo falsificador y no revela su nombre.

Pero el criterio más difundido es el que afirma que el Club de los Falsificadores existe desde hace muchos siglos y que infinidad de objetos que hoy nos sorprenden no son más que falsificaciones de otros objetos que se han perdido o se encuentran ocultos.

Sin duda, todo aquél que desee profundizar en esta cuestion no podrá evitar la consulta del célebre *Catálogo de falsificaciones mundiales* que se publicó anualmente hasta 1964. En estos anuarios el lector paciente puede encontrar no solamente las insoportables listas de objetos falsos, sino también algunos datos que ayudan a comprender el verdadero propósito de la organización. En la contratapa del catálogo de 1945 figuran estas reflexiones:

"...Hay tres clases de falsificación. La falsificación horizontal, la ascendente y la descendente.

"Por falsificación horizontal entendemos la multiplicación pura del objeto original, sin añadidos ni supresiones.

"Falsificación descendente es la que se realiza —por lo general— con fines de lucro. Aquí los objetos falsos son peores que el original: vidrios tallados como diamantes, relojes impuntuales con marcas famosas, licores deplorables que se fingen whisky.

"Finalmente está la falsificación ascendente, en la que el objeto falso supera al original. Esta falsificación es una alta y noble tarea. Podríamos decir que la falsificación ascendente es un género artístico, pero tal expresión sería demasiado pobre. En realidad, todo hecho artístico es una falsificación ascendente."

Más apasionante aun es este recuadro de 1956:

"Muchos críticos apresurados se han pronunciado en contra de las falsificaciones. Opinan estos caballeros que una copia de La Gioconda es peor que La Gioconda. Alguien objeta entonces que la copia y el original son idénticos. Entonces los críticos contestan que es cierto, pero que Leonardo la pintó primero. De este razonamiento se desprende que lo que confiere valor a una obra artística es la circunstancia en que fue realizada. Es decir, un hecho en verdad ajeno a la obra misma.

"Esto no es todo: muchas veces ignoramos todo acerca del momento y situación en que fue creada una obra. ¿Cómo proceder entonces? Imaginemos que un cataclismo destruye nuestra civilización. Milenios más tarde un grupo de arqueólogos descubre La Gioconda original y también un cierto número de copias. ¿Ante cuál se prosternarán? ¿Ante la que pintó Leonardo o ante las tapas del dulce de batata?"

Los anuarios del *Catálogo de falsificaciones mundiales* son hoy en día difíciles de conseguir, pero uno puede conformarse con ediciones falsas, más baratas y mejores que las verdaderas.

Es hora de declarar de una vez que el Club de los Falsificadores siempre practicó la falsificación ascendente. Hay creaciones que han sido festejadas por todos los públicos. Los billetes de un peso veinte de 1942 eran mucho más delicados —y algo más valiosos— que el modelo impreso por el Banco Central.

Nadie olvida la falsa lluvia del 2 de marzo de 1960, que hasta mojaba.

La edición de boletos del Ferrocarril Pacífico de 1940 es simplemente soberbia, más aun si se la compara con la realizada por el propio ferrocarril, bastante pobre por cierto. También es famosa la falsificación del disco *Pepitas de Oro* por la orquesta de Xavier Cugat, tarea que demandó semanas y semanas de arduos ensayos y grabaciones con treinta y dos músicos, once más de los que tocaron con Cugat.

Pero además de los éxitos consagratorios hubo un gran número de recreaciones que no alcanzaron tanta difusión.

Podemos recordar, sin ir más lejos, la falsificación de un boliviano, que se perpetró en 1954 con la complicidad de un japonés.

O la minuciosa duplicación del baño de la estación La Paternal, que tantos peregrinos utilizaron sin sospechar el engaño.

Todas estas empresas, lejos de proporcionar ganancias, ocasionaron gastos a los Falsificadores.

Ahora bien, ¿quién corría con tales gastos? Y lo que es más inquietante, ¿para qué? Manuel Mandeb expuso sus ideas al respecto en un pequeño libro titulado *El beso de Judas*.

Allí el filósofo de Flores desliza una ponencia alarmante: el propósito final de los miembros del Club es falsificarlo todo. Llegará un día en que nada de lo que veamos será real. Ni las montañas ni los ríos ni la mujer amada ni nuestra imagen en los espejos ni los espejos. Todo será obra de los Falsificadores. Nosotros mismos seremos nuestra propia copia y no lo sabremos, pues los Falsificadores trabajan con sutileza.

"Tal vez ese día —sigue Mandeb— ha llegado ya. Pero aunque así no fuere, es seguro que el número de cosas falsas es ya considerable. Quién sabe si mucha gente no se estará jugando la vida por causas de cartón pintado."

Mandeb no aclara qué es lo que ocurre con los originales. Solamente una oscura frase parece orientarnos:

"... A veces se me hace que este mundo es falsificación barata de otro. Nada sale nunca del todo bien. La vida es hermosa pero uno se muere, el amor tiene un precio altísimo, el vino ocasiona dolor de cabeza. Siempre falta algún detalle y ese detalle es decisivo."

El hombre de Flores no duda jamás de la victoria de los Falsificadores, lo cual resulta coherente con el pesimismo general que puede observarse en toda su obra.

Lejos de estas suposiciones apocalípticas, otra obra de Mandeb hace referencia a las falsificaciones. Se trata del ensayo *Caras y gestos: una visión del arte moderno*. En el capítulo cuarto nos topamos con una deliciosa observación:

"...La falsificación de una obra artística es una cosa enteramente distinta a dicha obra. No digo que sea mejor ni peor: digo que es distinta. No crean que acudiré al sencillo expediente de indicar que la copia ve la luz en un universo ya modificado por la presencia del original. La cosa es mucho más evidente.

Expresémoslo así: puede ocurrir que la falsificación de un cuadro impresionista sea un cuadro naturalista. Y no es que el falsificador haya fallado. Simplemente, el cuadro original toma como modelo un objeto real (un zapallo, por ejemplo) y lo desarrolla siguiendo las pautas que llamamos impresionismo. La falsificación, en cambio, toma como modelo el cuadro original y lo representa no de un modo impresionista, sino de manera minuciosa y realista. Así, cuanto más perfecta sea la copia de un cuadro impresionista, menos impresionista será."

Pero volvamos al Club de los Falsificadores.

Es necesario reconocer que en algunos casos los resultados no han sido del todo felices. La falsificación de un autógrafo de Laura Hidalgo intentada en 1956 fracasó por completo. Los comentaristas complacientes aducen que el Club en realidad no se proponía lograr una firma igual a la de la actriz. Pero la experiencia enseña a desconfiar siempre de juicios como éste: cada vez que un artista, una escuela o una época no consiguen algo, aparece alguien diciendo que no se lo proponían. Tal condescendencia nos ha obligado a la admiración de más de un tosco.

Pero la rusticidad es casi inconcebible entre los artistas del Club. Sean cuales fueren sus objetivos, los Falsificadores prefieren la terminación a la concepción. El virtuosismo barroco, al genio montaraz.

Pocas o ninguna de estas encrucijadas estéticas ha desvelado a la policía en su implacable persecución de los Falsificadores. Inútiles han sido las innumerables solicitadas que con firmas falsas hizo publicar el Club.

Jamás se pudo lograr que la autoridad permita y menos aun que auspicie las inquietudes artísticas de esta agrupación.

A los Hombres Sensibles de Flores no les gustaban demasiado los Falsificadores. A este columnista tampoco. Cada vez que alguien me muestra una copia y trata de convencerme de que es mejor que el original, me niego a creerle.

Los libros que cuentan la historia de los Falsificadores los presentan como hombres de ingenio y talento. Pero bien sabemos que tales libros son falsificados.

Tratemos de investigar con agudeza. Si sabemos ver lo que es cierto entre las falsificaciones de lo falso, tal vez podamos un día desenmascarar para siempre a los escurridizos miembros del Club de los Falsificadores. Busquemos la verdad. ¿Para qué otra cosa sirve la inteligencia?

38

Elogio de la renuncia

En el barrio de Flores siempre se sintió admiración por las renuncias. La gente distinguida apreciaba como muestra de buen gusto el rechazo de honores, dignidades, premios y cargos públicos.

Durante mucho tiempo no existieron recomendaciones escritas al respecto. Ninguno de los autores del barrio se ocupó del asunto para clasificarlo y ordenarlo.

Los Hombres Sensibles se limitaban a aplaudir cada renuncia, sin detenerse a meditar el carácter ético o estético de los gestos individuales. De cualquier manera, ya se sabe que los muchachos del Ángel Gris confundían casi siempre lo bueno con lo hermoso y verdadero. No es extraño encontrar en sus textos referencias a teoremas canallescos, flores mentirosas y corajes vistosos. Nadie puede sospechar que estas adjetivaciones se propusieran el asombro: eran la expresión cabal de hombres a quienes las propiedades del bismuto solían parecerles una compadrada.

Este caos inicial del espíritu renunciante dura hasta la aparición de una pequeña antología realizada por Manuel Mandeb. Se titulaba Ni *aunque me lo pidan de rodillas* y consistía —como ya puede adivinarse— en una colección de renuncias memorables.

El libro comienza con una del propio Mandeb, que no tiene fecha y que reviste la forma literaria del telegrama. Los glosadores se inclinan a creer que su texto original fue mucho más breve que el que figura en la antología. Y en realidad es muy probable que el autor haya querido amenguar los estragos que las tarifas del correo suelen hacer en el estilo literario de sus clientes.

Al parecer, Manuel Mandeb expone en esta pieza su decisión de declinar el cargo de cadete en la Farmacia Ghigliotti, de Caseros, a causa de graves desinteligencias filosóficas y empresarias con la conducción de la firma.

Siguen a ésta veintinueve renuncias de toda índole.

Merece destacarse la número doce, suscripta por el doctor Ángel D. Molina Acosta y dirigida al administrador del edificio en el que vivía, con copia a cada uno de los copropietarios. En realidad es el anuncio de la inminente mudanza del doctor Molina Acosta, pero al hombre se le antojaba esta actitud como una renuncia a su carácter de inquilino.

Vale la pena transcribir la número veinte, aunque más no sea por su brevedad:

"Yo no me llamo cincuenta pesos".

Firmado: Ramón.

La antología de Mandeb es de lo peor que ha escrito el polígrafo árabe. Pero sus consecuencias fueron notables. Su lectura despertó en muchas personas la conciencia de una vocación renunciante. Y los más emprendedores comprendieron las ventajas de reunirse y asociarse, para brindarse mutuo apoyo, para esclarecer puntos oscuros y para difundir la doctrina en los barrios bárbaros.

Así nace la Sociedad de Renunciantes de Flores.

Los maliciosos afirman que esta gente pasaba la mitad del tiempo eligiendo presidentes y la otra mitad considerando sus renuncias. Esto es casi cierto, pero no puede negarse que han dejado una serie de pensamientos muy interesantes, especialmente en estos tiempos, en los que nadie renuncia a nada.

Todo socio o simpatizante de la entidad tenía como obligación principal la de hacer obra para merecer algo. Muchos emprendían carreras universitarias, otros trabajaban durante años en casas de comercio, los menos elegían el camino del arte.

En algún momento el tesón o el talento eran reconocidos. Y allí empezaba la verdadera tarea: rechazar ese reconocimiento. Los médicos renunciaban a su título. Los amanuenses a su ascenso. Los artistas al renombre. De este modo, la culminación de los esfuerzos de toda la vida consistía en renunciar a la recompensa.

Semejante postura espiritual debía ir acompañada en todos los casos por una conducta digna y humilde. Los renunciantes jamás se dejaban tentar por la notoriedad. Iban siempre a menos. Si por su mente cruzaba un argumento feliz para refutar a algún pedante, se lo guardaban. Muchas veces pasaban por cobardes, sobrándoles cuero para ser corajudos. No cobraban los billetes premiados y se iban al mazo con el as de bastos.

Como ocurre siempre con las grandes corrientes filosóficas, no tardaron en aparecer heresiarcas.

El primer problema que se presentó era bastante previsible: muchos socios que se empeñaban en tareas ciclópeas llegaban al final del camino sin que nadie les ofreciera gratificación alguna. Naturalmente, esto los privaba de la posibilidad de la renuncia. Mandeb y otros ortodoxos sostuvieron que la verdadera renuncia es anterior al premio, debe yacer en el espíritu y no necesita hacerse manifiesta.

Pero esto era demasiado para algunos afiliados no del todo fuertes. Y así, muchos apresurados empezaron a renunciar públicamente a distinciones que nadie les había ofrecido.

En 1967, el arquitecto Mario Cuenca, que ya no era joven y que nunca había sobresalido, se permitió renunciar anticipadamente a su nominación como uno de los diez jóvenes sobresalientes del año. Su carta causó sorpresa entre los funcionarios, que ni siquiera lo conocían. Cuenca no recibió ni el módico halago de la aceptación de su renuncia.

Sin embargo, su ejemplo hizo escuela. Muy pronto los socios de la agrupación dejaron de hacer méritos para dedicarse tan sólo a renunciar.

La fundación Nobel, el Círculo de Periodistas Deportivos, las academias y los colegios recibían docenas de notas firmadas por los hombres de Flores, deseosos de rechazar cualquier eventual medalla.

Ya se puede uno imaginar el catastrófico efecto de este nuevo criterio.

Gandules que renunciaban a empleos que no tenían. Galanes que rompían con novias ajenas. Indoctos que rechazaban cátedras inalcanzables.

Paralelamente, la proverbial dignidad de los renunciantes se fue deteriorando. Empezaron a aparecer falsos virtuosos que se jactaban de resistir tentaciones que no sentían. Y eso —como bien lo afirma Mandeb— no constituye en verdad hazaña ninguna. Leamos al pensador de Flores.

"La virtud no consiste en privarse de lo que a uno no le gusta ¿Qué mérito representa el no tomar guindado si uno detesta esa bebida? El verdadero virtuoso es aquel que a todas horas siente deseos de tomar guindado y no lo hace. Por eso, cuanto mayor sea el número de tentaciones que nos acechen, más grande será también nuestra ocasión de ejercer la virtud. Un hombre sin tentaciones jamás podrá ser santo."

Hay que aclarar que ni Manuel Mandeb, ni la mayoría de los Hombres Sensibles de Flores pertenecieron a la Sociedad de Renunciantes de un modo efectivo. Miraron con simpatía las actividades del grupo y sufrieron ante su decadencia.

Con los años, las ramas heréticas fueron multiplicándose. Unos atorrantes de la calle Morón decían haber renunciado a la renuncia. No se privaban entonces de nada: se entregaban a los placeres más guarangos y de yapa se jactaban de su alta condición moral. *"Nada nos gustaría más que renunciar al juego, al alcohol, a los lupanares y al dulce de leche. Pero hemos renunciado a renunciar."*

Un grupo de esteticistas de la avenida Gaona entendía la renuncia como una de las artes literarias. De este modo nace la renuncia-ficción, género que únicamente exige la redacción de un texto, sin que esto implique el abandono de nada. Hay que reconocer que algunas obras surgidas de este cenáculo son primorosas.

Las hubo melancólicas, apasionadas y hasta versificadas, como ésta que transcribimos:

"Informo por la presente
que a partir de este momento
al cargo que yo detento
renuncio redondamente.
Lo saluda atentamente
Ángel Natalio Formento."

Después también hubo escisiones entre los literatos y los más recalcitrantes se condenaron al silencio.

Otras manifestaciones artísticas tuvieron lugar en la calle Pedernera, donde se cantaban canciones de renuncia, aunque los cantores gustaban de hacerse rogar durante horas.

Pintores renunciantes parece que no existieron, aunque ciertos críticos creían ver en los cuadros del famoso plástico Lucio Cantini una especie de renuncia, aunque no acertaban a explicarse en qué consistía.

El último y tal vez el más agudo de los sectores disidentes fue el de la calle Boyacá, que sostenía que cualquier conducta lleva implícita una renuncia a otra conducta posible. El que se dirige al norte ha renunciado al Sur, al Este y al Oeste. El que toma mate amargo ha renunciado al azúcar y el que lo toma dulce ha renunciado a la amargura. Vivimos renunciando, aunque no lo sepamos.

Como puede verse, la intención primitiva había quedado muy lejos. El demasiado análisis condujo a los neorrenunciantes hacia el lado de los tomates.

Hoy, los estrictos consejos morales de la primera época se nos antojan exagerados.

Pero quizá convenga que todos nosotros los examinemos minuciosamente. No está tan mal renunciar de vez en cuando. La verdadera nobleza consiste en hacer lo que uno debe, sin esperar recompensa ninguna. Tampoco está mal darle cierta ventaja a la vida. Después de todo, el que da ventaja puede alardear aunque pierda.

Y una cosa más. Si no podemos enorgullecernos de lo que hemos hecho, que nos quede por lo menos el orgullo de lo que no hemos querido hacer.

39

La Conspiración de las Mujeres Hermosas

Cuando Jorge Allen, el poeta, se cruzaba con alguna mujer hermosa, caía en el más hondo desasosiego.

Esta muchacha no será para mí —pensaba mientras la veía doblar para siempre la esquina.

Es que cada mujer que pasa frente a uno sin detenerse es una historia de amor que no se concretará nunca. Y ya se sabe que los hombres de corazón sueñan con vivir todas las vidas.

En ocasiones especiales, Allen usurpaba el tranco de las más buenas mozas para decirles algo.

—*Vea: si no me conoce, no podrá usted darse el lujo de olvidarme.*

Pero casi siempre ocurría lo mismo. Las pibas de Flores no mostraban el menor interés en olvidar o recordar al poeta.

Cabe ahora mismo salir al paso de la suspicacia general, aclarando que Allen era un joven de grata y recia figura. Además era muy versado en amorosas cuestiones. En verdad, casi no se ocupaba de otra cosa.

Una tarde, envenenado por la fría mirada de una morocha en la calle Bacacay, el hombre tuvo una inspiración: sospechó que la indiferencia de las hembras más notables no era casual. Adivinó una intención común en todas ellas. Y decidió que tenía que existir una conjura, una conspiración. Él la llamó La Conspiración de las Mujeres Hermosas.

Allen nunca fue un sujeto de pensamientos ordenados. Pero su idea interesó muchísimo a las personas más reflexivas del barrio de Flores. El primer fruto que se recuerda de estas inquietudes fue la memorable conferencia en el cine San Martín, pronunciada por el polígrafo Manuel Mandeb.

Su título fue *De las mujeres mejor no hay que hablar* y vale la pena transcribir algunos párrafos conservados en la dudosa memoria de supuestos asistentes.

"*...Nadie puede negar el poder diabólico de la belleza. Se trata en realidad de una fuerza mucho más irresistible que la del dinero o la prepotencia. Cualquiera puede despreciar a quien lo sojuzga mediante el soborno o el temor. Por el contrario, uno no tiene más remedio que amar a quien le impone humillaciones en virtud de su encanto. Y ésta es una trágica paradoja.*

"*...Las mujeres hermosas de este barrio conocen perfectamente la calidad de sus armas y las utilizan con el único fin de provocar el sufrimiento de los hombres sensibles. Ostentan su belleza y sin embargo no permiten que uno la disfrute. Cuentan dinero delante de los pobres. Esta perversa conducta no puede ser inconsciente. Obedece, sin duda, a un plan minuciosamente pensado.*

"*...Cada vez que me acerco a una señorita para presentarle mi respeto, no recibo otra cosa que gestos de desagrado, gambetas ampulosas y aun amenazas de escándalo. Ya no se puede ceder el paso a una dama sin que se sospeche que está por perpetrarse una violación.*"

Desde la cuarta fila, un grupo de colegialas le retrucó al conferenciante, llamando su atención acerca del comportamiento de los conductores de camionetas. Opinaban las niñas que estos profesionales, más que requerirlas de amores parecían proponerse insultarlas.

Este que escribe opina que la objeción es interesante. Con toda frecuencia se ven por las calles individuos que lejos de postularse como admiradores de las señoritas que se les cruzan, proceden a agraviarlas con frases puercas.

Aquí surge un tema polémico. ¿En qué consiste el piropo? ¿Cuál es su objeto y esencia?

Algunos sostienen que se trata de un género artístico: un hombre ve a una mujer, se inspira y suelta unos párrafos. No existe la esperanza de una recompensa, basta con la satisfacción de haber cumplido con los duendes interiores.

Si éste es el criterio correcto, la actitud de los conductores de camionetas es perfectamente comprensible. Tal vez quepan reparos de índole académica. Se puede opinar que es artísticamente superior un madrigal que un manotazo, pero ambas expresiones se encuadran rigurosamente en la definición que se ha sugerido anteriormente.

Otra corriente —menos desinteresada— piensa que todo piropo manifiesta la intención de comenzar un romance. Vale decir que se espera de la dama que lo recibe una respuesta alentadora.

Difícil será —por cierto— que alguien obtenga una sonrisa a cambio de una grosería. El asunto es apasionante y fue desarrollado por el propio Mandeb, mucho después, en un libro que se llamó *La objeción de las colegialas,* título que despertó un equivocado entusiasmo entre los conductores de camionetas.

Pero volvamos a la conferencia.

Manuel Mandeb presentó durante su exposición a un italiano y a un brasilero, quienes —dificultosamente— expresaron que, en sus países, los idilios se concertaban en forma rápida entre personas desconocidas y que muchas veces bastaba con leves gestos para entenderse bien.

Curiosamente, el propio conferencista desautorizó a sus invitados.

"...Está muy bien reclamar la tolerancia de las señoritas. Pero todo amorío debe presentar una cantidad razonable de escollos. Para serles franco, no quisiera saber nada con una mujer capaz de entreverarse en dos minutos con un tipo como yo."

La conferencia terminó en un tumulto. Varias conspiradoras asistentes empezaron a quejarse de recibir propuestas indecorosas de los caballeros vecinos. Probablemente se trataba de conductores de camionetas.

Los Refutadores de Leyendas hicieron oír su voz algunos días más tarde. En una de sus habituales reuniones manifestaron que no creían en la posibilidad de la conspiración. El argumento de los racionalistas merece consideración: según ellos las mujeres hermosas se odian entre sí y es inconcebible cualquier tipo de acuerdo. Declararon también que es falso que esta estirpe no haga caso de los hombres: todos los días uno ve hermosas muchachas acompañadas por algún señor.

Ya en el colmo de la locura, los Hombres Sensibles contestaron que allí estaba el punto: el señor que acompaña a las mujeres hermosas es siempre otro y esto provoca aun más tristeza que cuando uno las ve solas. No sería extraño que estas damas y sus acompañantes no fueran sino íncubos y súcubos que recorren el mundo para dar dique a las almas sencillas.

Ives Castagnino, el músico de Palermo, razonaba de este modo: si el propósito de las mujeres terribles es hacer sufrir a los hombres, tienen dos maneras de lograrlo:

1) No viviendo un romance con ellos.
2) Viviéndolo.

Según parece, al músico lo aterrorizaba mucho más la segunda posibilidad.

Como puede suponerse, las mujeres hermosas consultadas negaron siempre la existencia de la conjura. De cualquier modo, hay que reconocer que la encuesta no fue demasiado amplia. En primer lugar, las señoritas entrevistadas desconfiaban de los encuestadores y pensaban —con toda razón— que trataban de seducirlas. Y por otra parte resulta una verdadera ingenuidad creer que, quienes son capaces de una gesta tan oscura, se presten a revelar el secreto precisamente a sus víctimas.

Como suele ocurrir en estos casos, el tema de discusión se bifurcó innumerables veces y tomó el rumbo de los tomates.

Hubo quienes pidieron que se aclararan los límites de la hermosura para saber cabalmente cuáles eran las mujeres que alcanzaban esa categoría.

La cuestión es ardua, como todo juicio estético. Se pueden tener en cuenta —quizá— algunos indicios. Se dice que si una dama es muy linda, las demás la tendrán por tonta. Pero no puede tomarse este lugar común como precepto, pues es cosa evidente que existen mujeres que, siendo tontas, son al mismo tiempo feas. Inclusive hay gente que sostiene haber conocido señoritas hermosas e inteligentes, lo cual para mi gusto es demasiado.

El asunto se torna todavía más complejo a causa de la acción de los Agrandadores de Loros, unos caballeros más bien babosos que con halagos y falsedades consiguen que ciertos bagayos se crean la reina del corso. Así, los hombres de corazón llegan a padecer la violencia de verse rechazados por damas que jamás pensaron seducir. La tarea de los Agrandadores ha ido muy lejos y ha llegado incluso a las tapas de las revistas y a los avisos de publicidad, donde se proponen a la admiración de la gente toda clase de pescados con disfraz de Colombina.

Pero los Hombres Sensibles siempre supieron cuándo se hallaban ante la presencia de una mujer hermosa. Sentían lo que Mandeb describía como una patada en el corazón. Y no se equivocaban nunca.

A decir verdad, jamás se alcanzaron a reunir pruebas convincentes sobre la existencia de la conspiración. Pero sus efectos se siguieron padeciendo.

Pese a todo, Allen, Mandeb y todos sus amigos siguieron recorriendo las esquinas haciendo fuerza para creer que detrás de alguna puerta iba aparecer la mujer que les salvaría la vida.

Por suerte para los muchachos, hubo siempre entre las filas conjuradas algunas Traidoras Adorables.

Naturalmente, toda traición tiene su precio y muchas veces la exigencia era el amor eterno. Los Hombres de Flores pagaban una y otra vez este arancel.

La denuncia de Jorge Allen ya ha sido olvidada en el barrio del Ángel Gris. Pero aunque nadie converse sobre el asunto, basta con asomarse a la puerta para comprobar que las cosas siguen como entonces.

Allí están las mujeres hermosas en Flores y en toda la ciudad, gritando con sus miradas de hielo que no están en nuestro futuro ni en nuestro pasado.

Allí está la abominable secta de las Chicas con Novio, poniéndonos ante la espantosa verdad de que siempre hay un hombre mejor que uno.

El camino para derrotar a esta morralla es largo y penoso, pero seguirlo es el deber de los criollos arremetedores.

No hay más remedio que querer a pesar de todo. Y más todavía, tratar de que a uno lo quieran. Esta segunda labor es especialmente complicada y puede llevar la vida entera. Consiste —por ejemplo— en ser bueno, aprender a tocar el piano, convertirse en héroe o en santo, estudiar las ciencias, comprarse una tricota nueva, lavarse los dientes, ser considerado y tierno y renunciar a los empleos nacionales.

Una vez hecho todo esto, ya puede el hombre enamorado pararse en la calle y esperar el paso de la primera mujer hermosa para decirle bien fuerte:

—*He sufrido mucho nada más que para saber su nombre.*

Seguramente, la tipa fingirá no haber oído, mirará al horizonte y seguirá su camino.

Pero será injusto.

40

Apuntes del fútbol en Flores

*E*n un partido de fútbol caben infinidad de novelescos episodios.

Allí reconocemos la fuerza, la velocidad y la destreza del deportista. Pero también el engaño astuto del que amaga una conducta para decidirse por otra. Las sutiles intrigas que preceden al contragolpe. La nobleza y el coraje del que cincha sin renuncios. La lealtad del que socorre a un compañero en dificultades. La traición del que lo abandona. La avaricia de los que no sueltan la pelota. Y en cada jugada, la hidalguía, la soberbia, la inteligencia, la cobardía, la estupidez, la injusticia, la suerte, la burla, la risa o el llanto.

Los Hombres Sensibles pensaban que el fútbol era el juego perfecto, y respetaban a los cracks tanto como a los artistas o a los héroes.

Se asegura que los muchachos del Ángel Gris tenían un equipo. La opinión general suele identificarlo con el legendario Empalme San Vicente, conocido también como el Cuadro de las Mil Derrotas.

Según parece, a través de modestas giras, anduvieron por barriadas hostiles, como Témperley, Caseros, Saavedra, San Miguel, Florencio Varela, San Isidro, Barracas, Liniers, Núñez, Palermo, Hurlingham o Villa Real.

El célebre puntero Héctor Ferrarotti llevó durante muchos años un cuaderno de anotaciones en el que, además de datos estadísticos, hay noticias muy curiosas que vale la pena reconocer.

• En Villa Rizzo, todos los partidos terminan con la aniquilación del equipo visitante. Si un cuadro tiene la mala ocurrencia de ganar, su destrucción se concreta a modo de venganza. Si el resultado es una igualdad, la biaba obra como desempate. Y si, como ocurre siempre, los visitantes pierden, la violencia toma el nombre de castigo de la torpeza.

• En ciertas ocasiones, los partidos deben suspenderse por la lluvia y otras circunstancias. En ningún caso se extrañará la estrolada, que llegará sin fútbol previo, pura, ayuna de pretextos.

• En Caseros hubo una cancha entrañable que tenía un árbol en el medio y que estaba en los terrenos de una casa abandonada.

• En un potrero de Palermo, había oculta entre los yuyos una canilla petisa que malograba a los delanteros veloces.

• Cierto equipo de Merlo jugaba con una pelota tan pesada que nadie se atrevió nunca a cabecearla.

• En un lugar preciso de la cancha de Piraña acecha el demonio.

A veces los jugadores pisan el sector infernal, adquieren habilidades secretas, convierten muchos goles, triunfan en Italia, se entregan al lujo y se destruyen.

Otras veces los jugadores pisan al revés y se entorpecen, juegan mal, son excluidos del equipo, abandonan el deporte, se entregan al vicio y se destruyen.

Hay quienes no pisan jamás el coto del diablo y prosiguen oscuramente sus vidas, padecen desengaños, pierden la fe y se destruyen.

Conviene no jugar en la cancha de Piraña.

Las últimas páginas del cuaderno de Ferrarotti contienen historias ajenas. Algunas de ellas muestran un conmovedor afán literario. Veamos.

~*El tipo que pasaba por ahí*

Suele ocurrir en los equipos de barrio que a la hora de comenzar el partido faltan uno o dos jugadores. Casi siempre se recurre a oscuros sujetos que nunca faltan en la vecindad de los potreros. El destino de estos individuos no es envidiable. Deben jugar en puestos ruines, nadie les pasa la pelota y soportan remoquetes de ocasión, como Gordito, Pelado o Celeste, en alusión al color de su camiseta. Si repentinamente llega el jugador que faltaba, se lo reemplaza sin ninguna explicación y ya nadie se acuerda de su existencia.

Pero una tarde, en Villa del Parque, los muchachos del Ciclón de Jonte completaron su formación con uno de estos peregrinos anónimos. Y sucedió que el hombre era un genio. Jugaba y hacía jugar. Convirtió seis goles y realizó hazañas inolvidables. Nunca nadie jugó así. Al terminar el partido se fue en silencio, tal vez en procura de otros desafíos ajenos.

Cuando lo buscaron para felicitarlo, ya no estaba. Preguntaron por él a los lugareños, pero nadie lo conocía. Jamás volvieron a verlo.

Algunos muchachos del Ciclón de Jonte dicen que era un profesional de primera división, pero nadie se contenta con este juicio. La mayoría ha preferido sospechar que era un ángel que les hizo una gauchada. Desde aquella tarde, todos tratan con más cariño a los comedidos que juegan de relleno.

❧ *El referí demasiado justo*

El colorado De Felipe era referí. Contra la opinión general que lo acreditó como un bombero de cartel, quienes lo conocieron bien juran que nunca hubo un árbitro más justo. Tal vez era demasiado justo.

De Felipe no sólo evaluaba las jugadas para ver si sancionaba alguna infracción: sopesaba también las condiciones morales de los jugadores involucrados, sus historias personales, sus merecimientos deportivos y espirituales. Recién entonces decidía. Y siempre procuraba favorecer a los buenos y castigar a los canallas.

Jamás iba a cobrarle un penal a un defensor decente y honrado, ni aunque el hombre tomara la pelota con las dos manos. En cambio, los jugadores pérfidos, holgazanes o alcahuetes eran penados a cada intervención. Creía que su silbato no estaba al servicio del reglamento, sino para hacer cumplir los propósitos nobles del universo. Aspiraba a un mundo mejor, donde los pibes melancólicos y soñadores salen campeones y los cancheros y compadrones se van al descenso.

Parece increíble. Sin embargo, todos hemos conocido árbitros de locura inversa, amigos o lacayos de los sobradores, por temor a ser sus víctimas. Inflexibles con los débiles y condescendientes con los matones.

Una tarde casi lo matan en Ciudadela. Los Hombres Sensibles de Flores lamentaron no haber estado allí, para hacerse dar una piña en su homenaje.

❧ *El patio de las pelotas perdidas*

Los demonios ladrones andan merodeando cerca de las canchas. Cuando la pelota se va lejos, la ocultan entre los yuyales o en las zanjas para que los jugadores no puedan encontrarla. Ya en la noche, llevan las pelotas robadas a un patio secreto.

Los demonios realizan además acuerdos infames con vecinos chúcaros. Y en las madrugadas recorren techos, canaletas y terrazas para completar su despojo.

Nadie lo sabe, pero en el patio están todas las pelotas perdidas: duras reliquias con tiento, flamantes cueros profesionales, humildes "Pulpo" de goma, infames bolas de plástico que doblan en el aire, ásperas veteranas que han conocido mil costurones.

Un día entre los días vendrá del sur un duende bienhechor que ha de liberar las pelotas cautivas para devolverlas a sus dueños. Y todos sentirán la emoción de revivir viejos piques olvidados.

Instrucciones para elegir en un picado

Cuando un grupo de amigos no enrolados en ningún equipo se reúnen para jugar, tiene lugar una emocionante ceremonia destinada a establecer quiénes integrarán los dos bandos. Generalmente dos jugadores se enfrentan en un sorteo o pisada y luego cada uno de ellos elige alternadamente a sus futuros compañeros. Se supone que los más diestros serán elegidos en los primeros turnos, quedando para el final los troncos. Pocos han reparado en el contenido dramático de estos lances. El hombre que está esperando ser elegido vive una situación que rara vez se da en la vida. Sabrá de un modo brutal y exacto en qué medida lo aceptan o lo rechazan. Sin eufemismos, conocerá su verdadera posición en el grupo. A lo largo de los años, muchos futbolistas advertirán su decadencia, conforme su elección sea cada vez más demorada.

Manuel Mandeb, que casi siempre oficiaba de elector, observó que sus decisiones no siempre recaían sobre los más hábiles. En un principio se creyó poseedor de vaya a saber qué sutilezas de orden técnico, que le hacían preferir compañeros que reunían ciertas cualidades.

Pero un día comprendió que lo que en verdad deseaba, era jugar con sus amigos más queridos. Por eso elegía a los que estaban más cerca de su corazón, aunque no fueran tan capaces.

El criterio de Mandeb parece apenas sentimental, pero es también estratégico. Uno juega mejor con sus amigos. Ellos serán generosos, lo ayudarán, lo comprenderán, lo alentarán y lo perdonarán. Un equipo de hombres que se respetan y se quieren es invencible. Y si no lo es, más vale compartir la derrota con los amigos, que la victoria con los extraños o los indeseables.

El último partido de Rosendo Bottaro

Había jugado muchos años en primera. Ahora, unos muchachos lo habían convencido para que integrara un cuadrito de barrio en un torneo nocturno.

—*Con usted, Bottaro, no podemos perder.*

Bottaro no era un pibe, pero tenía clase. Confiaba en su toque, en su gambeta corta, en su tiro certero.

Su aparición en la cancha mereció algún comentario erudito:

—*Ese es Bottaro, el que jugó en Ferro, o en Lanús...*

Se permitió el lujo de unos malabarismos truncos antes de empezar el partido.

La noche era oscura y fría. Las tristes luces de la cancha de Urquiza dejaban amplias llanuras de tiniebla donde los wines hacían maniobras invisibles.

En la primera jugada, Bottaro comprendió que estaba viejo. Llegó tarde, y él sabía que la tardanza es lo que denuncia a los mediocres: los cracks llegan a tiempo o no se arriesgan.

Pero no se achicó. Fue a buscar juego más atrás y no tuvo suerte. Se rnezcló con los delanteros buscando algún cabezazo y la pelota volaba siempre alto.

Apeló a su pasta de organizador: gritó con firmeza pidiendo calma o preanunciando jugadas, pero sus vaticinios no se cumplieron. Ya en el segundo tiempo, dejó pasar magistralmente una pelota entre sus piernas, pero el que lo acompañaba no entendió la agudeza.

Después se sintió cansado. Oyó algunas burlas desde la escasa tribuna. En los últimos minutos no se vio. A decir verdad, cuando terminó el partido, ya no estaba. Lo buscaron para que devolviera su camiseta, pero el hombre había desaparecido. Algunos pensaron que se había extraviado en las sombras del lateral derecho.

Esa noche, unos chicos que vendían caramelos en la estación vieron pasar por el caminito de carbonilla a un hombre canoso vestido con casaca roja y pantalón corto.

Dicen que iba llorando.

Los Refutadores de Leyendas definen el fútbol como un juego en que veintidós sujetos corren tras una pelota. La frase, ya clásica, no dice mucho sobre el fútbol, pero deschava sin piedad a quien la formula. El mismo criterio permite afirmar que las novelas de Flaubert son una astuta combinación de papel y tinta. ¡Líbrenos Dios de percibir el mundo con este simple cinismo!

El fútbol es —yo también lo creo— el juego perfecto.

Hoy que el destino ha querido hacernos campeones mundiales, conviene decirlo apasionadamente.

Lejos de las metáforas oficiales que nos invitan a seguir el ejemplo de nuestros futbolistas para encontrar el destino nacional, yo apenas cumplo en homenajear a Bottaro, a Ferrarotti, a Luciano, a los miles de pioneros atorrantes que impartieron una ética, una estética, tal vez una cultura, cuyo inapelable resultado son los goles superiores, memorables, criollísimos de Diego Maradona.

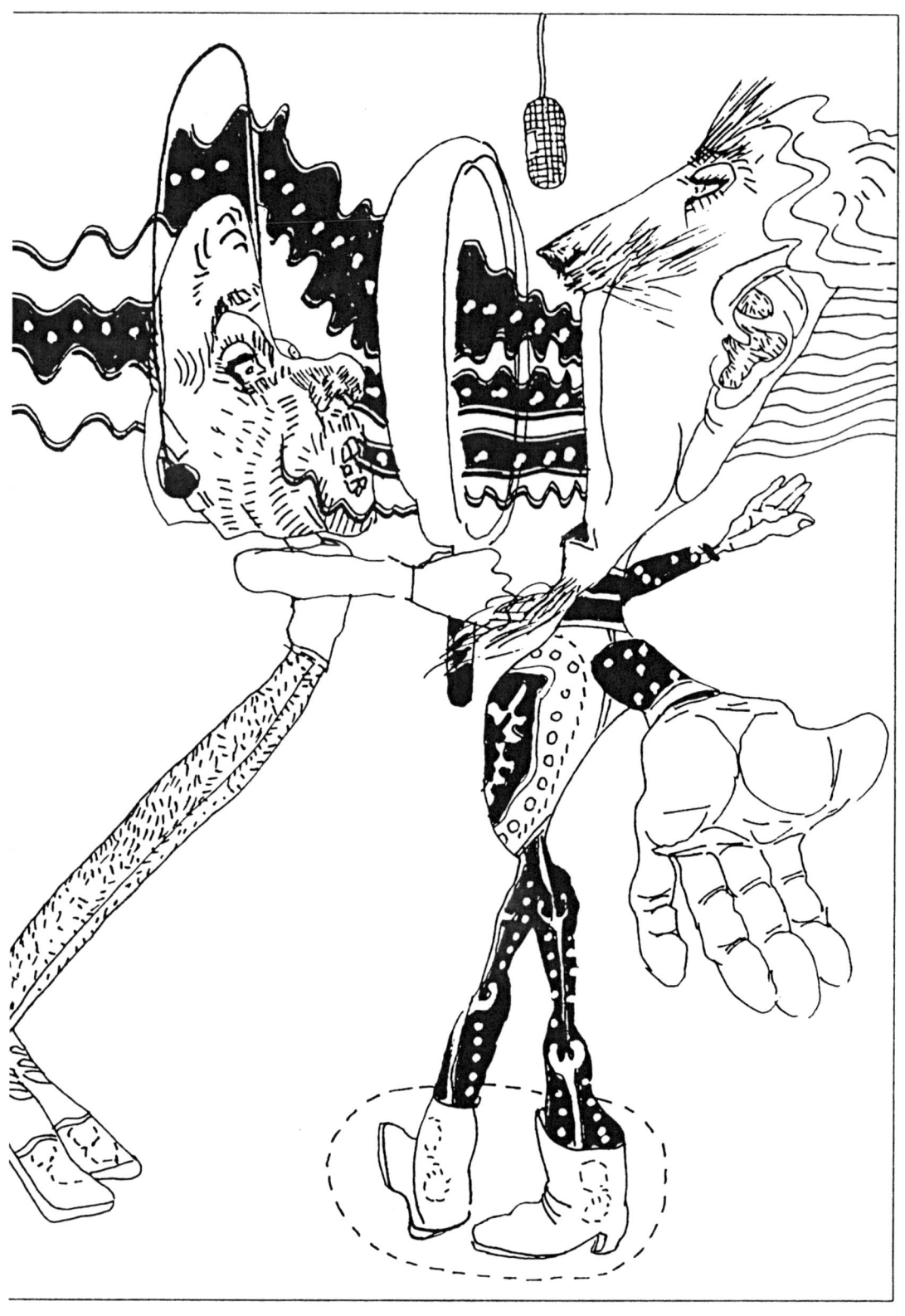

41

Cómo reconocer a un artista

A lo largo de la historia, muchas personas inteligentes han reclamado el establecimiento de normas precisas para reconocer puntualmente a un artista.

Ocurre que mientras resulta relativamente fácil distinguir a un plomero de un impostor, la condición artística puede fingirse durante largos períodos sin que nadie sospeche el engaño.

El arte es un sutil asunto y las chambonadas no se hacen tan patentes como en la plomería: cuando una canilla gotea, uno ve el agua y se moja con ella; cuando un poema está mal escrito no hay cataclismos exteriores que lo denuncien.

Hay algo más: en la civilización moderna los artistas suelen alcanzar renombre y riqueza. Y ante estas recompensas, nada cuesta calcular que los postulantes a artistas deben ser muy numerosos.

A decir verdad, casi todas las personas del mundo sienten alguna vez en su vida la tentación de emprender tareas artísticas. Y muchos creen hacerlo sin haberse asomado siquiera al más pequeño de los misterios.

El estudiante que dibuja la cara de su novia, el comerciante que se compró un órgano eléctrico, la secretaria que busca palabras que rimen con Remigio, el publicitario que diseña anuncios para vender zoquetes, el periodista que explica el funcionamiento de la defensa de San Lorenzo...

Todos ellos habrán examinado sus módicas obras con un secreto orgullo de artistas. Sin embargo, los hombres de corazón saben bien que el arte es otra cosa, más cercana al llanto y a la fatalidad que al pasatiempo y al ingenio de los bachilleres.

Uno de los intentos más serios que se hicieron para terminar con la proliferación de falsos artistas, fue la creación de la escuela integral El Arte Sano.

Esta institución del barrio de Flores se proponía enseñar lo poco que puede enseñarse en estos asuntos y —fundamentalmente— someter a sus alumnos a pruebas durísimas cuyo improbable cumplimiento permitía obtener la ya legendaria tarjeta azul del artista sin cuento. Esta distinción —que nadie alcanzó jamás— acreditaba al poseedor como hombre de verdadero espíritu artístico y, según lo dicen, permitía obtener descuentos en algunas farmacias.

Vale la pena examinar ciertos aspectos del funcionamiento de esta escuela.

La primera materia que se cursaba era Incomprensión del Artista. Durante el curso los postulantes recitaban sus poemas, exhibían sus cuadros o cantaban sus canciones ante una mesa examinadora integrada por karatecas, médicos cirujanos, vigilantes de la 43ª, y patoteros profesionales. Estas personas se burlaban de los alumnos, los insultaban y llegado el caso los echaban a patadas. Es decir, seguían el criterio de Van Wyck Bruks quien —citado por Sabato— afirma que el artista necesita de cierta aspereza en el ambiente para revelarse o quizá para rebelarse. Los halagos y el aliento de los amigos y favorecedores generan una atmósfera complaciente. Y ya se sabe que no hay peor cosa que un artista satisfecho de sí mismo.

El segundo curso consistía en realidad en una continuación del primero. La asignatura se designaba con el nombre de Sufrimiento. Durante largos años, un grupo de educadores y personal contratado se encargaban de promover la desdicha del discípulo. Cada uno de los inscriptos era engañado por mujeres, atropellado por camiones y sometido a toda clase de vejámenes, no sólo durante las clases, sino también en su vida particular.

Como se ve, los directores de la academia pensaban que el dolor y el arte son inseparables. Se trata de un concepto interesante, pero hay que aclarar que no todo dolor produce arte. Todos sabemos que Benjamín Franklin, cuando niño, estudiaba de noche a la luz de una vela. Lo que no significa que cualquier pibe que repita esta operación vaya a inventar el pararrayos. Sin embargo, la escuela integral recomendaba la imitación de los genios. Y así muchos alumnos repetían las pequeñas manías de los grandes creadores, creyendo que con eso bastaba. Todavía hoy puede observarse que cualquier sordo se cree Beethoven y que los mansfloras sienten que han escrito *El retrato de Dorian Grey*.

La disciplina de El Arte Sano era sumamente severa. Se obligaba a todos los aspirantes a conducirse como artistas en todas las horas de sus vidas. Esta medida se inspiraba en un pensamiento acertado: no se puede ser artista en los ratos libres. Hay que serlo siempre. Sin embargo, debemos confesar que el precepto se observaba con demasiado rigor. Los inspectores recorrían la barriada y si sorprendían a algún alumno destapando una canaleta, le gritaban:

—*¿Qué clase de poeta es usted, que pierde tiempo en tonterías...? ¿Por qué no reflexiona acerca de la soledad y la muerte, caramba?*

Y ahí nomás lo expulsaban.

No vaya a creerse que tanta insistencia en los asuntos éticos implicaba un desdén por la técnica.

Al contrario, los programas educativos contemplaban la realización de complicadísimos ejercicios de destreza: esculpir hormigas en mármol, escribir novelas prescindiendo de la letra "e", tocar la trompeta con un gajo de limón en la boca, hacer zapateo americano en la arena y extraer en forma de soneto la raíz cuadrada de 564.

Sin duda, la historia del arte es también —como decía Arnold Hauser— la historia de los esfuerzos del artista por vencer las dificultades que se le oponen.

Pero esta loca gente de Flores razonó que cuanto mayor fuera la cantidad de dificultades, más grande sería la obra obtenida. Por esa causa se enseñaba siempre a elegir el camino más difícil. Lo que no está tan mal, después de todo.

Los jerarcas de la escuela integral firmaron numerosas solicitadas abogando por la implantación de la censura, entendiéndola precisamente como escollo destinado a fomentar la imaginación y templar el espíritu. Cada vez que alguna de sus publicaciones circulaba libremente, El Arte Sano ponía el grito en el cielo denunciando el infame atropello de las autoridades al no hostigar debidamente a los escritores.

En sus épocas de mayor esplendor, la institución de Flores cobijó diferentes corrientes de pensamiento. Como siempre ocurre en el barrio del Ángel Gris, cada cuestión despertaba polémicas interminables y a cada momento surgían grupos de signo opuesto.

Por ejemplo, un sector docente sostenía que la misión del arte es la obtención de la verdad. Suena bastante bien. Pero hubo desaforados que pretendieron que todo lo verdadero es artístico.

Los más lúcidos hicieron la siguiente objeción: la lista de precios del restaurante La Aurora es ciertamente una colección de verdades irrefutables, sin que se advierta en ella el menor atisbo de arte. Más justo sería decir que todo lo artístico es verdadero.

Un movimiento interesante fue el de los Vindicadores de la Torre de

Marfil. Afirmaban que los artistas con inquietud social estaban encerrados en otra torre, tal vez de cemento, en la que sólo se podían ver las injusticias y el sufrimiento, sin vislumbrar siquiera el amable mundo de las formas puras. Finalmente, en un gesto grandioso, la dirección decidió demoler ambas torres.

En épocas más recientes un grupo de profesores jóvenes insistió en la conveniencia de desmitificar el arte. Liberarlo de sus elementos mágicos y académicos y bajarlo de su pedestal.

Los resultados fueron más bien lamentables. No resulta muy divertido que un mago explique sus trucos en el escenario, ni que los actores representen sus papeles sentados en la platea. Sin artificio no hay arte. Y todos sabemos que en artísticas cuestiones, muchas veces las cosas deben ser falsas para parecer verdaderas. También se supo que estos profesores heréticos afirmaban que un artista es un hombre como cualquier otro, blasfemia que les ocasionó el despido.

Tampoco tuvo mucho éxito la corriente que reclamaba la activa participación del público en las obras artísticas.

Se intentaron exposiciones en las que los cuadros eran terminados por los asistentes a la muestra. Después, durante la representación de la ópera *Falstaff,* el director de la orquesta le gritó al público:

—*¡A ver esas palmas...!*

Más tarde los poetas publicaron poesías a las que les faltaba el último verso, para que el lector las completara. Por lo general lo hacían con rimas chuscas y zafadas. Finalmente se realizó una experiencia teatral insólita: el escenario había sido reemplazado por otra platea y otro gallinero, con gente, acomodadores y carameleros. En un momento dado ya no se sabía quiénes eran los actores y quién era el público, lo que daba lugar a toda clase de confusiones.

Tantas bagatelas despertaron la reacción del cuerpo directivo. En sus últimos años la escuela integral fue más dura que nunca. Un maestro de piano llegó a imponer a sus alumnos la tuberculosis obligatoria.

Si bien es cierto que El Arte Sano no nos dejó ningún artista, es necesario admitir que por lo menos desenmascaró a más de un farsante.

No es verdad que las calamidades conduzcan el arte. Pero es indispensable hacer saber a todo el mundo que para ser artista hay que pagar un alto precio. Debe uno resignarse a estudiar las arduas cuestiones técnicas. Debe uno sufrir y hacerse mala sangre allí donde otros pasan de largo. Debe uno aprender a ver secretas señales donde nadie ha visto nada. Debe uno atormentarse cuando siente que hay un verso que no será capaz de escribir nunca. Debe uno seguir ciegamente misteriosos llamados que conducen casi siempre a la desdicha. Debe uno pelear contra el destino, aun sabiendo que será derrotado.

Después —si tiene suerte— es probable que obtenga fama y dinero. Pero ya no le importará demasiado.

La escuela demencial de Flores se ha disuelto para siempre.

Pero no es inoportuno recordar algunos de sus postulados justamente ahora, cuando los fotógrafos y los locutores inscriben sus nombres en la historia de la creación artística.

Yo no sé, desde luego qué cosa es el arte. Sospecho, sí, que debe ser algo fatal.

Y como ya les dije alguna vez, me parece que algo tiene que ver con el llanto.

42

La decadencia de la amistad

Muchos pensadores han creído notar que, en estos tiempos, la amistad es más un tema de conversación que una actividad concreta.

Por cierto, es relativamente fácil encontrar personas dispuestas a componer canciones sobre los amigos. En cambio es bastante difícil conseguir que esas mismas personas le presten a uno dinero.

Según parece, el sentimiento amistoso se halla en decadencia. Todos los días uno tropieza con canallas que lejos de preocuparse por la escasez de amigos, se jactan de ella.

—*Yo, amigos, lo que se dice amigos, tengo muy pocos, o ninguno* —nos gritan en la cara. Y uno advierte que el sujeto está esperando que lo feliciten por semejante hazaña.

En los años dorados de Flores, cuando alcanzaban su apogeo la comprensión, la poesía y el juego del codillo, también existían enemigos de la amistad que preocupaban a los Hombres Sensibles.

Manuel Mandeb, el metafísico de la calle Artigas, coleccionó algunas de sus obtusas opiniones en un opúsculo titulado maliciosamente *Los amigos*. Como ya es costumbre, transcribimos algunos párrafos.

"*...La amistad debe nacer en la juventud o en la infancia. Nuestros amigos son aquellos que aprenden junto a nosotros o, mejor todavía, los que viven aventuras a nuestro lado. Y, por lo general, la gente aprende y vive aventuras en la juventud. Después casi todo el mundo consigue algún empleo en casas de comercio y ya resulta imposible adquirir conocimientos nuevos o pelearse con una patota...*

"*...A los once o doce años, uno empieza a hartarse de la familia y encuentra que los muchachos de la esquina son mucho más divertidos que el tío Jorge.*

Durante más o menos una década nadie estará más cerca de nuestro corazón que esos muchachos. Y si uno quiere aprovisionarse de amigos, debe hacerlo en ese período. Después será demasiado tarde..."

Según se aprecia, el criterio de Mandeb es interesante y tal vez verdadero. Sucede que en cierto momento de la vida uno descubre que está rodeado de extraños: compañeros de trabajo, clientes, acreedores, vecinos y cuñados. Los amigos de verdad están lejos, probablemente encerrados en círculos parecidos.

Algunos empecinados insisten en cultivar amistades nuevas. Los matrimonios maduros se visitan mutuamente y desarrollan pálidas parodias de la amistad verdadera: se cuentan una y otra vez episodios antiguos, vividos con los amigos viejos, los que ya no están. Cuando uno es joven no cuenta historias a sus amigos: las vive con ellos. A pesar de estas sabias reflexiones de Mandeb, existió en Flores una agencia destinada a ofrecer amistad a los solitarios. Fue la célebre Proveeduría de Amigos de Ocasión. Sus fines de lucro eran innegables. Todavía hoy se recuerda su "slogan" publicitario: *"Tenga un amigo desinteresado. Páguelo en cuotas".*

Con sólo acercarse al mostrador, el cliente ya notaba un clima amistoso y amplio. Los empleados sabían cómo atacar.

—*Buenas tardes. No sabés lo que me hizo esta mañana la bruja de mi mujer.*

Y a los treinta segundos uno se sentía entre amigos. Después, entre palmadas, guiños, pellizcones y confidencias, los comerciantes iban mostrando el amplio catálogo de la proveeduría.

Tenían amigos silenciosos, dispuestos a escuchar cincuenta veces la historia de una operación. Amigos complacientes, siempre amables y elogiosos. Amigos efusivos que saludaban con abrazos y se despedían a los gritos. Amigos divertidos, eruditos en cuentos picantes y expertos en bromas pesadas.

También se prestaba un servicio un tanto oneroso, especial para personas encumbradas. Consistía en el alquiler de una cohorte de adulones que acompañaban al cliente a todas partes, se reían de sus chistes, aplaudían sus ocurrencias y suscribían con entusiasmo cualquiera de sus pensamientos. Precediendo a esta comparsa, solía marchar un corneta, que abría la puerta de los bares y asomando la cabeza gritaba:

—¡*Ahí viene el doctor Del Prete...!*

El trabajo se hacía tan bien, que muchos de los contratantes ya no podían prescindir de él nunca más. Muchos profesionales del barrio extinguieron su fortuna pagando este servicio de la agencia.

Un asunto que molestaba a los clientes era el rigor de los Amigos de Ocasión en sus horarios. Cuando vencía el plazo estipulado, se terminaba la amistad. Sin saludar, los contratados daban media vuelta y se iban, muchas veces interrumpiendo una carcajada o librándose bruscamente de un abrazo fraternal.

Sin embargo, hay que admitir que algunos aspectos del funcionamiento de la proveeduría eran bastante nobles.

Por ejemplo, la Sección Niños permitía que los padres eligieran a los amigos de sus hijos, sin correr riesgo alguno.

Para ello se contaba con un numeroso plantel de chicos e incluso enanos, adiestrados en diferentes actitudes.

Según el gusto paterno, podían encontrarse pibes atorrantes para avivar a los pequeños pelandrunes, niños estudiosos para estimular a los adoquines y criaturas educadas y juiciosas para serenar a los más piratas.

Desde luego, no pudo evitarse que muchos chicos resistieran la decisión de los padres. Así se oían con toda frecuencia en Flores frases como ésta:

—¡Camine a jugar con los amiguitos que le alquiló su padre, caramba...!

Asimismo, existía un Departamento para Damas, con un amplio surtido de chimentos. Algunos malintencionados decían que las mujeres no contrataban amigas, sino enemigas, pero ése es otro asunto.

El fracaso más estruendoso fue el de la sección Amistades Mixtas. Nada cuesta razonar que los caballeros que solicitaban amigas escondían casi siempre otras intenciones. No se espante el lector pensando que nos internaremos en un tema tan manoseado como el de la amistad entre la mujer y el hombre. Vale la pena —eso sí— recordar lo que le dijo Manuel Mandeb a una amiga suya, tal vez alquilada en la proveeduría.

—*Vea. Yo puedo ser su amigo, si usted quiere. No trataré de seducirla ni me pondré romántico ni le haré propuestas indecorosas. Pero sepa que yo necesito que exista un amor potencial. Me resulta indispensable que exista una posibilidad en un millón de que algo surja entre nosotros. Le aclaro que es probable que si se da esa circunstancia yo salga corriendo. Pero es únicamente en virtud de esa remotísima chance que yo estoy aquí oyendo su conversación como un imbécil.*

Los Hombres Sensibles nunca fueron buenos clientes de la agencia Amigos de Ocasión. Quizá porque sus presupuestos eran muy humildes. O a lo mejor porque les gustaba que los quisieran gratis. En cualquier caso, los muchachos del Ángel Gris tenían un criollo pudor en estas cuestiones. Para ellos andar declarando públicamente el grado de amistad que sentían por alguien era cosa de afeminados.

Manuel Mandeb pasaba largas horas en la esquina de Artigas y Morón fumando con Jorge Allen, el poeta. Muchas veces ni se hablaban. Se contentaban con saber que el otro estaba allí.

Ya en su última etapa, la proveeduría empezó a ofrecer viejos amigos.

En un principio la idea consistía en rastrear —a pedido del cliente— el paradero de personas ausentes y lejanas. Pero como advirtieron que la tarea era demasiado complicada, resolvieron que era más fácil inventar antiguas amistades que rescatarlas del pasado.

Se preparó entonces un magnífico grupo de viejos mentirosos que ante la entrada de algún candidato de cierta edad, fingían reconocerlo y le soltaban cuatro o cinco recuerdos para ir tomando confianza.

Esta sección trabajaba mucho en las cenas anuales que suelen realizar los ex alumnos de los colegios. Su misión consistía en ir reemplazando a los fallecidos y mantener siempre firme la concurrencia.

Así, en cierta reunión de egresados del Colegio Nacional Nicolás Avellaneda, promoción 1921, se dio el curioso caso de que ninguno de los asistentes había pisado jamás ese establecimiento, lo que no les impidió evocar a los profesores, reírse de pasadas travesuras y brindar por encuentros futuros.

Con el tiempo, la actividad de la agencia fue amenguando. Contribuyó a este hecho cierta mala prensa que siempre tiene la amistad entre los espíritus escépticos. En Flores, y en todos los barrios, se contaban leyendas sobre las traiciones de los amigos y sobre las ventajas de la soledad. Todavía en nuestro tiempo hay personas que se complacen en declarar que los perros son más leales y sinceros que los humanos. Cabe sobre esto una pequeña reflexión.

Tal vez sea cierto que los perros no traicionan. Pero esto no es en realidad una virtud del animal. Ocurre, simplemente, que la módica organización mental del perro le impide realizar procesos tan complicados como una estafa. Es decir: los perros no pueden traicionarnos, por la misma razón que nos les permite escribir novelas.

Hoy, cuando ya no existe la agencia Amigos de Ocasión, vale la pena preguntarse si no será necesario inventar algo para reemplazarla.

Será difícil, desde luego. Nadie podrá rescatar a los amigos perdidos. Poco podrá hacerse para librarnos de los desconocidos que llenan nuestro tiempo.

En todo caso, cada uno de nosotros deberá cuidar lo poco que tenga. Sin componer canciones ni escribir poemas. Se trata únicamente de sentarse un rato en la vereda o de matear en silencio con los que están más cerca de nuestro espíritu.

Si uno no tiene ya a los de antes, cabe decir que tal vez existen en el mundo amigos viejos a los que todavía no conocemos.

Yo mismo, las otras noches resolví salir de mi encierro y lleno de ilusión me encaminé a cierta esquina que conozco. Tenía ganas de fumar en silencio junto a tres o cuatro sujetos que se estacionan en ese lugar.

Pensaba además cosechar algún guiño amistoso después de estos años en que estuve tan ocupado.

Pero algo raro debe haber sucedido, porque no había nadie.

43

La ciencia en Flores

Los Refutadores de Leyendas han sostenido siempre que toda la Naturaleza puede expresarse en términos matemáticos. Lo poco que queda fuera no existe.

Así, esta comparsa racionalista se ha esforzado, utilizando cifras, vectores y logaritmos, en representar cosas tales como el tango *El entrerriano* o los celos de las novias de la calle Artigas.

Cuando fracasaban, simplemente declaraban superstición lo que no conseguían encuadrar en sus estructuras científicas.

Existía un minucioso catálogo de cosas inexistentes que se actualizaba cada año.

Allí figuraban los sueños, las esperanzas, el hombre de la bolsa, el alma, el ornitorrinco, el catorce de espadas, el Ángel Gris de Flores, el gol de Ernesto Grillo a los ingleses, la generala servida y la angustia.

Otra publicación venerada fue el desmesurado libro *Un amor así de grande*, resultado del afán de medirlo todo. En ese trabajo no sólo se otorgan valores numéricos a los colores, aromas y formas, sino también a las sensaciones espirituales más sutiles.

A lo largo de cien capítulos se establece la cantidad de adrenalina que produce un individuo antes de ser vacunado, el volumen que alcanzan las lágrimas de una madre a lo largo de su vida, la cantidad de cera que lleva en sus oídos el conjunto de habitantes de la ciudad de Buenos Aires (suficiente al parecer para lustrar todos los pisos del edificio de Obras Sanitarias), y la energía que se consume en un suspiro.

Algunos datos producen indignación en las almas sencillas: para esta gente la novela *Madame Bovary* consiste en una cierta mezcla de medio kilo de papel y un cuarto litro de tinta. Los elementos químicos que componen al hombre son descriptos puntualmente con su precio en las farmacias de la zona. De este modo se llega a la conclusión de que más barato resulta un señor robusto que un velador.

No hace falta indicar el gran éxito obtenido por esta curiosa forma de evaluar el universo. Constantemente podemos oír en la radio las declaraciones de brillantes deportistas que manifiestan hallarse en un setenta y cinco por ciento, vaya a saber de qué. Los chicos preparan tablas de posiciones en las que dan a entender que quieren primero a su madre, después a su padre, en tercer lugar a su abuela y en el cuarto —lejos— al tío Julián. Los boletines de calificaciones no son otra cosa que la versión escolar del pensamiento de los Refutadores. Aquí la descripción de la conducta de un alumno que no ha estudiado su lección, se reduce a un redondo cero. Por el contrario, un estudiante talentoso y perseverante será premiado no con un cariño ni con una frase estimulante, sino con un diez.

No se sabe si los Refutadores de Leyendas escribían cartas de amor pero no sería extraño que sus más tiernas declaraciones consistieran en gráficos representativos del progreso de sus sentimientos.

Todo este arrebato cientificista no pudo menos que causar la repugnancia de los Hombres Sensibles de Flores, que confiaban más en las corazonadas que en la razón.

Como siempre ocurre, los excesos racionales generan desaforadas rebeliones románticas. Pero en el barrio de Flores esa rebelión no se manifestó únicamente a través del arte, sino que tuvo lugar —además— en el propio terreno científico.

La Sociedad de Científicos Sentimentales nació gracias al impulso del profesor Aurelio C. Frascarelli, quien harto de la deshumanización de las disciplinas científicas resolvió ponerle un poco de sangre al frío mundo de las raíces cuadradas y las cotangentes.

Este pensador delirante fundó la sociedad antedicha y editó un *Manual de Ingreso* que nunca se supo si era un libro de texto o una colección de intentos poéticos.

Las primeras innovaciones del manual son módicas. Se reducen a una redacción más emotiva de los problemas de regla de tres compuesta. Transcribimos uno de ellos:

Problema 14: Doce hombres tristes tropiezan en un año con ciento seis desengaños. No se conocen entre sí, pero sufren de un modo parecido. Pregunto entonces: ¿Cuántos desengaños padecerán ocho hombres tristes en seis meses?

Como se ve, lo novedoso consiste únicamente en reemplazar hortalizas por desengaños, y en ciertas declaraciones innecesarias, como el mutuo desconocimiento y la tristeza de estos hombres. Pero conforme se avanza en la lectura del *Manual* se encuentran cosas más audaces. El *Problema 187* es prácticamente una novela corta. La descripción psicológica del protagonista —un comerciante poco escrupuloso— está bastante bien lograda. Hay personajes laterales (un cuñado que busca un tesoro oculto) y una divertida pintura costumbrista de un almacén de barrio. La pregunta final *("¿A cuánto deberá vender el kilo de arroz?")* resulta insignificante al lado de otros interrogantes que no están escritos, pero sí sabiamente sugeridos por el profesor Frascarelli: ¿Tiene sentido la vida? ¿Hay algún propósito en el universo? ¿Cumplimos sin saberlo con algún plan divino o diabólico?

A partir de la mitad del libro, el autor empieza a tomar partido arbitrariamente en arduas cuestiones matemáticas. Paralelamente se incorporan juicios éticos y estéticos en la explicación de teoremas y postulados. Se habla entonces de paralelepípedos atorrantes, de esferas traidoras, de ángulos aburridos y llega a decirse que el trapezoide es una figura que no merece ser tomada en serio.

Las cuestiones biológicas son en el *Manual de Ingreso* verdaderas fantasías. La vida del paramecio es un cuento de terror y Frascarelli llega a afirmar que las amebas son muy guardianas y fieles a sus amos.

La actividad de los Científicos Sentimentales no se reducía a la difusión del Manual. En los años de oro del barrio de Flores, muchos maestros románticos dieron clase en una academia privada de la calle Condarco. Los alumnos padecían la misma locura que los profesores. Cada vez que se realizaba algún experimento en el gabinete de química, los jóvenes salían corriendo aterrorizados, mientras gritaban *"cosa de Mandinga"* o *"el Diablo anda suelto"*.

El propio Frascarelli dirigía un grupo de investigación cuyos métodos provocaban el escándalo de los Refutadores. Creían, por ejemplo, en la búsqueda de la casualidad. Este criterio podría escribirse así: sabiendo que muchos grandes descubrimientos se realizaron casualmente, parece una buena idea disimular el verdadero propósito de la investigación. Así, cuando se quiere encontrar una estrella, se busca un microbio. Los resultados no fueron muy espectaculares, si bien Frascarelli se jactaba de haber hallado un específico que combatía el mal aliento, mientras buscaba la piedra filosofal.

En ocasiones, los científicos soñadores acudían a la búsqueda empírica y tomaban frascos de untura blanca, para ver qué ocurría. Estas experiencias se anotaban en un cuaderno que ha sobrevivido a la Sociedad y en el que se refieren más de mil quinientas locuras, que van desde comer pólvora hasta arrojarse al vacío desde diferentes alturas para establecer los daños físicos y morales que, más allá de los cuatro metros, solían traducirse en la muerte lisa y llana.

Hay que decir que aunque sus logros fueron pequeños, los propósitos de la Sociedad no tenían límites. Durante años trataron de hacer algún milagro. Buscaron la esmeralda que cura todas las enfermedades, el elixir de la eterna juventud, el polvo de Perlimpimpim, el jarabe del amor eterno y la llave de la sabiduría. Discutieron sobre la cuadratura del círculo y la inmortalidad del cangrejo y trataron de volver al pasado y visitar el futuro.

Todos saben que en el barrio del Ángel Gris se destilaba el vino del olvido y el licor del recuerdo. También se conocen perfectamente sus efectos y propiedades. Al parecer, lo que mataba era la mezcla.

Algunos mentirosos pretenden que estas maravillas fueron creadas por los Científicos Sentimentales. Nada más falso. El vino fue obra de los Amigos del Olvido, un club que proponía la abolición del pasado. Y el licor es —sin duda ninguna— un hallazgo de Manuel Mandeb, el polígrafo de Flores.

Tal como es fácil sospechar, los científicos románticos fueron derrotados por la prédica incesante de los Refutadores de Leyendas.

Hoy todo el mundo rinde culto a la Ciencia Pura. Y se da una ilustre paradoja: los Refutadores no han hecho más que reemplazar las viejas leyendas por otras nuevas, mucho peores.

Los arquitectos razonables podrán dudar de la existencia del alma, pero suscribirán cualquier teoría sobre el átomo, los neutrones y los protones, con la mayor alegría.

No importa si no entienden estas teorías. En realidad —como dice Sábato— el pensamiento científico parece tener mayor poder cuanto menos se lo comprende.

Por eso se suele decir:

—*¡Qué bien que habla este hombre...! No alcanzo a entender ni una sola de sus palabras.*

Cuando un racionalista se pone supersticioso, no hay quien lo gane.

Todo parece indicar que el futuro pertenece a los Refutadores de Leyendas. Tal vez por eso los miembros de esta entidad —la única que queda de las que existieron en los años dorados— se muestran tan optimistas con respecto a lo que vendrá.

Todos los adoradores del progreso nos pintan un porvenir lleno de veredas móviles que nos evitarán el esfuerzo de caminar, con máquinas invictas, con ríos domados y vehículos cada vez más veloces.

A las almas sencillas, la descripción de estos espantosos mecanismos les parece algo diabólico.

Porque en este proyecto de aparatos infalibles y formidables fuentes de energía no parece existir la menor preocupación por responder a alguna de las preguntas que el profesor Frascarelli supo insertar en su memorable *Problema 187.*

La Sociedad de Científicos Sentimentales era una locura. Pero tal vez hace falta un poco de locura entre tanta exactitud y precisión.

Serán buenos los cálculos y los teoremas inexpugnables, si es que se aplican a rombos, ángulos y cubos. Pero empiezan a fallar cuando se trata de personas

Y a lo mejor esto constituye la más grande virtud del hombre, su toque divino. El último de los atorrantes de Flores es más interesante que una estrella, solamente porque su comportamiento no es previsible.

Nada de esto significa que debemos renunciar a la ciencia y su arsenal. Que se sigan inventando licuadoras y tónicos contra el catarro. Dos más dos son cuatro. Los Refutadores de Leyendas tienen razón. Pero nada más que eso: razón. A mí no me alcanza.

44

Claves, jeroglíficos y emblemas

Los Hombres Sensibles de Flores vivían con la permanente sensación de estar transgrediendo vaya a saber qué disposiciones o reglas secretas.

Desde luego, ignoraban en qué consistían realmente sus infracciones, pero muchas veces presentían que en ellas estaba el sentido mismo de sus vidas.

Dígase que con frecuencia estas contravenciones tomaban forma evidente, cuando no vulgar: sustracción de nísperos, juegos por dinero, amores prohibidos o ingreso indebido a fiestas ajenas. Pero además de estas minucias, los muchachos del Ángel Gris ejercían una clandestinidad espiritual, cuyo castigo ignoraban, temían y acaso deseaban.

Naturalmente, quien se supone transgresor procura mantener sus faltas bien ocultas. Y esta preocupación siempre acaba generando modalidades de comunicación secreta: claves, emblemas, símbolos, jeroglíficos, señales.

Hoy en día, los investigadores del modesto mundo de Flores se perturban no sólo ante la escasez de evidencias, sino también ante su dudoso sentido.

Las cartas, las crónicas, los relatos y los documentos presentan siempre la posibilidad del engaño. El lenguaje mismo de Mandeb y sus amigos más parecía destinado a eludir que no a aludir. Las frases que nos quedan casi nunca afirman ni niegan nada.

Famosa es la anécdota infantil de Ives Castagnino, el músico: una niña le envió un papelito amoroso. Decía únicamente: *"¿Me querés?"* La respuesta fue otro papel, lleno de manchas y de misterio. En él se leía: *"Quizás."*

Algunos expertos, dirigidos por el ingeniero Abel Burzaco, alcanzaron finalmente a descifrar ciertas escrituras y a comprender el verdadero significado de algunas conductas simbólicas. La divulgación de las claves halladas es, aparentemente, el propósito de este trabajo.

Las cartas de amor preservaban siempre su contenido de los ojos extraños. No es posible hablar de códigos propiamente dichos. Pero los recursos tales como *"Aquello que te dije"*, *"Lo que pasó el otro día"*, *"Esa persona"* o *"Lo que bien sabemos"*, expresan el propósito de tornar infructuosa cualquier lectura indiscreta.

Las requisitorias a damas cuya reciprocidad era insegura también se formulaban con la mayor oscuridad posible. La idea general se explica así: Te digo que te quiero, pero lo hago tan confusamente, que si no me quisieras podría decir que no te lo he dicho.

Jorge Allen, el poeta, solía remitir mensajes casi obscenos, anotados mediante un complejo sistema de números y signos algebraicos. Al parecer, los resultados no fueron nunca demasiado provechosos.

El ruso Salzman, célebre quinielero y jugador, llevaba siempre un enorme cuaderno en el que anotaba poesías. Con el tiempo vino a saberse que cada una de ellas expresaba una jugada de quiniela.

El método se basaba en las diferentes combinaciones de versificación. Así, el número de sílabas en el primer verso indicaba las decenas y en el segundo las unidades del número apostado. El cero era representado por un verso decasílabo.

La tercera línea revelaba la cantidad apostada. Si empezaba con mayúscula, debía multiplicarse por diez.

En la cuarta se establecía la modalidad. Cinco sílabas o menos: "a la cabeza". Entre seis y ocho: "a los diez premios". Entre nueve y once sílabas: "a los quince". Más de once: "a los veinte".

El quinto verso estipulaba en qué lotería se pactaba la jugada, simplemente mencionándola. La firma identificaba al apostador.

Despejemos el camino con un ejemplo:

Hermosa luna creciente:
no.
No ilumines.
Ay de mí,
que busco la tiniebla amiga de Montevideo.
                                        Pechuga

Esto significaba: al ochenta y uno, cuarenta pesos a la cabeza, en la lotería de Montevideo, para Pechuga.

Se pretende que unos editores ofrecieron al ruso la impresión de sus poesías, por encontrarlas casualmente geniales. No es imposible. Se sabe —eso sí— que el quinielero, en raptos demenciales, consideraba que todo poema era una jugada en clave y hasta decidía pagar los eventuales aciertos que hallaba en las antologías.

...La noche estaba llena de gente;
hubo sin duda un tercer hombre,
como hubo un cuarto y un primero
No sé si nos miramos;
él iba a Paraguay, yo iba a Córdoba.

Para Salzman esto era: al cero nueve, nueve pesos a los diez, en Córdoba. El apostador era un señor Borges.

Las precauciones de un quinielero no son dignas de nuestro asombro. Más sorprendente resulta conocer las minuciosas claves utilizadas por personas cuyas actividades nada tenían de comprometidas. Veamos algunos de los descubrimientos del ingeniero Burzaco y sus ayudantes.

Ives Castagnino componía sus obras musicales en un hexagrama, sin barra divisoria de compases y de derecha a izquierda.

El médico clínico Alfredo Nolasco se complacía recetando en lunfardo: *"Un saque antes de cada morfe y otro al ir a atorrar".*

Los propietarios de la sastrería Ebro llevaban sus cuentas mediante un sistema duodecimal, en el que doce se escribía 10.

La profesora de geografía Lucía B. de Campos compartía con sus alumnos un sistema de nombres cambiados que comprendía todos los puntos del país. El Aconcagua se mencionaba como el río Paraná, el bloque puneño como Salinas Grandes, la laguna Mar Chiquita era Mendoza, Mendoza era la isla de los Estados. Curiosamente, Luján era Luján.

Los Hombres Sensibles sabían que toda clave es descifrada tarde o temprano. Manuel Mandeb pasaba largas horas modificando sus códigos personales y buscando una notación genial, inaccesible a los impíos. Pronto comprendió que la clave inviolable es aquella que ni siquiera es conocida por quien gesta el mensaje. He ahí el arte.

El hombre interesado en inventar jeroglíficos suele sentir la pasión opuesta: descubrir el sentido de los símbolos ajenos.

Mucho antes de la aparición de Burzaco y sus descifradores profesionales, los muchachos del barrio se atrevían con cualquier arcano.

Jorge Allen pretendía haber traducido cuatro o cinco líneas de inscripciones mayas, a ojo de buen cubero. El poeta admitía su desconocimiento de los datos más elementales referidos a aquella raza, pero insistía en la eficacia de sus corazonadas. Mandeb aplaudió aquel opúsculo, declarando que es preferible que el traductor no conozca el texto sobre el que trabaja y ni siquiera el idioma en que está escrito, para evitar esa desagradable minuciosidad literal que nos hace incomprensibles las novelas francesas.

Un tanto ensoberbecido, Allen sostuvo que los caracteres cuneiformes no eran más que firuletes de turco, simples adornos sin significado. Una noche explicó que en verdad el idioma alemán no era comprendido por nadie, ni siquiera por los propios alemanes, que se complacían en idear palabras caprichosas para confundir a los forasteros.

Sin embargo el poeta de Flores consiguió esclarecer el horario del Ferrocarril San Martín, cuyo sentido fue durante muchos años un verdadero misterio para miles de pasajeros. Allen alcanzó a descifrar las abreviaturas herméticas y llegó a comprender la extraña mezcla de cifras, palabras y disposiciones geométricas, que son en realidad emblema de puntos del espacio, instantes en el tiempo y móviles que se desplazan en una sucesión prevista.

Los Refutadores de Leyendas acusaban a los Hombres Sensibles de imaginar jeroglíficos donde no había nada.

No les faltaba razón. Las tediosas jornadas buscando señales en las instrucciones para usar los extinguidores jamás dieron buenos frutos. El propio Mandeb comprendió con los años que no era necesario dar con las claves. Bastaba con saber que existían secretos.

He aquí una concepción interesante del mundo: las cosas tienen —entre otras muchas— la cualidad de ser símbolos de otras cosas. Un río es emblema y representación del devenir; la estrella de la mañana es la Virgen y es el conocimiento; la luna es la doncella, la madre y la bruja; soñar con una desgracia indica la conveniencia de jugar al 17. ¿Qué trata de decirnos esa mariposa que nos ronda? ¿Cómo se leen los dibujos de una sandía? ¿Qué cifra inconcebible suman las manos de truco recibidas en toda la vida?

El universo quiere hablarnos. Los astros se esfuerzan por dejar un recado en la puerta del alma. No entenderlo es nuestro destino. No prestarle atención es pecado. Pero lo peor es comprenderlo mal.

El 27 de agosto del año 413 a. C. las tropas de Atenas sitiaban Siracusa. Como las cosas no marchaban bien, Nicias, el jefe, pensaba en el regreso prudente. Pero hubo un eclipse y para aquellos griegos el fenómeno recomendaba evitar los viajes. Permanecieron pues en la tierra hostil durante un mes. Y en virtud de la demora, toda la flota ateniense fue capturada.

Parecida calamidad padeció Jaime Gorriti la noche en que trató de descifrar los arabescos que guarnecían el escote de la señora Mabel Bevacqua de Perdomo Vázquez. Inducido por la ginebra, el hombre creyó ver una declaración de bienvenida. Algo así como *"Pase y revuelva"*. Encendidas sus pasiones científicas y lascivas, Gorriti metió mano y terminó preso.

La revelación de todo secreto es un desengaño. El jeroglífico virgen lo contiene todo en su potencialidad. En sus trazos puede estar la clave de la vida y el amor. Podemos soñar cualquier significado, el que más nos convenga, el más hermoso, el más terrible, el más grande. Pero después aparecen las Rosettas y los Champolliones y aquel símbolo, ya usurpado, se empequeñece y apenas indica el nombre de un rey, la gloria de un imperio, la acuñación de una injusticia.

Todos los artistas usan, aun sin saberlo, alguna clave misteriosa. Cuando digo que sí es que no. Cuando digo que un ángel vuela sobre Flores no es eso lo que quiero decir. Y ahora mismo, cuando digo que lo que digo no es lo que quiero decir, tampoco quiero decir lo que he dicho.

45

Elogio del fracaso

El atento examen de las crónicas del barrio de Flores permite adivinar un cierto placer en la derrota y una vergüenza secreta en el triunfo.

Los Hombres Sensibles han producido numerosas apologías del fracaso. Sus enemigos sostuvieron siempre que tales expresiones no eran más que un pálido intento por demostrar que sus melancólicos destinos eran el efecto deseado de conductas acertadas.

Como quiera que sea, es un hecho que los muchachos del Ángel Gris acompañaban menos a los victoriosos que a los perdedores.

Tal vez hay en el éxito una salud grosera que debió repugnar a aquellas almas elegantes.

Ya mismo hay que decir que existieron personajes extremos, capaces de llevar estos curiosos criterios hasta los distritos de la locura. Así, ciertos sujetos obtusos no se contentaron con soportar el fracaso: lo buscaron apasionadamente.

Pero si encontrar lo que se busca es un éxito, buscar el fracaso conduce irremediablemente a la paradoja: si uno no alcanza el fracaso, padecerá el éxito; si uno lo alcanza, habrá obtenido lo buscado y eso también es el éxito.

Como nadie, Almafuerte sintió que la frustración es la meta final de todo destino y sospechó que para compadecer cabalmente era necesario abismarse en la desgracia y aun en la infamia. También él despreció al virtuoso y al triunfador:

Yo repudié al feliz, al potentado,
Al honesto, al armónico y al fuerte...
¡Porque pensé que les tocó la suerte,
como a cualquier tahúr afortunado!

Puede concebirse un pesimismo todavía más hondo: el universo es tal vez un fracaso. Vivimos entre los restos melancólicos de un propósito maravilloso que salió mal. Resisto aquí la tentación de extenderme en una alegoría.

La murga o sociedad filosófica Los Fracasados de Flores auspiciaba las caídas, las derrotas y la ruina. Nunca alcanzaron a establecerse en un local y nadie acudía a las reuniones, quizá porque así estaba previsto.

Adivinamos aquí un fracaso deseado, un renunciamiento. Sin embargo los murgueros más ortodoxos propugnaban otra clase de frustración, la peor de todas: el fracaso de quien paga todos los precios del éxito, de quien vendería su alma por triunfar, pero no encuentra quien se la compre.

Otra polémica interesante es la que se refiere a la publicidad de la derrota.

Un grupo juzgaba imprescindible pregonarla: así como mantener una hazaña en secreto es signo de nobleza, conviene difundir nuestras vergüenzas a los cuatro vientos.

Otros postulaban el fracaso silencioso.

Humildemente alcanzo a adivinar una tercera e ínfima categoría: el fracaso inconsciente. Alguien pierde y no sabe que pierde o —peor aun— cree que gana. De los centenares de destinos y empresas malogradas del barrio del Ángel Gris, hemos elegido algunos para ilustrar esta monografía.

El cantor olvidado

Tal vez integró la antigua orquesta de Anselmo Graciani o acaso tuvo su propio conjunto de guitarras. Testimonios no muy confiables lo han juzgado apenas inferior a Gardel, pero más alto. No quedan discos suyos y en verdad jamás grabó. Muchos barrios se disputan su nacimiento: Flores, Caballito, Caseros, Villa Luro.

Los Refutadores de Leyendas afirman que nunca existió o que se trataba realmente de varios cantores reducidos a uno por la pereza de la memoria popular.

Los empresarios de espectáculos y las emisoras de radio no alcanzaron a apreciar su talento. Al parecer, tampoco cantaba en festivales ni en clubes. Para decirlo brutalmente no se sabe dónde cantaba este hombre, si es que cantaba. Su repertorio y su estilo no se recuerdan ya. Su propio nombre se ha perdido y ya quedamos pocos, muy pocos, que recordamos su olvido.

La silbatina universal

El viejo proyecto de Héctor Scarpa —ya mencionado otras veces en estas notas— consistía en establecer un día, una hora exacta, un instante preciso en que todos los habitantes del mundo silbaran a las estrellas para indicar su disconformidad con el universo.

En este sueño consumió su vida. Realizó giras, imprimió folletos, entrevistó a dirigentes políticos, solventó campañas publicitarias y —dentro de sus cortas posibilidades— recorrió el mundo.

Algunos ensayos parciales no estuvieron mal. Pero al llegar el gran día, apenas si se escucharon algunos chiflidos de sus amigos y familiares. Muchos testigos aseguran que desde el norte llegó el eco de algunos aplausos.

Ya en plena decadencia, Scarpa recorría las calles solitarias abucheando amaneceres o burlándose de la Cruz del Sur, que lo exasperaba con su sangre de pato.

El mural de la pizzería San Carlos

Lucio Cantini —según se sabe— era un pintor de respetable talento. Es cierto que vendía pocos de sus cuadros, pero éste es un destino bastante frecuente en su profesión.

Tenía el artista un especial entusiasmo por las pinturas murales. Conocía todas las técnicas y había ideado métodos de trabajo ciertamente novedosos.

Sucede —desde luego— que casi nadie encarga murales y en veinte años de actividad, Cantini había concretado solamente tres obras de ese género, dos de las cuales correspondían a paredes de su modesta pieza. Pero una tarde de verano, Héctor Saponare, propietario de la pizzería San Carlos, le encargó que pintara totalmente una extensa pared del local que aparecía demasiado triste y vacía.

El artista aceptó sin discutir precios. Adivinó que aquel muro vacante era la posibilidad de su consagración.

Dos años tardó en preparar la pared, para preservarla de la humedad de los baños del fondo y del calor del horno en los tramos del frente. Intentó infinidad de bocetos, que el pizzero fue rechazando uno por uno.

El Pensamiento Puro, hostilizado por las fuerzas de la pasión y el desenfreno.

Los Últimos Instantes del Caos Esperando el Acto Creador, donde las cosas no son todavía, pero presentan ya la fuerza de su posibilidad.

Protágoras de Abdera, Parménides y Zenón de Elea, Empédocles de Agrigento, Thales de Mileto, Pirrón de Elis y Sócrates de Atenas discutiendo en el Hades con Diógenes Laercio, biógrafo de todos ellos.

El íntegro Equipo de Boca en 1954 Derrotando a las Huestes Infernales, entre las que se adivinaban jugadores de River e Independiente.

Finalmente Saponare —sin mucho entusiasmo y después de exigir algunas correcciones— aprobó el diseño definitivo.

Se trataba de las Cinco Edades del Criollo, pintura de tradición gauchesca, que seguía en cierto modo la inspiración de Hesíodo.

En el fondo, cerca de los excusados, la Raza de Oro. Allí se veían despreocupados paisanos comiendo frutos silvestres, bebiendo leche de oveja y perpetuamente jóvenes.

Más adelante, la Raza de Plata, con criollos pendencieros e ignorantes, sometidos a sus madres.

Luego la Raza de Bronce, comedores de carne que se complacían en la guerra.

Casi en el frente, la cuarta raza, también de bronce, pero más noble y generosa.

Finalmente la raza actual, de hierro: paisanos crueles e injustos que sin embargo —y tal vez para complacer al propietario— comen pizza y beben moscato con actitud satisfecha.

Cantini formó un equipo de ilustradores, dibujantes, coloristas, ayudantes y aprendices. En su apogeo, el trabajo ocupó a setenta y cinco personas. A pesar de las protestas del pizzero, protegió la pared con altos biombos, para que los parroquianos no pudieran vislumbrar las miserias de una obra inconclusa.

Cuatro años pasó el artista colgado de los andamios, retocando figuras y dando personalmente casi todas las pinceladas.

Se dice que, contrariando los bocetos, aparecían en ciertos templetes inscripciones forasteras como *Pida Flan con Crema* o *Saque vale en la caja*, líneas menos propias de Hesíodo que del pizzero Saponare.

Cuando el portentoso mural estaba a punto de terminarse, el comerciante informó a Cantini que había vendido la pizzería. El nuevo propietario tenía pensado revestir las paredes de fórmica y prohibió a Cantini y sus colaboradores el ingreso al local. Hoy la gigantesca alegoría yace bajo paneles relucientes y espejos horrorosos.

Pero en un ángulo, casi pegada al techo, una pequeña mano emerge del innoble revestimiento, como pidiendo socorro.

Lucio Cantini se retiró para siempre del arte. Cada tanto aparece por la pizzería, pide una porción de anchoa y un moscato y sueña con el día improbable en que los paisanos se sacudan para siempre las infames prisiones sintéticas que les imponen los mercaderes.

El sueño del pibe

Francisco fue siempre crack. Manejaba la pelota como nadie, era rápido y remataba con las dos piernas. Los vecinos de la calle Granaderos se asomaban para verlo hacer maravillas en el empedrado. Jugó en muchos equipos infantiles y después en algunos cuadros de barrio bastante fuertes.

Su sueño era jugar en primera. Conocer la fama, bañarse en ovaciones. También codiciaba la fortuna: casas, autos, dinero, seguridad para su familia.

Una tarde, cierto dirigente de un club grande lo vio en un picado.

Realizó algunos entrenamientos con los profesionales y anduvo bastante bien. Al final lo probaron en un amistoso de verano contra el Ferencvaros de Hungría.

La cancha estaba llena. Faltaba un minuto e iban cero a cero. Tomó la pelota, sereno en su acción. Eludió a dos hombres y enfrentó al arquero. Pensó en el futuro, en el contrato, en su nombre repetido por las muchedumbres, en los viajes, en la gloria.

Le salió un tiro miserable, mordido, pifiado y la pelota pasó a tres metros del arco.

Jugó un par de encuentros en reserva y después se consiguió un trabajo bastante bueno en el ferrocarril.

Enrique Argenti y la duquesa de Padua

No ha existido en la historia del teatro un fracaso tan pertinaz como el de la compañía del director Enrique Argenti con *La Duquesa de Padua*, de Oscar Wilde.

Gracias a un golpe de suerte en la quiniela, Argenti cubrió los papeles con buenos actores, ensayó bastante e hizo una puesta decorosa en el teatro Fénix de la calle Rivadavia. Los fondos le alcanzaron también para publicidad y difusión.

El día del estreno no fue nadie. La obra se representó igualmente ante los carameleros y se dice que Argenti compuso dignamente el personaje de Simone Gesso, duque de Padua, que se había reservado.

Tampoco asistió nadie a la segunda función, ni a la tercera, ni a la cuarta.

El dato es impresionante. Aun en las peores temporadas, alguien se presenta: un amigo, un familiar, un vecino. Pero pasaron las semanas y los meses y no se vendió una sola entrada.

Inútil fue regalar invitaciones en los colegios y en los comercios. Los críticos y periodistas tampoco acudieron nunca.

Pero Argenti tenía plata y tesón. La obra siguió en cartel. Al cumplir un año de funciones ininterrumpidas, el hecho se anunció con afiches y altavoces. La sala siguió desierta.

Es cierto que en el segundo año la disciplina de la compañía se aflojó algo. Algunos actores faltaban y nadie los reemplazaba, cosa que deslucía las representaciones. Los derrotistas y cínicos que nunca faltan añadían párrafos chuscos al texto de Wilde, con el ínfimo pretexto de que estaban solos.

Al cumplir 1.000 representaciones, Argenti se cansó o se fundió y *La Duquesa de Padua* bajó de cartel.

La historia tiene, pese a todo, un final feliz.

Después de tres años de obra sin público, Enrique Argenti concibió la idea del público sin obra, nulo espectáculo con el que llenó salas teatrales en todo el país. La gente iba, pero los actores no, y ante el escenario desierto, el público se emocionaba, lloraba o reía y aplaudía, imaginando a capricho situaciones geniales. Pero esto ya pertenece al mundo de los éxitos.

La murga Los Fracasados de Flores se ha roto en mil pedazos, como quiere la primera acepción del diccionario.

Queda aún entre nosotros la sombra de la idea según la cual el fracaso ennoblece. En todo caso, mirando a ciertas personas que triunfan, cualquiera siente un poco de ganas de fracasar, siquiera para no parecerse a esa morralla.

Nos queda también la sublime piedad que nos inspiran los fracasados.

Mis lágrimas más sinceras han sido convocadas por viejos violinistas, vendedores de poesías y recitadores que reciben la burla de los pajarones.

Una última reflexión de alguien que ha jugado mucho.

Quizá en la carpeta celeste, el que gana pierde y el que pierde, gana.

46

Gómez Re, el transformador del tango

*E*l arte nuevo —decía Ortega— es impopular por esencia. Y no es que las muchedumbres no gusten de él. Sucede en verdad que no lo entienden.

—Al parecer, los géneros de vanguardia van dirigidos a una minoría especialmente dotada. Por eso despiertan irritación en la masa.

Cuando a uno no le gusta una obra, pero la ha comprendido, se siente superior a ella y ya no hay motivo de encono. Pero cuando el disgusto que la obra provoca nace de no haberla entendido, queda uno como humillado, con una sensación de inferioridad que necesita compensarse con muestras de indignación.

Hasta aquí Ortega y Gasset. Ya sin su ardua ayuda, podemos sospechar que muchos artistas aspirantes, habiendo comprendido los argumentos sobredichos, buscan la incomprensión como si se tratara de un valor estético. En ciertas circunstancias no es mala idea: muchas veces la desorientación de los pajarones es señal de que se está recorriendo el camino correcto.

Sin embargo, buscando alejarse del entendimiento general, hay quienes se extravían en los distritos del mamarracho.

No es muy audaz colocar el tango en el molde de estos criterios. Los tangos nuevos también son impopulares. El público y la crítica han dividido su opinión entre una minoría que los acepta y una mayoría que los odia. Así se ha generado una de las polémicas más aburridas de la historia del pensamiento humano.

En los años dorados del barrio de Flores, las almas sencillas disfrutaban los tangos sin análisis, sin doctrina y sin militancia. Un joven escucha-

ba *Sueño querido* y se quedaba tan fresco, sin otras cavilaciones que las que podía sugerirle la modesta letra.

Después, los Refutadores de Leyendas hallaron que los viejos tangos perjudicaban la pavimentación general y el funcionamiento de los motores eléctricos.

—*La velocidad de los modernos medios de transporte exige la creación de tangos adecuados* —señalaban.

Ya se sabe que algunos sectores de la población —los farmacéuticos, por ejemplo— son muy sensibles a las alegorías con aviones y carretas, por eso aceptan con entusiasmo transformar su alma cada vez que se extiende la red de subterráneos.

En los bailes y teatros, los Refutadores interrumpían a los cantores para preguntar qué sentido tenía llorar el amor perdido en un mundo en el que existe la licuadora.

Lo extraño del caso es que estas argumentaciones fueron aceptadas por los artistas tangueros con resignación y vergüenza. Muchos de ellos procuraron entonces situar sus obras —y hasta sus personas— a la altura del progreso, con un entusiasmo menos adecuado para el arte que para las sociedades de fomento.

Sin embargo —como siempre ocurre— el verdadero artista aparece por la puerta menos prometedora.

Vale la pena que recordemos hoy a Néstor Gómez Re, el transformador del tango.

En realidad, era un músico corriente que vivía en la calle Fray Cayetano. Tocaba el bandoneón con cierto decoro y dirigía un modesto sexteto. Tal vez el demasiado trato con estudiantes de derecho, psicólogos, operadores de radio y anestesistas acabó por avergonzarlo de su profesión. Cuando los primeros músicos proclamaron la nueva fe transformadora, él se entregó apasionadamente a ella. Es posible que al principio no comprendiera demasiado: cuentan que se limitaba a ocultar y disimular el tango que tocaba, con hábiles circunloquios musicales. El público inocente recibía aquellas creaciones como adivinanzas.

—¡Es "El esquinazo"...!
—No, hombre... ¡"El Torito"...!
—Para mí, es "Corralera"...

Pero con el tiempo, Gómez Re encontró su propia forma de romper con las formas establecidas.

Viendo que casi todos los creadores novedosos competían en el bizantinismo de los arreglos musicales, él pensó en la posibilidad de hacer arreglos en las letras.

No suponga el lector sencillas correcciones de los versos menos felices. La innovación iba mucho más lejos.

Por empezar, al cantor convencional se le agregaba un coro que comentaba o glosaba la acción central del relato tanguero, siguiendo líneas musicales de contrapunto, o aprovechando pasajes, contestaciones, partes de violín o meros firuletes caprichosos.

༄Mi noche triste

Cantor solista: *Percanta que me amuraste.*
Coro: *Sin ninguna razón.*
Cantor solista: *En lo mejor de mi vida.*
Coro: *En plena juventud.*
Cantor solista: *Dejándome el alma herida y espinas en el corazón.*
Coro: *Mi pobre corazón y lo que es más...*
Cantor solista: *Sabiendo que te quería, que vos eras mi alegría y mi sueño abrasador.*
Coro: *Brasa y abrazo soñador.*
Cantor solista: *Para mí ya no hay consuelo.*
Coro: *No.*
Cantor solista: *Y por eso me encurdelo.*
Coro: *Sí.*
Cantor solista: *Pa' olvidarme de tu amor.*
Coro: *Sigamos por favor...*

A veces, el propio cantor interpretaba letra y música transformadas, agregando notas o simplemente cantando las variaciones, como en:

༄Amurado

Una noche más tristona
que la pena que me embarga en esta triste situación
vi que tomó su bagayito y amurado me dejó;
se las tomó sin saludar con la mayor resolución.
No le dije una palabra
ni el más mínimo reproche, ni la sombra de una queja;
la miré que se alejaba
y pensé: qué mala suerte, para mi todo acabó.

Muy pronto, Gómez Re comprendió la necesidad de aceptar la colaboración de un poeta. A falta de otros postulantes, se resignó a trabajar con Carlos M. Caron, un escritor de Liniers experto en novelas policiales. De este modo, nacieron los Tangos de Detectives, expresión breve y musicalizada de la Colección Rastros.

Naturalmente, los misterios propuestos no eran demasiado complejos. Sin embargo, algunos temas aparentaban cierta dignidad. *¿Quién mató al pardo Ramírez?*, *Sangre junto al buzón*, *El testigo insobornable* y la milonga *Chantaje en Villa Lugano*, fueron los más logrados.

Reproduciremos, seguidamente, algunas líneas de inexplicable eficacia:

Ceba raro el morocho, observó el cana,
cacha siempre la pava con la izquierda...
El asesino zurdo

No crea que me llevo de chimentos:
lo batieron sus huellas digitales.
La gringa impía

La vida y la cana
se burlan de mí,
me acusan de un crimen
que no cometí...
Falsas pruebas

Los Tangos Infantiles no pasaron del primer intento. Eran tanguitos de hadas y de ogros reos, con princesas encerradas en galponcitos de La Paternal.

La codicia los llevó más tarde a componer una serie de Tangos Pornográficos como *Entre los yuyos*, *El barbudo* y *Que nunca te falte*.

Los autores tradicionales del barrio, como Anselmo Graciani, se oponían enconadamente al trabajo de Gómez Re.

Manuel Mandeb tuvo la mala idea de organizar una mesa redonda con la presencia de tradicionalistas y renovadores, en las instalaciones del club J. M. Bosch de Villa Excelsior. El título del debate fue: *¿Qué es el tango?*

De entrada, nomás, Ives Castagnino postuló la definición ostensible.
—*El tango es esto* —dijo.

Tocó *El apache argentino* con su guitarra y se fue dando un portazo.

Muy pronto se perfilaron dos criterios opuestos. Uno restringido, que acotaba el género con rígidas exigencias. Otro amplio, que extendía el tango hasta el confín del universo. De este último sector proviene el *"pantanguismo"*, escuela que sostiene que todo es tango, lo que significa al mismo tiempo que nada lo es.

La discusión terminó con la oportuna intervención de la policía, repartición que tiene ideas propias acerca de la música popular.

Desde aquella noche, Gómez Re empezó a interesarse por las discusiones y a descuidar su vida artística. La preparación de mortíferos silogismos le restó tiempo para tocar el bandoneón. Sus últimas actuaciones consistían redondamente en conferencias.

A decir verdad, son muchos los que hoy padecen un vicio semejante. Más fácil es encontrar ensayistas o historiadores tangueros que cantores o guitarristas.

Ante la defección de Gómez Re, otros artistas tomaron la antorcha.

Un grupo de la calle Caracas cambió primero los instrumentos, luego el ritmo, más tarde las letras y, finalmente, el nombre mismo del tango, al que llamaron rock.

Los profesores universitarios, los sociólogos y los pisaverdes se declararon partidarios de Gómez Re y sus sucesores, y lo nombraban a cada párrafo en sus charlas y peroraciones.

En toda clase de actos públicos se anunciaba la muerte de los tangos viejos y su reemplazo por el Neotango Internacional, que arranca lágrimas a los belgas arruespes.

Confinados en reducidos cenáculos, los Retrógrados del Ayer solicitaban la prohibición de los tangos posteriores a 1940.

Gómez Re se retiró para siempre y no volvió a actuar en público. El ruso Salzman juraba haberlo visto en una cervecería de Los Toldos, tocando sin adornos el tango *Milonguita.*

Los enfrentamientos polémicos siguen hasta hoy.

Nadie parece haber reparado en algo terrible: el tango nuevo ya es viejo. Si se trata de juzgar que el arte no es eterno y más aun, que ni siquiera dura mucho, es necesario confesar que las invenciones renovadoras son ya lugares comunes.

¿Por qué no aparecen nuevos demoledores para hacer probar a los Gómez Re su propia medicina?

Las reflexiones iniciales de Ortega son de 1919. ¿Es que tan luego el arte nuevo, que auspiciaba el desalojo de las formas clásicas, pretenderá quedarse para siempre?

Temo que a espaldas de los bandos tangueros, las multitudes se han ido a casa.

La única esperanza está en la aparición del artista. Ése que se presenta por la puerta menos prometedora y, sin doctrina ni explicaciones, llega al rincón más secreto del alma.

Las buenas gentes de estos tiempos deshilachados no pierden la esperanza.

47

Refutación de los viajes

Las consecuencias del progreso de los medios de locomoción tal vez van más allá de lo que uno se imagina.

Es que la existencia de aparatos tan formidables como el aeroplano debe producir transformaciones, no sólo en los usos sociales y económicos, sino también en nuestras almas.

En la época de los grandes viajes, un hombre occidental que alcanzaba a llegar a Pekín se ganaba el asombro general. Ir hasta el Congo y regresar vivo era hazaña que alcanzaba a justificar la existencia toda.

No hace falta decir que, en nuestros días, cualquier imbécil puede llegar a Pekín, al Congo o a ambos lugares, en muy pocas horas, sin despeinarse y sin despertar el asombro de nadie.

Se comprende, entonces, que lo verdaderamente admirable de una excursión gloriosa no reside en situarse en un punto más o menos lejano, sino más bien en hacerse cargo de las penurias del trayecto. El siglo XX ha eliminado casi todos los riesgos propios de los caminos. Ya no hay bandoleros en las encrucijadas, ni ríos correntosos que vadear, ni alimañas ponzoñosas, ni fiebres tropicales. El avión vuela por sobre todas estas calamidades y resta a sus usuarios hasta la menor perspectiva de gloria.

Cuando se habla de viajes, los miembros de la Sociedad Pensamiento Fácil sienten estallar en sus cerebros una batería de ocurrencias previsibles: las distancias se han acortado, las noticias se conocen con rapidez, las diferentes culturas se presionan mutuamente y otras módicas verdades de parecido efecto.

Pero hay más: la velocidad de traslado y la eliminación de peligros y sobresaltos ha generado en las muchedumbres una especie de santa impaciencia, conforme a la cual todo el mundo se cree con derecho a alcanzar las metas que se propone, de manera inmediata y con el menor esfuerzo.

Así, cuando un pelafustán declara que estamos en la era del jet, no se limita a indicar la posibilidad de viajar a Madrid en 11 horas, sino que trata de sugerir la conveniencia de hacer las cosas rápidamente y sin mancharse los pantalones.

Estos asuntos —que no parecen demasiado apasionantes— fueron, sin embargo, el eje de una larga polémica.

Ciertos espíritus obtusos de la calle Boyacá, alcanzaron a sentir —ya que no a razonar— que todo viaje es inútil, cuando no nefasto.

Así nace la Cooperativa Enemigos de los Viajes, entidad sedentaria y conservadora que postulaba la conveniencia de no moverse. El testimonio que queda de sus desvelos es relativamente escaso. Cabe suponer que se trataba de gente perezosa. Igualmente fueron capaces de preparar un interesante proyecto sobre prohibición de mudanzas.

Allí se sostiene que toda mudanza es triste e indeseable y que causa dos daños al mismo tiempo: uno en el antiguo barrio, donde se padecerán los dolores de la ausencia. Otro en el barrio nuevo, donde se soportarán las violencias de recibir extraños. Este trabajo no fue presentado a las autoridades, tal vez por no costearse hasta el centro.

Con signo absolutamente opuesto, en Caballito funcionaba la Sociedad de Viajeros Perdidos.

El éxito de este grupo perdura hasta nuestros días. En sus oficinas (cuando había alguien) se recitaban a voz en cuello las ventajas infinitas de viajar a cualquier parte.

Según los Viajeros Perdidos, recorrer el mundo es la única forma de alcanzar la cultura y aun la sabiduría. La afirmación no parece muy consistente: la calle está llena de sujetos que han recorrido los cinco continentes, permaneciendo en la más inmaculada ignorancia. De cualquier modo, los kilómetros transitados y los países conocidos otorgaban rango y jerarquía en este círculo. *"Se lo digo yo, que he visitado Albania"* era un argumento prácticamente irrefutable, aun cuando se estuviera discutiendo la formación del equipo de San Lorenzo.

Sintiendo las ráfagas de estos vientos contrarios caminaban —perplejos— los Hombres Sensibles de Flores.

Ellos nunca habían sido grandes viajeros. Pero les gustaba presentir que el mundo estaba lleno de lugares extraños e inaccesibles, donde ocurrían cosas prodigiosas. Algunas veces, los Narradores de Historias contaban las aventuras de peregrinos que habían llegado hasta el Tigre o incluso hasta La Reja, para descubrir paisajes exóticos y costumbres sorprendentes.

Tal vez estos relatos impulsaron a algunos muchachos del Ángel Gris a emprender menesterosas exploraciones.

De ellas queda fantástica memoria en el libro de Jorge Allen *20.000 kilómetros alrededor de Villa Bosch* y —especialmente— en el *Cuaderno de Viajes* de Manuel Mandeb.

La primera de estas obras es ficción pura. Se trata de un poema en el que aparecen figuras de la mitología griega saltando de los tranvías en la estación Tropezón. La intención de Allen —según parece— fue escribir una especie de odisea suburbana. No lo consiguió. Sus alegorías resultan demasiados groseras: Ulises Lo Menso se llama el protagonista. Su mujer, que lo espera en Lugano, Penélope C. de Lo Menso. Existe un tuerto gigantesco (el cíclope) y una bruja hermosa que tira las cartas.

Mucho más interesante es el cuaderno de Mandeb. Cada capítulo es un viaje real, consignado con toda precisión. Hay que reconocer —eso sí— que no son excursiones demasiado sorprendentes.

La primera, *Caminando hasta Luján,* es un fracaso. El protagonista confiesa que abandonó el intento en Rivadavia e Irigoyen, no mucho más allá de Villa Luro, víctima del cansancio.

Villa Rizzo, el pueblo perdido, nos da noticias de la existencia de un barrio secreto, oculto entre una cancha de golf y los talleres Alianza. Mandeb pretende que las calles son allí de carbonilla, las veredas altas y las casas de estilo ferroviario.

Perdidos en Parque Chas es la crónica de una frustrada noche de garufa. Mandeb y sus amigos fueron invitados a un baile en la calle Bucarest. Desdeñando las advertencias de los hombres sabios, se internaron en el barrio sin salida. Y ya se sabe lo que ocurre en Parque Chas: uno se pierde irremediablemente. Vale la pena transcribir unas líneas.

"A eso de las doce, llegamos a la misma cigarrería. Ya era la quinta vez. Como en las otras ocasiones, interrogamos al viejo que atendía. Sus indicaciones fueron nuevamente distintas. Loco de furor, salté sobre el mostrador y comencé a estrangularlo.

—Viejo mentiroso... ¿cuál es la calle Bucarest? ¿Cómo se sale de este infierno?
—El anciano acabó por confesar que no lo sabía. Muy compungido, admitió que él mismo había desembocado en Parque Chas en 1939. No habiendo podido salir de allí, se resignó a instalar un quiosco, gracias al cual sobrevivía, aunque abrigaba el secreto anhelo de volver a Villa Crespo, barrio del que nunca debió salir."

Este capítulo finaliza con la providencial intervención de un taximetrero, quien si bien no acertó a llevarlos a la calle Bucarest, por lo menos los sacó —después de varias horas— a la Avenida de los Incas.

Hay setenta relatos. Merecen recordarse *Los misterios de Plaza Irlanda, Río Reconquista: hasta el nombre te han cambiado, Cómo eludir a los duendes extranjeros de El Palomar y Registro de las tribus de José C. Paz,* entre muchos otros. Sobre el final de la obra, Mandeb se permite algunas opiniones generales sobre el tema.

Afirma el pensador que el propósito fundamental de todo viaje es el regreso.

"Las grandes distancias me enseñaron a ver mejor la esquina de mi casa. También aprendí el valor de la ausencia: cualquier lugar es mejor, apenas uno se va."

La tradición oral de Flores registra otros viajes memorables: las excursiones de Luciano, el canillita que volaba; los cuentos del viejo Mariotti, el maquinista del ferrocarril; la inconcebible gira del doctor Schultz, que —según dicen— se fue a Europa.

El análisis de todos estos testimonios, nos permite advertir que los Hombres Sensibles de Flores habían captado el sentido del viaje corto. Y esto es un acierto que no muchas personas han sabido aplaudir. Desechada la idea de enfrentar dificultades extremas (pantanos, montañas, antropófagos), tanto puede uno encontrar aventuras en Leipzig como en Lanús.

Sin embargo, el trabajo de la Sociedad de Viajeros Perdidos ha dado sus lamentables frutos.

Casi todo el mundo piensa hoy que viajar le da sentido a la vida. Muchas personas se corren hasta Italia, obtienen allí centenares de fotografías y vuelven luego enriquecidos, aunque más no sea, con un nuevo tema de conversación.

Esto es aburrido, pero no perverso.

Mucho peores son aquéllos que dicen viajar para encontrarse a sí mismos.

¿En qué consiste este viaje? No se sabe bien. Quizá un lechuguino gasta sus ahorros en un pasaje a Calcuta. Una vez en esa ciudad, empieza a buscarse minuciosamente. Pregunto: ¿Y si no está? Debe ser francamente desalentador recorrer una distancia tan grande para vivir un desencuentro.

Por lo demás, bien se dice que uno no encontrará en sitio alguno nada que no haya llevado consigo. Para comprender que uno es un tonto, no es necesario trasladarse a Katmandú.

Veamos un último fragmento de Mandeb.

"Todo viajero es la mitad de sí mismo. No hay lugar en los aviones para

llevar las cosas que lo completan. Esquinas, gestos, personas, vientos, olores, tapiales, saludos, colores y miradas no caben en las valijas.

"Se me dice que algunos hombres no conocen la querencia. Son personas incomprensibles, que se reputan ciudadanos del mundo. Yo prefiero ser criollo."

Quien escribe coincide —por una vez— con el mentor de Flores. No está mal contemplar las catedrales góticas, los canales de Venecia o la gran muralla. Sí está mal creer que esas contemplaciones darán sentido a la vida. Para encontrarse a uno mismo no es necesario caminar mucho. Se los digo yo, que me he rastreado por todas partes y me encontré en el patio de mi casa, cuando ya era demasiado tarde.

48

Los Amantes Desconocidos

La Sociedad de Amantes Desconocidos de Flores fue tal vez la entidad más secreta del barrio. Su misma naturaleza hacía imprescindible la discreción.

Hace algunos años, cada vez que alguien recibía una carta de amor sin firma, los hombres sabios no vacilaban en atribuirla a la Sociedad. Era esto un error: siempre han existido enamorados ocultos, sin que haga falta inventarlos.

Por otra parte, cabe razonar que la obra de los Amantes Desconocidos sólo pudo tener buen efecto en la medida en que no les fuera atribuida.

Se calcula que en los años de su actuación la Sociedad fraguó más de dos mil historias de amor.

El procedimiento habitual era sencillo. Sin mayores ceremonias se elegía a una persona cualquiera. La mayoría de las veces se trataba de solitarios, melancólicos, desengañados, aburridos o simplemente amigos a quienes la entidad deseaba favorecer.

El paso inmediato consistía en crear un amante ficticio para la persona elegida. Un equipo de ingeniosos creativos se encargaba del asunto. A los ingenieros les inventaban adolescentes pícaras. A las modistas de la calle Morón les dibujaban nobles arruinados. A los Hombres Sensibles les hacían amantes románticas y trágicas, pero también muy pechugonas, que eran una verdadera delicia.

Una vez establecidas las características generales del amante ficticio, se enviaba la primera comunicación. Así, muchos hombres y mujeres de Flores recibieron sorpresivas declaraciones anónimas que los llenaron de estupor.

Se transcribe a continuación la carta que llevaba el número de orden 1114.

"Querido ingeniero Atilio D. Gallardo:
Le escribo desde las tinieblas de mi soledad. Le ruego que me disculpe si usurpo

su preciosa intimidad. Pero existe, mi querido ingeniero, un sentimiento dentro de mí que ya no puedo dominar.

Es preciso que usted sepa que lo amo, ingeniero.

Usted no me conoce... O para decirlo mejor: usted jamás ha reparado en mí.

¿Quién soy...? No creo que valga la pena que usted lo sepa. Digamos que me llamo Luisa, aunque ése no es mi verdadero nombre. Algunos dicen que soy joven y hermosa, pero tal vez exageran.

Ah... si supiera, ingeniero, cuántas veces he llorado por usted.

Si supiera cuántas noches he despertado llorando y pronunciando su nombre: Atilio. En mi cuarto tengo un pequeño retrato suyo que he recortado de la revista Temas de la construcción.

Usted tal vez se ría de los delirios de una pobre muchacha enamorada. Pero ya no puedo luchar más contra mi corazón, ingeniero.

Quiero proponerle algo. Escríbame. Cuénteme algo de su vida. Desde luego, todavía no pienso revelar mi verdadera identidad, de modo que deberá usted dirgirse a Luisa, Casilla de Correo 32.

Un beso apasionado de su Luisa."

Después comenzaba la verdadera historia. El ingeniero respondía, Luisa escribía otra vez, el ingeniero reclamaba un encuentro, Luisa se negaba... Y entre carta y carta se iban conociendo e interesando cada vez más.

Por supuesto, el encuentro no debía producirse jamás. Y ésta es en verdad una regla de oro de los amantes desconocidos, reales o ficticios.

Toda la relación deberá girar alrededor de un encuentro futuro. Pero es fundamental el no encontrarse nunca. Las razones se ven venir: todo amante desconocido es perfecto. Tiene la cara que uno desea. Es, a nuestro capricho, morocho, rubio o ambas cosas a un tiempo. El amante desconocido no tiene defectos, no tartamudea, no fastidia con cosas cotidianas. Pero hay una virtud fundamental: por no ser nadie es también todas las personas del mundo. Si se comete el desatino de darle una identidad cierta, el amante desconocido se achica, aunque sea un ángel. Si es alto ya no podrá ser petiso. Si es atlético ya no podrá ser enclenque. Si es Juan ya no podrá ser Pedro. Si es Luisa ya no podrá ser Esther.

Por estos mismos motivos, la Sociedad de Amantes Desconocidos jamás enviaba fotografías aunque sí las reclamaba de sus beneficiarios.

La actividad de estos filántropos tenía por objeto combatir la soledad y la desdicha. Y cabe señalar que su acción despertaba en los vecinos del barrio un sano espíritu de emulación. Al conocer la existencia de enamorados secretos, muchas personas descubrían dentro de sí esa misma condición. Y así, junto a los amantes de ilusión creados por la Sociedad, cundieron los amantes secretos verdaderos.

En sus buenos tiempos, Manuel Mandeb se carteaba con cuatro amores misteriosos.

El pensador sospechaba que por lo menos dos eran obra de la Sociedad, más que nada por el papel barato de las cartas. Pero sus investigaciones lo llevaron a comprobar la existencia cierta de las otras dos. Una de ellas resultó ser una compañera de un curso de guitarra que Mandeb seguía penosamente. Cuando el hombre se presentó ante ella con las cartas en la mano, la chica rompió a llorar y huyó para siempre.

La última de las amantes secretas era —según se supo mucho después— Beatriz Velarde, la piba más hermosa de Flores, de quien —a su vez— Mandeb era enamorado secreto en otra colección de cartas.

Pero estaba escrito que Manuel y Beatriz no se amarán nunca.

El ingreso a Amantes Desconocidos de un grupo de redactores humorísticos y malévolos provocó una serie de catástrofes que marcaron la decadencia de la Sociedad.

Estos profesionales, que perseguían únicamente la diversión personal, empezaron a enviar cartas a damas casadas y a urdir toda clase de intrigas chuscas.

De este modo consiguieron que la señora Aurora B. de García Vassari se presentara a las cuatro de la mañana con una vela en la mano en el fondo del pasaje Trieste.

Asimismo fueron los culpables de infinidad de divorcios, riñas, peloteras y toletoles entre los matrimonios más acrisolados de Flores.

Pero hay que mencionar un fenómeno curioso que les ocurría a casi todos los miembros de la Sociedad.

Conforme avanzaban en la correspondencia con los beneficiarios, muchos guionistas se enamoraban de verdad. La conocida redactora publicitaria Luz Vasallo se volvió loca de amor por el poeta Jorge Allen, cuyo caso atendió durante meses. Para evitar estas situaciones, las autoridades de la entidad resolvieron una rotación de guionistas. Pero el resultado fue desastroso. Las cartas perdían coherencia y verosimilitud, pues los redactores no alcanzaban a compenetrarse debidamente de su función.

Sobre el final de sus actividades Amantes Secretos recurrió al teléfono.

No fue una experiencia feliz. El lenguaje telefónico es menos tolerante con la creación artística y —por lo demás— muchos guionistas soltaban la carcajada en medio de las charlas, provocando cierta perplejidad en el cliente.

El juego de los Amantes Desconocidos era sin duda apasionante. Pero aunque admitía procesos más o menos prolongados, al cabo terminaban por extinguirse.

Nadie puede resistir mucho tiempo la tentación de conocer. Todos, tarde o temprano, exigen la consumación del amor epistolar.

Y así terminaban todas las historias. La mayoría de las veces con el silencio y el olvido. En alguna ocasión, con encuentros más bien desteñidos.

Ives Castagnino, el músico de Palermo, se encontró una vez con una dama desconocida que le había enviado cartas durante años. Cuando la vio en la esquina, se acercó y le dijo:

—*Buenas noches. Soy el desengaño.*

Hoy ya nadie habla de los Amantes Desconocidos de Flores. Pero esta entidad sin fines de lucro bien puede dejar en nuestro espíritu la sombra de una idea.

¿Por qué no convertirse uno en Amante Desconocido? ¿Por qué no ayudar con ilusiones a tantas almas solitarias que andan por la cuadra?

La vida está poniéndose muy aburrida. Sería maravilloso recibir una mañana de éstas una nota perfumada y llena de besos que vienen de no sé donde.

Dejo la inquietud a tantos guionistas, redactores, poetas y literatos que malgastan su tiempo jugando al billar.

49

El caminante (V)

Recién en el otoño volví a ver a la mujer de la calle Bogotá. Salía al caer la noche y yo caminaba a su lado trenzando frases ingeniosas, hasta que ella me pedía explícitamente que la dejara en paz.

Por fin, al cabo de largas semanas de humillación, conseguí que se sentara conmigo en un banco de la estación de Flores. Supe su nombre: María. Casi no me dijo otra cosa. Me escuchó distraídamente durante algunos minutos y después se fue.

A partir de entonces mi guardia frente a la casa se hizo perpetua. La acechaba sin disimulo. Gracias a mi pertinacia pude lograr que aceptara modestas invitaciones. Al menos una vez por semana, nos sentábamos a conversar.

Ella advirtió inmediatamente que tenía poder sobre mí. Y encontró solaz ejerciéndolo.

Solía indagar con fervor la naturaleza de mis sentimientos, empujándome a la confesión.

Fingía dudar de mi sinceridad y me obligaba a la promesa y al juramento.

Entonces, cuando yo esperaba la revelación de su amor, cuando yo creía que iba a besarme, me hablaba de otros hombres o de asuntos sin importancia o se iba.

En mi estupidez, insistía en hacer ostensible mi desesperación. Me le mostraba tétrico, vencido. Coqueteaba con mi desdicha y lucía ese ingenio resentido de los que creen que su fracaso es injusto.

Cuando María calculaba que mis fuerzas se iban agotando, encendía mi esperanza con mínimas señales de afecto. El sólo roce de su mano me ilusionaba de un modo vergonzoso. Los pocos amigos que aún me quedaban debían soportar tediosos informes sobre el asunto.

Una tarde de invierno yo vigilaba bajo la lluvia. Hacía semanas que no veía a María. Estaba sucio y mal dormido. Temblando de frío, murmuraba, a modo de ensayo, unos reproches siniestros que venía preparando.

Tamas Dorkas llegó gambeteando baldosas flojas.

—*Ya está. El cuarto milagro está cumplido. Encontré a un hombre que ama a la hechicera más que yo.*

—¿Y quién es ese estúpido?

—Usted.

50

El psicoanálisis en Flores

*L*a historia del psicoanálisis en el barrio de Flores es bastante curiosa. Quienes conocen a los Hombres Sensibles ya sospecharán que las teorías de Freud no fueron formuladas pensando en ellos. Y aunque estos varones siempre fueron aventureros y buscadores de sueños, cuesta bastante imaginarlos en el sillón de un psicoanalista.

Sin embargo, muchos profesionales alcanzaron cierto éxito en el barrio del Ángel Gris.

Algunos fueron consultados por los Hombres Sensibles y hasta existieron escuelas y corrientes opuestas que dieron lugar a apasionantes polémicas.

El primer analista que se estableció en Flores fue —según dicen— el doctor Mauricio D. Finkel.

Los comienzos no fueron fáciles y su consultorio de la avenida Rivadavia permaneció desierto durante meses. Los vecinos creían entender que Finkel adivinaba la suerte o tiraba las cartas o tal vez vendía rifas.

Con esa idea se presentó un día de invierno el primero de sus pacientes. Se trataba del poeta Jorge Allen, quien buscaba consuelo a un desengaño amoroso y pensó que no estaba del todo mal intentar alguna solución mágica.

Finkel lo hizo recostar en su diván y lo invitó a hablar. Allen le contó minuciosamente cómo había sido abandonado por cierta señorita de La Paternal, la forma en que sufría y otros detalles menores. Transcurrido un buen rato, Finkel se levantó y dio por terminada la entrevista.

—*Bien* —dijo Allen—. *¿Qué hago?*

—Venga el jueves a la misma hora.

—¿Para qué?

—Vea, se trata de que usted vaya comprendiendo su propio problema. La solución la encontrará precisamente en esa misma comprensión.

Allen regresó varias veces. Comprendió perfectamente su caso, lo cual no le sirvió de nada: la chica de La Paternal se casó con un consignatario de Alberti. Enterado de esta tragedia, el enamorado anunció a Finkel su decisión de interrumpir el tratamiento.

—*Usted no entiende* —sentenció el analista—; *el punto es ubicarlo a usted ante la realidad para que la acepte y supere el dolor.*

—*No deseo superar el dolor. Ya he perdido a la mujer que quería: ¿Pretende usted dejarme también sin el sufrimiento? Dígame cuánto le debo.*

A pesar de este primer fracaso, Finkel hizo carrera. Cuando los Hombres Sensibles se enteraron de la teoría del subconsciente, creyeron encontrarse ante una hermosa leyenda.

En la plaza, los Narradores de Historias sorprendían a su auditorio manifestando que todos llevamos dentro a otro señor, que es en verdad el que domina nuestra persona.

Agregaban que este señor oculto aparecía en los peores momentos, poniendo en nuestras vidas notas de lujuria, bestialidad y grosería.

La leyenda del subconsciente se fue transformando vigorosamente y algunas de sus versiones son asombrosas. Durante mucho tiempo se creyó en Flores que todo acto indecoroso era responsabilidad del subconsciente, quedando a salvo la inocencia de quien lo perpetrara. Así, los guarangos de la zona justificaban sus gritos, zafadurías y provocaciones culpando al extraño que llevaban dentro.

Las personas decentes y rectas se jactaban de no tener subconsciente y muchos padres amenazaban a sus hijos con disponer la extirpación quirúrgica del intruso responsable de sus travesuras.

Manuel Mandeb afirmó una madrugada que él tenía varios subconscientes, la mayoría de los cuales estaba en contra suya.

Casi en los confines de Villa del Parque, algunos grupos de fantásticos creyeron que el subconsciente salía de su envoltura carnal en las noches de luna llena para cometer toda clase de perversidades.

Sea por el auge de esta leyenda, sea por la improba labor de grupos de lechuguinos procedentes del centro, el caso es que el doctor Finkel y algunos otros psicoanalistas llegaron a disponer de una regular clientela.

Los Refutadores de Leyendas no se opusieron a esta actividad, pues habían oído decir que se trataba de algo científico. También es cierto que no concurrían a los consultorios, lo cual es una lástima: no debe haber nada más apasionante que los sueños de un racionalista.

Con la aparición de nuevos profesionales, empezaron también los diferentes enfoques, las herejías y las discusiones.

Finkel era ortodoxo: no dialogaba con sus pacientes, se ponía lejos de su vista y no les permitía que lo miraran. Sus enemigos afirmaban que el hombre aprovechaba para dormir.

Otros aseguraban que se iba a la cocina y regresaba sobre el final de la sesión. Y no faltaban los que creían que atendía a dos o más personas al mismo tiempo, dando vueltitas de inspección entre pieza y pieza.

Otros psicoanalistas prefirieron enfrentar a sus clientes y discutir con ellos. Una rama de la calle Bilbao llevó esta actitud al extremo. Así nació la Escuela Psicoanalítica de la Mala Sangre.

Los médicos que siguieron esta novedosa técnica se propusieron reaccionar ante el relato del paciente de un modo evidente y hasta exagerado, para que el enfermo comprendiera que se lo compadecía.

Por ejemplo: si un señor contaba que su esposa lo tenía harto, el analista lloraba amargamente hasta caer en la desesperación.

Claro que esta terapia tuvo, algunas veces, consecuencias desagradables.

Así, cuando alguien contaba que castigaba a sus hijos, no faltaba el psicólogo taura que se plantaba frente al escritorio y gritaba: *"Por qué no me pegás a mí, sinvergüenza."*

Las actividades de la Escuela Psicoanalítica de la Mala Sangre cesaron, más que nada, a causa de las quejas de los vecinos.

Un negocio bastante interesante fue el de los psicoanalistas a domicilio.

La idea surgió a partir de la fuerte necesidad que muchos pacientes tenían de sus analistas a toda hora. Ciertos neuróticos pudientes pensaron que una buena solución era contratar a un psicoterapeuta de modo permanente.

Entonces se hizo bastante frecuente la costumbre de tener un analista en la casa, lo que —de paso— eliminaba la molestia de someterse a una sesión, pues no tenía mayor sentido contarle al profesional lo que éste podía ver con sus propios ojos.

Lo cierto es que, en el caso de los psicoanalistas ortodoxos, su función en el domicilio del enfermo no era mucho más activa que la de un florero. Se limitaban a recorrer las habitaciones murmurando *"jem"* y asintiendo con la cabeza. Muchos de ellos todavía siguen en las casas de familias adineradas, algunos como jardineros, otros como primos o entenados.

El auge de la actividad psicoanalítica en el barrio de Flores popularizó sus técnicas más sencillas. Cualquier modista sabía lo que era el complejo de Edipo o una neurosis obsesiva. Los Hombres Sensibles se sintieron fascinados por el juego de la interpretación. Para ellos no se trataba de un ejercicio científico, sino más bien artístico. Y no les faltaba razón.

Alguien deja un paraguas olvidado en el bar La Pilarica. Interpretación: existe el deseo de volver a ese establecimiento.

Alguien cuenta chistes todo el tiempo. Interpretación: hay una pena oculta.

Alguien siente horror por los cuchillos. Interpretación: hubo un accidente en la niñez.

Desde luego, los poetas del barrio acuñaron interpretaciones nuevas, muchas de ellas de alto valor literario. Veamos:

Alguien se mete el dedo en la nariz. Interpretación: está buscando su alma.

Una mujer es demasiado hermosa. Interpretación: se trata del demonio.

Un hombre come terrones de azúcar. Interpretación: es tucumano.

Un hombre afila su cuchillo en el cordón de la vereda: venganza segura.

El mismo mecanismo se observó en la interpretación de los sueños. Según los Hombres Sensibles, soñar con una mujer es amarla, soñar con zapatos negros es morirse, soñar con caerse es el cincuenta y seis.

Otra de las consecuencias de esta vocación psicológica fue el convencimiento general de que todo tiene orígenes mentales. Así, cuando un muchacho se ensartaba un clavo en el pie; algunos médicos aplicaban la vacuna antitetánica y otros preguntaban por la relación del ensartado con sus padres.

De cualquier modo, el entusiasmo fue decayendo. Tal vez el principal responsable fue Manuel Mandeb. El pensador árabe empezó a desconfiar de quienes trataban de abarcar el alma con menesterosas definiciones. No le gustaba tampoco la ausencia del pecado en aquellas construcciones donde no había canallas, sino enfermos y donde los sinvergüenzas eran llamados psicóticos.

De estas inquietudes surge una obtusa monografía titulada *Locos éramos los de antes*.

En realidad el trabajo consiste en la exposición de ciento nueve casos de personas que concurrieron al psicoanalista, sin curarse de nada y —lo que es peor— adquiriendo una espantosa satisfacción de sí mismas.

La verdad es que el trabajo de Mandeb carece de todo rigor científico, pero consigue dejar la extraña sensación de que al psicoanálisis tampoco le sobra ese rigor.

Esto es quizá falso. Pero uno no termina de convencerse, tal es el efecto que los pensadores pasionales, como Mandeb, producen en las personas razonables.

Hoy en día, supongo yo, los grandes investigadores del alma transitarán otros caminos menos pintorescos. Ya no parece tener mucho sentido contarle nuestras fantasías a un señor durante veinticinco años, para ver si conseguimos dormir tranquilos.

Mis amigos ilustrados me cuentan que hay nuevas técnicas y que la ciencia adelanta de un modo bestial.

Como quiera que sea, el sencillo propósito de esta nota ha sido llamar la atención sobre aspectos estéticos del psicoanálisis. No importa que no sirva para nada: sus rituales, sus aristas absurdas, sus tiros en la noche, sus metáforas, su solemnidad son elementos que un verdadero artista no debería desechar jamás.

Tal vez llego tarde y ya todos han comprendido esto. Quizá los terapeutas y sus pacientes no hacen más que jugar, semana tras semana, un juego apasionante en que las fichas son sueños, ilusiones, fantasías, recuerdos, angustias, amores, desencuentros y frustaciones.

Esto es casi tan bueno como curar manías persecutorias.

51

El cine en el barrio de Flores

Ciertos pensadores sentimentales sospechan que el arte de nuestros días soporta dos calamidades de sentido inverso.

La primera es la industria artística, esa espantosa conspiración de bachilleres y comerciantes que amenaza con hundir el sentido estético del mundo.

La segunda es la proliferación de aficionados y diletantes que pasan por artistas en sus horas ociosas, sin pagar los precios terribles que el destino cobra a los creadores cabales.

Los Hombres Sensibles de Flores creyeron ver en el Arte de Barrio un camino posible para eludir a los mercaderes y a los farsantes.

Y en los años dorados existió una mortecina pléyade de artistas rantifusos: músicos, pintores, cantores, poetas, dibujantes, payadores, billaristas, actores, fileteadores y prosistas.

Bien se advierte que todas estas artes, aun cuando requieren enormes sacrificios, no presuponen inversiones importantes en metálico y están al alcance de cualquier polígrafo. Las disciplinas costosas, las que requieren materiales caros o aparatos complicados, no prosperaron en Flores.

Todos sabemos, por ejemplo, que los pobres no hacen cine. A veces concurren a las salas para ver las películas, pero jamás las filman. Los sociólogos ingenuos podrán inferir la inexistencia de películas sobre la pobreza, lo cual —naturalmente— es falso.

Sin embargo, hubo en el barrio del Ángel Gris un hombre pobre que hizo cine. Se llamó Julius Del Piero. Vale la pena recordarlo hoy que sus películas se han perdido para siempre.

Hubo una circunstancia fortuita que decidió la vocación de Del Piero: su vecindad con el inmigrante húngaro Lazlo Martok, célebre creador de los Cortísimos Metrajes, aquellas sucintas joyas cuya duración máxima alcanzaba los diez segundos. Del Piero fue discípulo de Martok y también saqueador puntual del depósito en que su maestro guardaba rollos vírgenes, cámaras y equipos de iluminación.

Las primeras realizaciones de Julius Del Piero fueron documentales. Citaremos *Vecinos de la calle Artigas sacan la basura, Parejas afilando en Villa Luro* y *Sodería Scarinci: un establecimiento modelo*.

Después de estos modestos ejercicios, Del Piero filmó su primer largometraje.

Su título fue *La vida es una milonga*. Se trata de un relato simple: un cantor de tangos triunfa en el centro y olvida a su novia del barrio de Floresta. Finalmente, desengañado de la gloria, vuelve a su antiguo amor y canta bajo su ventana. La película termina en mitad de la serenata, tal vez por capricho del realizador o quizá por la súbita terminación del rollo. En esta obra se advierte que Del Piero desconocía absolutamente la posibilidad del montaje. Hay una sola toma que se extiende a lo largo de toda la historia, lo que obliga al espectador a presenciar superfluos viajes de Floresta al centro y del centro a Floresta, así como también primeros planos de ventanas y cortinados que duran largos minutos y que —al parecer— sirvieron para dar tiempo al cambio de ropas de los actores. La película dura una hora y cincuenta minutos y ése es exactamente el tiempo que demoró Del Piero en filmarla.

Tampoco se le ocurrió nunca al genial director que la niñez y la madurez de un personaje podían ser interpretadas por actores diferentes. Así, hubo de esperar treinta años para completar la filmación de *Y mañana serán químicos,* obra de clima estudiantil que narra las travesuras de un grupo de jóvenes, quienes con el tiempo se convierten en respetables farmacéuticos. Al reanudar el trabajo, Del Piero convocó penosamente a los actores anteriores y tuvo que soportar una desalentadora realidad: muchos de ellos no se parecían en lo absoluto a los jóvenes que habían sido y casi ninguno tenía cara de farmacéutico.

El trato con los artistas más audaces del barrio fue despertando en Julius Del Piero un espíritu renovador del que careció en sus comienzos. Hijas de este criterio inconformista son sus mejores películas. *Abajo y a la izquierda* es una extaña realización. La pantalla aparece siempre oscura, salvo un pequeño cuadrado ubicado en el ángulo inferior izquierdo.

Lo que allí puede verse apenas sirve para adivinar que la acción principal transcurre o debería transcurrir en la zona eclipsada. A veces el movimiento del borde de un camino nos sugiere una persecución. Pequeñas llamas rastreras nos dejan presumir un gran incendio. La pata de una cama denuncia una posible escena de alcoba.

El sonido no ayuda mucho, pues las voces se oyen remotas y confusas, mientras los ruidos secundarios aparecen en primer plano. Algunos viajeros dicen haber visto la película en otros países y aseguran que unas pocas letras de la traducción asoman en ciertos pasajes. Mencionan una jota, dos haches y una e.

Cuando tuvo que trasladar al cine obras literarias, Del Piero fue respetuoso en extremo. Su versión de *Gargantúa y Pantagruel* mostraba únicamente a un señor leyendo:

—Muy ilustres bebedores... —Y así hasta el final del extenso libro. Después de ver la película, Manuel Mandeb dio a conocer un opúsculo sobre la palabra y la imagen. Allí dice:

"*...El mejor modo de contar una historia es utilizando palabras. Tratar de reemplazarlas por la imagen o la acción es un acto demencial.*

"*Figúrese uno a un sujeto que procura justificar su impuntualidad ante sus jefes mostrando ilustraciones o haciendo gestos. Trate alguien de contarle a un niño el cuento de Blancanieves sin pronunciar palabra. En ambos casos el resultado será irrisorio.*

"*Los cuadros o las esculturas no relatan historias, ni mucho menos argumentan o razonan. Tal vez revelan secretos, muestran señales o producen emoción, pero es evidente que no han sido concebidos para consignar una sucesión de acontecimientos o reflexiones. Y cuando así ocurre, como en esas series de imágenes de los frisos medievales, el efecto no puede ser más confuso e insatisfactorio.*

"*Quizás el cine deba elegir entre dos caminos posibles: o utiliza sin pudor todas las palabras que le hagan falta o abandona la pretensión de contar historias.*"

Julius Del Piero no tuvo mucha suerte con la crítica. Los diarios y las revistas jamás se ocuparon de él. Y en Flores, los implacables Críticos de la calle Condarco lo atacaron siempre con ferocidad.

En verdad, eran sujetos temibles. Se instalaban en el hall de los cines y allí daban a conocer sus opiniones a viva voz. Tenían como precepto el manifestar desagrado ante cualquier película. Merced a este recurso lograban fama de agudos, pues suele pensarse que cuanto más grande es una inteligencia, más difícil resulta complacerla. De este modo, la inteligencia perfecta es la que no halla jamás algo que la satisfaga. Los Críticos de la calle Condarco ejercitaban sus denuestos utilizando alternativamente la indignación, la ironía, el desprecio, la retórica o el silencio.

Seguramente el trabajo más logrado de Julius Del Piero fue su película circular llamada *Continuado o Racconto perpetuo*. Su argumento se deja escribir así:

Unos turistas entran en una taberna. En una mesa alejada ven a un hombre y a una mujer. La mujer se levanta y se va lentamente. El hombre queda solo y comienza a recordar.

Recuerda momentos felices vividos junto a la mujer que se fue. Los dos pasean por un parque de diversiones. Suben a la vuelta al mundo y se besan. Después se encuentran con un anciano que vende globos. El viejo los mira y recuerda.

Recuerda aventuras en un barco. Se ve a sí mismo empuñando el timón. Hay una tempestad. Aparece el capitán y anuncia que el barco va a hundirse. El capitán sale a cubierta y mientras el viento lo castiga, recuerda.

Recuerda un jardín donde él juega con sus hermanas. La más pequeña se sienta en un banco azul y recuerda.

Recuerda a su madre sirviendo la cena en una noche de invierno. La puerta se abre y entra un peregrino. Sin decir palabra el hombre se sienta en un sillón y recuerda.

Recuerda a su hija preparándose para salir. La muchacha se mira al espejo y recuerda.

Recuerda su entrada, junto a un grupo de turistas, en una taberna. En una mesa alejada hay un hombre y una mujer. La mujer se levanta y se va lentamente. El hombre queda solo y comienza a recordar.

Recuerda momentos felices vividos junto a la mujer que se ha ido...

Nunca se supo cuál era el final, ni tampoco el principio de esta película constante. En los cines se proyectaba mediante un sistema de cinta sin fin. Los espectadores veían una o dos rondas y se iban. En los programas no constaba la duración. Del Piero sostenía que era eterna. Los Refutadores de Leyendas calculaban que una vuelta completa tardaba unas dos horas. No hay en toda la obra un solo título o indicación.

El caso contrario es el de la película *Títulos,* en cuyo exasperante transcurso se muestran los nombres de 1.543 colaboradores, sin contar dedicatorias, agradecimientos a comercios y salvedades legales. Después del último nombre —que es precisamente el de Julius Del Piero— la vista termina sin haber comenzado con un elegante *Fin* escrito en letras góticas.

Los Hombres Sensibles de Flores conocieron a Del Piero y algunos de ellos participaron —lastimosamente— en sus realizaciones.

El ruso Salzman logró, después de mucho rogar, un módico papel en *Tomá tus veinte centavos,* la creación más escabrosa del director.

Salzman debía protagonizar una fuerte escena de amor con la estrellita Mónica Coriale, cuya hermosura era ciertamente dolorosa.

En medio de la acción, Salzman se acercó a los técnicos y camarógrafos y les pidió confidencialmente que se rajaran, pues tenía la sensación de haber seducido a la actriz.

—*Me ha dicho que me ama* —explicó.

Del Piero hizo notar que la frase era justamente la que pedía el libreto. El ruso se enfureció y advirtió a la estrella que con él nadie jugaba, ni siquiera en las películas.

Manuel Mandeb, a su turno, intervino en una policial que jamás pudo estrenarse. El polígrafo no respetaba las indicaciones, hacía continuos visajes a las cámaras y no hubo forma de evitar que cantara *Sueño querido*, un tango que le salía bastante bien, pero que nada tenía que ver con el argumento.

—Usted será el director —gritó Mandeb— *Pero sepa que yo he cantado "Sueño querido" en asados, cumpleaños y casorios durante muchos años y no voy a dejar de cantarlo justamente ahora.*

Las últimas películas de Julius Del Piero revelaban ya su decadencia. Lazlo Martok había empezado a desconfiar y cerraba su galpón con doble candado. Ya sin poder abastecerse con dignidad, Del Piero debió recurrir a productores que lo obligaban a filmar temas insignificantes.

A pesar de todo, poco antes de su misteriosa partida, Del Piero alcanzó a completar la obra *Llegando tarde*, delicada expresión de artista maduro y tal vez desengañado.

En esta película, la cámara llega siempre después de los sucesos. De las riñas en la taberna, sólo alcanza a verse el establecimiento destrozado. De los diálogos sabrosos, apenas si se oyen las despedidas. Las escenas musicales son imágenes de los violinistas guardando los instrumentos. Las grandes fiestas se muestran cuando todos ya se han ido. El robo del siglo es el ladrón tras las rejas.

La película solía exhibirse antes de los horarios establecidos para que los espectadores se presentaran justo sobre el final.

Una tarde, Julius Del Piero enfocó sus cámaras hacia los campanarios y comenzó la filmación de *Siguiendo a las golondrinas*. La última vez que lo vieron iba por Nazca hacia el norte, mirando hacia arriba, trotando y llevándose por delante a las personas.

Al parecer, no quedan copias de sus películas, lo que nos permite decir cualquier cosa sobre ellas sin temor a ser desmentidos.

Del Piero fue un artista de barrio, un creador auténtico que supo pagar el precio que otros regatean.

—*¿Cuál es ese precio?* —preguntan los aficionados.

El precio de todo es todo.

52

La presentación de libros

Sin duda, la invención de la imprenta y la alfabetización general han traído consecuencias que van mucho más allá de lo que cualquier criollo podría suponer.

No sólo se ha logrado que la gente lea o finja leer, sino que se ha desatado la aparición de objetos, servicios y entidades cuya sola descripción es asombrosa.

Tal es el caso de los clubes de lectores, los señaladores de plástico, las novelas de Agatha Christie, las ferias del libro, los vendedores de diccionarios, las revistas, las instrucciones para abrir los paquetes de jabón y la impune donación de textos de toda índole que se les infiere a niños inocentes con el pretexto de que son pobres.

Esta colección de desmesuras encuentra su pieza más curiosa en la presentación de libros, una costumbre que se ha generalizado en los últimos años de un modo tal, que no se concibe ya la aparición silenciosa de ninguna obra. Todas deben cumplir con el ritual.

Puede decirse que una presentación es una especie de festejo que saluda la aparición de un libro cualquiera.

A esta clase de reuniones asisten periodistas, amigos, escritores, intelectuales, supuestos lectores, artistas, astrólogos y el propio autor de la obra presentada. Generalmente, una o más personas de cierto renombre arengan a los presentes llamando la atención sobre las virtudes del flamante texto, el talento de su creador y la generosidad de sus editores. Por cierto, el autor termina por pronunciar un breve discurso en el que agradece los elogios recibidos. Antes y después de estos módicos sucesos, puede uno tomar un par de copas y comer algún canapé.

El propósito de estas sencillas celebraciones es —naturalmente— fomentar la venta del nuevo libro. Esto parece bastante razonable, si se piensa que todos desean que los libros se vendan mucho.

Sin embargo, existen autores montaraces y chúcaros que se resisten a toda aparición pública y sostienen que presentar un libro es un acto de petulancia. También lo es negarse a presentarlo. Lo mejor que puede hacer un escritor es no hablar del asunto y someterse a la decisión de los editores.

Leídos ya los párrafos anteriores cualquiera estará en condiciones de sospechar que las presentaciones son bastante aburridas. Esto es verdad. Además, con toda frecuencia se realizan en librerías, en las que hay poco lugar, faltan sillas y no se oye lo que dicen los oradores.

Esta situación fue advertida por algunos espíritus iluminados que trataron de enriquecer el género con ocurrencias bastante eficaces. Ya en la década del '60, el conocido editor Carlos Marcucci matizaba los discursos con números artísticos: cantores, bailarines, magos, recitadores criollos, cómicos y pianistas. El éxito de sus presentaciones llegó a ser tan notable que Marcucci empezó a cobrar entrada. No tardó en descubrir que los ingresos que obtenía por tal concepto superaban redondamente los que conseguía vendiendo libros. En consecuencia dejó de editar, limitándose únicamente a presentar una y otra vez las cuatro o cinco obras que tenía en sus manos. Pero sin duda el más ingenioso de los precursores en esta actividad fue el ingeniero Mario Testa, dueño de una humilde imprenta en la calle Pedernera. Testa solía editar por cuenta de los autores casi todas las obras del barrio de Flores.

En su primera época, el ingeniero creyó entender que las presentaciones tenían por objeto explicar la obra recién nacida. Se trata en realidad de un criterio bastante común. Muchísimas personas creen que toda creación artística tiene un significado secreto que el autor esconde maliciosamente. Hace algunos años, los pelafustanes que salían del cine jugaban a adivinar el supuesto mensaje de la película que acababan de ver. Ansioso de claridad, Testa exigía a los escritores que confesaran sus intenciones punto por punto. Así nacieron las célebres Presentaciones Explicadas, que se hacían en un corralón de la calle Aranguren.

Las primeras experiencias fueron aceptables. El poeta Jorge Allen indicaba a la concurrencia la solución de sus complicadas metáforas.

"Hermético arcón que mis silogismos guarda" era la cabeza.

"Tumba errante que llevará este verso hacia el oriente" era el viento pampero.

"No te puedo querer, llevo mis ojos en la nuca" indicaba que el hombre no perdonaba ofensas pasadas.

Pero si resulta tolerable explicar poesías, no ocurre lo mismo con las novelas, los ensayos o los textos científicos. En realidad, el mejor lugar para explicar el sentido de un libro es el propio. Siguiendo este criterio, el polígrafo Manuel Mandeb solía agregar a todas sus obras un apéndice con aclaraciones y salvedades que no hacía más que aumentar la confusión.

Ante el fracaso de esta tendencia esclarecedora, Mario Testa inventó las Presentaciones Dobles. Se dividían estos ágapes en dos partes: la Presentación Laudatoria y la Presentación Condenatoria. En la primera hablaban los amigos del autor y en la segunda sus enemigos. Generalmente se producía luego una tercera parte a la que se podría llamar Presentación Polémica y que solía contar con la repentina asistencia de la policía.

Más adelante, el editor de Flores decidió que los festejos deberían parecerse al libro presentado. Trataba entonces de reproducir el clima, la época o el tema central de cada obra, en el corralón de las presentaciones. Cuando aparecía un libro de jardinería, el salón se llenaba de flores y canteros. Las novelas policiales convocaban la asistencia de detectives, sospechosos, víctimas y facinerosos. En la presentación de la guía telefónica, edición 1964, se procedió a llamar a uno de los abonados, ante cuya respuesta la concurrencia estalló en aplausos.

Todavía se recuerda en la calle Aranguren lo que ocurrió cuando fue lanzado el libro *Agacháte que vienen los indios*, obra ciertamente pornográfica escrita por doña Medicamentos C. de Lorenzi, una dama de cierta edad. No hace falta decir que los animadores contaron cuentos puercos, que asistieron milongueras de toda laya y que el escándalo se oía desde Liniers.

Vinieron luego algunas dificultades. Muchos actos salieron flojos, no por culpa del ingeniero Testa, sino por la naturaleza misma de los textos que caían en sus manos.

Prótesis dentarias: 25 años de experiencia, del mecánico dental Ángel Foigelman, no daba para mucho. Tampoco resultó atrayente la *Autobiografía del señor Raúl Carreño,* hombre de espíritu humilde que en ocho páginas ya andaba por la semana anterior. La presentación fue un desastre. Asistieron cinco personas, incluyendo al señor Carreño y su esposa.

Iba a ser justamente un libro autobiográfico el que llevaría a la ruina al editor Mario Testa. Hablamos de las famosas *Memorias del arquitecto Pedro B. Cáceres.* Era éste un sujeto sumamente meticuloso. Sus recuerdos ocupaban más de treinta y seis volúmenes en donde constaban todos los datos que puedan imaginarse: facsímiles de su cédula de identidad, los números de los boletos de colectivo sacados en toda una vida, enunciación y comentarios de las películas, obras teatrales y programas de televisión que el arquitecto llegó a ver, descripción de sus cajones, su ropa, sus pertenencias, y semblanza de la personalidad de sus conocidos. Cáceres explicaba todo lo hecho en cada uno de sus días. Llegó a transcribir literalmente las novelas que había leído.

Así, las memorias contienen dentro de sí las obras completas de Emilio Zola, la mitad de *La guerra y la paz* y siete u ocho relatos de la colección Rastros.

Ya sobre el final, Cáceres incluyó en su autobiografía los detalles de la escritura de esa misma obra. Y lo hizo con tanto celo que no vaciló en repetir textualmente los capítulos escritos hasta ese momento. Los originales fueron entregados a Testa. Pero cada vez que el editor terminaba de imprimir esta realización ciclópea, Cáceres llegaba con nuevos agregados, diciendo que le habían ocurrido otros episodios que no podían faltar en sus memorias. Después de casi un año de postergaciones, el editor Mario Testa recomendó a Cáceres que se abstuviera de hacer todo movimiento durante un par de semanas y así pudo completar su trabajo. La presentación de las memorias fue un éxito, pero al terminar la fiesta, el arquitecto Cáceres impidió la venta de los libros, sosteniendo que allí faltaba lo sucedido esa noche, la más importante de su vida.

Si se me permite un rodeo, creo recordar que algo parecido le ocurría al poeta Horacio Ferrer con su *Diccionario del tango*. Este libro registra innumerables ediciones y en cada una de ellas el autor se ha visto obligado a hacer agregados y ampliaciones. Ocurre que los hombres de tango jamás se dan por contentos y en forma incesante realizan toda clase de actos, como por ejemplo viajar a Francia, componer milongas e incluso morirse, con lo que dejan totalmente descolocado a Ferrer. He sabido que el poeta, harto ya de reeditar un diccionario siempre incompleto, ha resuelto establecer un servicio telefónico para comunicar personalmente a cada lector las novedades que se vayan produciendo. Cuesta poco imaginar la grata sorpresa de los lectores al recibir las llamadas de Ferrer a las cuatro de la mañana, para informar que el bandoneonista Fulano acaba de componer el tango *Alma mendaz*.

Pero volvamos a nuestro tema. Mario Testa se fundió. El arquitecto Cáceres no pagó un centavo y jamás se pudo recuperar lo invertido en las extensas memorias. Sin embargo ha quedado un camino señalado. Presentar libros es un hecho artístico. Y este hecho va más allá del libro presentado. Es algo que no tiene que ver con la literatura, sino más bien con el espectáculo.

Los enemigos de la vanidad dirán que Cervantes o el Dante no se prestaban a estas payasadas. Lo que no significa —digo yo— que para ser un poeta genial baste con no ir a la Feria del Libro.

Al margen de la prudencia o el exhibicionismo de los escritores, hay un verdadero desierto que llenar. Todo está por hacerse. Ninguna pregunta tiene respuesta todavía. Y son preguntas apasionantes.

¿Por qué no prescindir de los libros y hacer presentaciones puras? ¿Qué se debe hacer para presentar libros de autor anónimo? ¿Por qué no presentar obras escritas hace siglos? ¿Por qué no compilar los discursos que se dicen en todos estos festejos y editar con ellos un libro? ¿Cómo debe presentarse esa obra? ¿Figurarían en ella los discursos pronunciados en su propia presentación?

Ojalá aparezca pronto un nuevo Mario Testa. Ojalá llegue el talento capaz de llenar con ideas tanto vacío. Lo esperamos con ansiedad todos los que asistimos a las convencionales, aburridas y solemnes presentaciones de siempre.

53

Refutación del regreso

No hay sueño más grande en la vida que el Sueño del Regreso. El mejor camino es el camino de vuelta, que es también el camino imposible. Los Hombres Sensibles de Flores, en sus nocturnas recorridas por las calles del barrio, planeaban volver.

Volver a cualquier parte.

A la adolescencia, para reencontrarse con los amores viejos.

A la infancia, para recobrar las bolitas perdidas.

A la primera novia, para jurarle que no ha sido olvidada.

A la escuela, para sentir ese olor a sudor y tiza que no se encuentra en ninguna otra parte.

Volver fue para ellos la aventura prohibida. Cada noche soñaban con patios queridos y cariños ausentes. Y cada mañana despertaban llorando desengañados y revolvían la cama para ver si algún pedazo de sueño se había quedado enganchado entre las cobijas.

A pesar de todo, los muchachos de Flores habían aprendido a disfrutar de los regresos modestos y cada tanto visitaban antiguas pizzerías, veían películas de Paul Muni, cantaban el vals *Penas que matan* o examinaban fotos amarillentas en la pieza de Manuel Mandeb.

Desde luego, los Refutadores de Leyendas se burlaban de todo esto.

—¡Saluden a los nuevos tiempos! —gritaban—. *El mundo marcha hacia adelante.*

La comparsa racionalista acusaba a los Hombres Sensibles de retrógrados y conservadores. Tal vez tenían algo de razón: Mandeb y sus amigos andaban siempre por los mismos lugares, contaban miles de veces las mismas anécdotas y se divertían robando nísperos siempre en la misma casa.

—Marchan ustedes a contramano de la historia —rugían los Refutadores. Y era cierto. Pero siempre es recomendable recorrer la vida a contramano, sobre todo si uno sospecha quién ha puesto las flechas del tránsito.

En los años dorados del barrio del Ángel Gris, funcionaba en la calle Gavilán la agencia Todo para el Regreso. Esta empresa organizaba unos viajes y peregrinaciones cuyo atractivo principal estaba en la vuelta. Por cierto, solían elegir lugares horrorosos, con alojamientos míseros y comidas inmundas, precisamente para acrecentar el deseo de volver cuanto antes.

Pero el mayor éxito se obtuvo con el Servicio de Recuperación de Vecinos. La agencia se ocupaba de localizar y entrevistar a pobladores antiguos, alejados del barrio por las perversas mudanzas. Por un precio razonable se les ofrecía una fiesta callejera en su viejo vecindario, con la presencia de todos los personajes de la zona. El servicio incluía la entrega de un pergamino, palabras alusivas a cargo de empleados de la empresa y llegado el caso, indumentaria apropiada para que el vecino emigrante pudiera fingir opulencia si lo deseaba.

Existía —además— un plan superior que contemplaba la reinstalación lisa y llana del vecino perdido en su antigua residencia. Desde luego, los costos eran grandes y no resultaba sencillo vencer las dificultades que se presentaban: desalojo del nuevo ocupante de la finca, abolición de las eventuales reformas, rescate de los muebles originales y restauración del exacto grado de higiene en que acostumbraba a vivir el cliente y su familia. Para cumplir con esta última pretensión, a veces había que limpiar y otras veces era necesario juntar mugre.

En realidad, hay que confesar que durante todo el tiempo que funcionó el Servicio de Recuperación de Vecinos, solamente una vez se concretó el plan superior. Fue el famoso regreso de la familia del ingeniero Vaccari a su casa de la calle Bolivia. Este servicio fue solventado por los amigos del poeta Jorge Allen, después de más de un año de colectas, rifas, préstamos a interés y timbas a beneficio.

No es que a nadie le importara gran cosa del ingeniero Vaccari. Pero Jorge Allen estaba enamorado de Leonor, la mayor de sus hijas y no estaba seguro de poder seducirla en Bancalari.

La historia no tuvo un final feliz. Leonor rechazó tercamente a Jorge Allen y se enteveró con un carnicero que venía a rondarla precisamente desde Bancalari. Allí mismo se fueron a vivir cuando se casaron, un año después. El resto de la familia Vaccari acabó mudándose más tarde a San Miguel, barrio del que no fueron rescatados jamás.

El ruso Salzman, legendario jugador de dados, también supo hacer un negocio parecido. Sin la intervención de la agencia, se decidió a comprar la casa de su infancia, ocupada desde hacía años por perfectos desconocidos.

En semejante patriada, el ruso se gastó la memorable ganancia de una noche gloriosa en el casino de Mar del Plata.

Una vez instalado, comprendió que la inversión había sido inútil.

—*He recuperado mi casa* —dijo—. *Pero la infancia, no.*

Catorce años después de haber egresado como bachiller, Manuel Mandeb volvió a inscribirse en el Colegio Nacional Nicolás Avellaneda.

El polígrafo de Flores estaba entusiasmado con la idea y propuso a sus antiguos compañeros que hicieran lo mismo, para repetir la época más feliz de sus vidas. No tuvo mucha suerte: Ávila, Capel, Carrasco, Cichoworsky, Donath, Frascarelli, Frezza... Por orden alfabético todos se fueron negando y presentando sólidos pretextos. El trabajo, la familia, la distancia, el dinero. De algún modo misterioso aquellos atorrantes habían contraído la responsabilidad.

Mandeb no se achicó y comenzó las clases.

Ya el primer día trató de reproducir episodios divertidos que habían ocurrido antes. Pero las cosas no eran iguales. Sus nuevos compañeros eran bastante chitrulos y se resistían a secundarlo en sus travesuras. No le llamaban El Turco, sino El Abuelo. Para peor, algunos profesores creían recordarlo vagamente y no sabían si confundirlo con su hijo o con su padre.

Logró —eso sí— algunas buenas notas y hasta quince amonestaciones. Un día, el jefe de celadores descubrió la verdad.

—*No crea que no lo he reconocido, señor Mandeb. Éste es otro de sus inventos. Yo pensé que el título de bachiller iba a servirle de escarmiento, pero veo que no es así. Usted es de los que siguen jorobando hasta después de muertos.*

Mandeb contestó llorando:

—*Usted es el único que me ha comprendido. Gracias.*

—*Cállese la boca, señor* —gritó el jefe de celadores—. *Vuelva a clase.*

El pensador de Flores fue expulsado poco después. Pero a pesar de su fracaso, la segunda inscripción es una maniobra que merece ser estudiada por los melancólicos cabales. Sostengo que con el apoyo de sus viejos condiscípulos, la experiencia de Mandeb hubiera sido emocionante.

La agencia Todo para el Regreso se fundió por falta de clientes. En un último esfuerzo, sus dueños ofrecieron servicios económicos. Eran retornos fingidos, vueltas sin ida, reencuentros sin ausencia. El interesado podía simular un viaje al África. La empresa se encargaba del recibimiento, los abrazos y las lágrimas. El éxito fue nulo. Por esos días, Manuel Mandeb escribió su oscuro ensayo *Nunca se vuelve*. Leamos algunos párrafos:

"No es posible regresar a ninguna parte. Los puntos de partida no se quedan quietos y a la vuelta ya no están. Para poder volver se necesita, por empezar, un punto de partida eterno e inmutable. Pero todo se mueve y no hay forma de detener el universo. Créanme si les digo que nadie ha efectuado nunca jamás un verdadero regreso. El hombre que lo consiga cumplirá la hazaña más grande de la historia".

La idea de no bañarse dos veces en el mismo río no constituye ninguna novedad filosófica. Pero adviértase que Mandeb deseaba en verdad volver a bañarse. Ésa fue su mayor obsesión y siempre lamentó amargamente no poder remontar los tiempos.

Los Refutadores de Leyendas se alegran de la dinámica universal y esperan el futuro con impaciencia. Desean liberarse del pasado, romper las cadenas. Pero si esto encierra la idea de libertad, hay que reconocer que Manuel Mandeb fue mucho más lejos:

"¿Por qué no puede uno estar en varios lugares al mismo tiempo? ¿Qué es esto de no poder volver al pasado ni visitar el futuro? ¿Por qué no es posible extraer de las premisas de la razón las consecuencias que a uno se le antojen?

"Ah, la libertad... la libertad sin tiempo, ni espacio, ni lógica. La libertad de vivir todas las vidas, de estar en todas partes, de recorrer las edades. ¿Qué dicen a esto los libertarios sin frontera?"

Pero las cosas no sn como son. Ésa es la pena de los Hombres Sensibles. La misma de los viajeros que no pueden volver atrás. Ellos no han nacido para viajar. Y sin embargo, ahí andan con la vida llena de extraños, ansiando la inmortalidad, solamente para poder regresar.

Algunos tratan de no parar: amor... quedémonos aquí... Pero el que no parte también se queda solo.

En Flores se suele contar la leyenda de Antón Raffo, quien según parece poseía el Secreto del Regreso. Mandeb y Jorge Allen llegaron a conocerlo. Es cierto que el hombre usaba en su conversación algunos giros inquietantes.

—Ya voy a arreglar eso cuando sea un poco más joven.

—He besado muchas veces a Mónica. Pero será mucho mejor cuando le dé el primer beso.

—Ya estoy harto de nacer, caballeros.

Los muchachos de Flores no pudieron indagar demasiado. Raffo desapareció y si es que posee el Secreto, tal vez ande en otros tiempos más prometedores.

Aquí cabe una modesta reflexión. Aun cuando fuera posible volver al pasado, nada sería igual. Todos los actos de nuestra vida repetidos minuciosamente, serían distintos al estar ocurriendo por segunda vez. Esta diferencia es sustancial. Llevaríamos con nosotros la carga de la experiencia anterior. Nos estaría negada la ansiedad y la esperanza. ¿Con qué entusiasmo apostaríamos a cartas que ya sabremos perdedoras? Alguien dirá: sería preciso borrar la memoria y volver al pasado sin recordar que ya lo vivimos. Respuesta: ¿De qué sirve volver si uno no sabe que vuelve? Para el caso es posible pensar que ahora mismo estamos viviendo por segunda o quinta vez la misma vida.

Quien les escribe ha soñado muchas veces este episodio:

Camino por la calle Urquiza, en Caseros. Soy como ahora, un grandulón melancólico. Pero descubro que no estoy en el presente sino en los primeros años de la década del '50. Llego ante la casa que lleva el número 68 y toco el timbre. Al rato sale a recibirme un nene mugriento y desconfiado. Soy yo mismo. Abrazo emocionado al chico. Desde adentro oigo la voz del abuelo que pregunta:

—*¿Quién es, Negro?*

Nunca he podido imaginar que algo mejor pueda ocurrirme. Los funcionarios del paraíso no tendrán que ponerse en grandes gastos conmigo.

El libro de aventuras del regreso sigue en blanco.

Ni los Hombres Sensibles, ni los pensadores del eterno retorno, ni muchos de nosotros —que a veces creemos volver— hemos podido dar un solo paso. Esto no nos impide ser dichosos algunas veces, a pesar de todo. Las personas decentes nos piden madurez y resignación. Quieren que olvidemos nuestras trágicas ensoñaciones. Pero nosotros no queremos olvidar. Y el que olvide, jamás, jamás podrá ser nuestro amigo.

Ni siquiera cuando volvamos a encontrarnos otra vez y para siempre.

54

El caminante (VI)

*A*sombrar con gestos amorosos a una persona que nos rechaza es, ante todo, una grosería.

Así, como el que confiesa sus secretos íntimos al compañero de asiento, como el que hace regalos demasiados caros, me postulé ante María.

Ella, cuando se aseguró de mi completa obsesión, me despidió irrevocablemente.

Una vez cumplidas todas las maniobras de la indignidad, me encargué de manipular las cenizas de aquella historia para que parecieran restos de un gran amor.

Inventé un tiempo de plenitud que nunca existió. Me obligué a suponer que María me amaba pero se resistía a admitirlo, en virtud de vaya a saber qué jarabes psicológicos. Se me puso en la cabeza que era buena. Puse en plural sensaciones que fueron solamente mías.

Una madrugada de octubre, volví a encontrarme con Dorkas. Marchaba, cosa infrecuente, con paso fatigado. Me dio la mano a la pasada.

—Gusto en verlo —le dije—. *Veo que sigue tan hechizado como siempre.*

En silencio fue hasta la esquina y volvió.

—*No crea. Me parece que ya cumplí los cinco encargos de los Brujos de Chiclana. El licor, la entrada del infierno, la cigarrera, el enamorado...*

—¡Objeción! —le grité—. *Yo estoy enamorado, pero no de La Bruja, sino de María.*

—*Todas las mujeres que lo rechazan a uno son La Bruja.*

—Usted llegó a sugerir que María era el diablo.

—*Todas las mujeres que lo rechazan a uno son el diablo.*

—Usted parece pensar que toda frase sonora es verdadera. Además, si no calculo mal, le falta estrechar la mano de Manuel Mandeb.

—Acabo de hacerlo —dijo Dorkas—. *Usted no me engaña. En este barrio todos conocen las historias de Mandeb, pero nadie lo ha visto jamás. Usted es Manuel Mandeb. Usted es Jorge Allen. Usted es Salzman y Castagnino. Usted quisiera ser filósofo, ser poeta, ser músico, ser jugador, pero apenas si se atreve a contar historias, dándose aires de no creerlas del todo.*

—Esa es otra de sus alegorías. Claro que en cierto modo soy Mandeb, como en cierto modo soy la emperatriz de Bizancio. Pero, según se ve, los brujos de Chiclana no se contentan con metáforas. Usted no cumplió.

—Le aseguro que cumplí.

—Y entonces, si ya rompió el hechizo, ¿por qué no se detiene?

Dorkas empezó a pisar más fuerte que nunca.

—Hay algo que usted debe saber: todos estamos condenados a un hechizo cósmico. El universo es irremediablemente fugitivo. Nadie puede detenerse. Salvo que usted sea tan estúpido como para creer que detenerse es esto.

Y se plantó, firme como una estatua, delante de mí.

Sumario

Interminables exordios 13
    Obras de Manuel Mandeb 15
    Novias de Jorge Allen 17
    Composiciones musicales de Ives Castagnino 19
    Obras didácticas de Ives Castagnino 20
    Tres cartas a falta de prólogo 21
    Nota de 1996 31
    Jorge Dorio y la refutación de las leyendas 33
    Advertencia 37
    Advertencia de 1996 39

1. El caminante (I) 41
2. El reparto de sueños en el barrio de Flores 45
3. Los Narradores de Historia 49
4. Balada de la primera novia 55
5. Literaturas del Ángel Gris 63
6. Arte en colaboración 69
7. Cinco leyendas 75
8. El recuerdo y el olvido en el barrio de Flores 79
9. El caminante (II) 85
10. Táctica y estrategia de la escondida 87
11. La decadencia de la bolita 93
12. El Corso Triste de la calle Caracas 99
13. Historias de Amor 105
14. El descanso de los Hombres Sensibles 111
15. La Academia de Humor en Flores 117
16. El Atlas Secreto de Flores 123
17. El caminante (III) 129
18. Los Hombres Sensibles, los Refutadores de Leyendas
     y los Reyes Magos 131
19. El contestador de Reportajes 137
20. La magia en Flores 141
21. El caminante (IV) 147

22. Historias de aparecidos 149
23. El Catálogo de Horrores 155
24. Las payadas en Flores 161
25. Los Libretistas del Mundo 169
26. Pactos diabólicos en Flores 175
27. La Sociedad de los Trabajos Difíciles 181
28. Historias de animales 187
29. El ballet en el barrio de Flores 193
30. Los Reveladores de Secretos 199
31. El arte de la impostura 205
32. La Feria del Libro en Flores 209
33. Transformaciones: algunas historias y una teoría 215
34. Balada del amor imposible 221
35. Niños, libros y lecturas 225
36. Historia de la nueva historia 233
37. El Club de los Falsificadores 239
38. Elogio de la renuncia 243
39. La Conspiración de las Mujeres Hermosas 247
40. Apuntes del fútbol en Flores 253
41. Cómo reconocer a un artista 259
42. La decadencia de la amistad 265
43. La ciencia en Flores 269
44. Claves, jeroglíficos y emblemas 275
45. Elogio del fracaso 281
46. Gómez Re, el transformador del tango 287
47. Refutación de los viajes 293
48. Los Amantes Desconocidos 299
49. El caminante (V) 303
50. El psicoanálisis en Flores 305
51. El cine en el barrio de Flores 311
52. La presentación de libros 317
53. Refutación del regreso 323
54. El caminante (VI) 329

Impreso en A.B.R.N. Producciones Gráficas S.R.L.,
Wenceslao Villafañe 468, Buenos Aires, Argentina, en setiembre de 2000.

Printed in the United States
96692LV00007B/36/A